Lang Kunt

Band 8
der Veröffentlichungen des
Instituts Wiener Kreis

Hrsg. Friedrich Stadler

Dem Andenken
an Viktor Kraft (1880–1975)
gewidmet

Elemente moderner Wissenschaftstheorie

Zur Interaktion von Philosophie, Geschichte und Theorie der Wissenschaften

Herausgegeben von
Friedrich Stadler

SpringerWienNewYork

Ao. Univ.-Prof. Dr. Friedrich Stadler
Institut „Wiener Kreis" und
Universität Wien
Wien, Österreich

Gedruckt mit Förderung des Bundesministeriums
für Bildung, Wissenschaft und Kunst in Wien

Das Werk ist urheberrechtlich geschützt.
Die dadurch begründeten Rechte, insbesondere die der Übersetzung, des Nachdruckes, der Entnahme von Abbildungen, der Funksendung, der Wiedergabe auf photomechanischem oder ähnlichem Wege und der Speicherung in Datenverarbeitungsanlagen, bleiben, auch bei nur auszugsweiser Verwertung, vorbehalten.

© 2000 Springer-Verlag/Wien
Printed in Austria

Satz: Reproduktionsfertige Vorlage des Herausgebers
Druck: Manz Crossmedia GmbH & Co KG
Graphisches Konzept: Ecke Bonk

Gedruckt auf säurefreiem, chlorfrei gebleichtem Papier – TCF
SPIN: 10727785

Mit 16 Abbildungen

Die Deutsche Bibliothek – CIP-Einheitsaufnahme
Ein Titeldatensatz für diese Publikation ist bei
Der Deutschen Bibliothek erhältlich

ISBN 3-211-83315-3 Springer-Verlag Wien New York

INHALT

Friedrich Stadler
Elemente einer zukünftigen Wissenschaftstheorie:
Zur Interaktion von Philosophie, Geschichte und
Theorie der Wissenschaften vii

I. Aktuelle Ergebnisse und Probleme der Naturwissenschaften

Peter Schuster
Was haben die molekularen Wissenschaften
zur Evolutionsbiologie beigetragen? 1

Walter Thirring
Limits of Reductionism in Physics 37

II. Begründung und Grundlagen: Wissenschaftstheorie – Mathematik

Martin Carrier
Empirische Hypothesenprüfung ohne Felsengrund, oder:
Über die Fähigkeit, sich am eigenen Schopf
aus dem Sumpf zu ziehen 43

Christian Thiel
Gibt es noch eine Grundlagenkrise der Mathematik? 57

III. Leib-Seele-Problem: Psychologie – Philosophie

Giselher Guttmann
Die Meßbarkeit des Erlebens und der Irrtum mit dem Ich 73

Michael Heidelberger
Zum Leib-Seele-Problem seit Fechner und Mach 91

IV. Philosophiegeschichte

John Michael Krois
Ernst Cassirer und der Wiener Kreis 105

Gerhard Benetka
Der „Fall" Stegmüller 123

V. Wissenschaft und Kunst

Kurt Blaukopf
Kunstforschung als exakte Wissenschaft. Von Diderot zur
 Enzyklopädie des Wiener Kreises 177

Die Autoren 212

Namenregister 217

FRIEDRICH STADLER

ELEMENTE EINER ZUKÜNFTIGEN WISSENSCHAFTSTHEORIE: ZUR INTERAKTION VON PHILOSOPHIE, GESCHICHTE UND THEORIE DER WISSENSCHAFTEN

I.

Die Disziplin Wissenschaftstheorie scheint im Sog der seit einigen Jahren laufenden Debatten über die Legitimität der Geisteswissenschaften und im Kontext der „Science Wars" mit einer gewissen Verzögerung ebenfalls in eine Krise geraten zu sein. Während in der angelsächsischen Welt eine Positionierung der *Philosophy of Science* zwischen Philosophie, den Naturwissenschaften und den soziologisch ausgerichteten *Science Studies* versucht wird (Kitcher 1998, in: Koertge 1998), ist es im deutschen Sprachraum vor allem die Herausforderung des Naturalismus, welche die Wissenschaftstheorie (ähnlich wie die reine Philosophie) in theoretische Bedrängnis bringt (Keil/ Schnädelbach 2000): Warum benötigt die *scientific community* und die breitere Öffentlichkeit eine (normative wie deskriptive) metatheoretische und methodologische Leitdisziplin (qua allgemeine Wissenschaftstheorie), wenn es erstens keine universelle Methode mit Einheit der Wissenschaften, und zweitens von vornherein keinen privilegierten Standort gegenüber der konkreten empirischen Forschung geben sollte? Ist die Fähigkeit zu einer wissenschaftsphilosophischen Durchdringung des jeweils eigenen Faches nicht im Bereich der Akteure des sozial- und naturwissenschaftlichen Forschung selbst anzusiedeln, und worin sollte eigentlich eine spezifisch wissenschafttheoretische Fragestellung/Methodik im Vergleich zu einer metatheoretischen Selbstthematisierung einzelner Fachdisziplinen bestehen? Parenthetisch ist damit auch die Frage nach einer genuinen philosophischen Methode (zum Unterschied von einer wissenschaftlichen) mit angesprochen (Kulenkampff 1979), die auf die Frage nach den Grenzen der Wissenschaft verweist. (Chalmers 1999).

Dieses „Bedrohungsbild" resultiert vor allem aus der immer stärker werdenden Historisierung und Soziologisierung der Wissenschaftstheorie im Zuge des sogenannten „Cultural Turn" (Böhme/Matussek/ Müller 2000) mit der entsprechenden sozialgeschichtlichen Relativierung der zentralen rationalistischen Konzepte von „Objektivität" und „Wahrheit" mit dem alternativen Schreckgespenst des Relativismus. Damit sind wir mit einem innertheoretischen und wissenschaftssoziologischen Dilemma konfrontiert, welches seit mindestens einem Jahrhundert – man denke and den Klassiker Max Weber – die HistorikerInnen und TheoretikerInnen der Wissenschaftskultur polarisiert. Was den einen jedoch als ein krisenhaftes Szenario erscheint, gilt den anderen als Chance zur permanenten Reform einer antiquierten Disziplin. Wendet man sich von dieser eher kulturkämpferischen Ebene zum konkreten Arbeitsfeld der heutigen Forschung samt wissenschaftstheoretischer Kontextualisierung, erscheint die Lage viel weniger dramatisch. Im Gegenteil: die künstlichen Gräben zwischen Geschichte, Soziologie und Theorie der Natur- und Kulturwissenschaften lassen sich als wechselnde Perspektiven am Beispiel von naturwissenschaftlichen und philosophiegeschichtlichen Themen harmonisieren, indem die metatheoretische Einbettung und wissenschaftstheoretische Fundierung ad hoc und exemplarisch erfolgt. Dies wird am Beispiel der in diesem Band enthaltenen Beiträge von herausragenden Fachwissenschaftlern und Wissenschaftshistorikern ersichtlich. Auf den ersten Blick vermeint man eine Bestätigung für eine ausschließlich naturwissenschaftliche „Third Culture" (Brockmann) zu erkennen, man wird jedoch durch die historisch orientierten und fächerübergreifenden Beiträge eines anderen belehrt. Die Multi-, Inter- und Transdisziplinarität ergibt sich hierin nicht durch einen kodifizierte Programmatik, sondern indirekt durch das erweiterte Problembewußtsein an der jeweils eigenen spezifischen Fragestellung. Somit umkreisen die einzelnen Beiträge ihren traditionellen Fachbereich mit übergreifender Perspektive und mit zentralen Topoi heutiger wissenschafttheoretischer Forschung: Reduktionismus, Grundlagendebatte, Evolution und Leib-Seele-Problem bis hin zur Kunstforschung im Konzert der Wissenschaften lassen sich im Spannungsfeld von Einheit und Vielheit der Wissenschaft unabhängig von der gängigen disziplinären Matrix darstellen. Sogar die rein historischen Beiträge spiegeln exemplarisch die Dauerdebatte über zwei Wissenschaftskulturen und über die Autonomie einer „wissenschaftlichen Philosophie" bzw. „Wissenschaftsphilosophie" gegenüber dem traditionellen schulphilosophischen Fächerkanon. Zugleich eröffnet sich ein Panorama aktueller Forschung im Umfeld genereller wissenschaftstheoretischer Fragestellungen: (Dis-)Unity of Science (Galison/Stump 1996) und transdisziplinäre Wissensproduktion (Nowotny 1997) markieren die Eckpunkte der heutigen und künftigen Geschichte und Theorie der Wissenschaften zwischen „Natur" und „Kultur".

Damit läßt sich konkreter die Frage beantworten, ob und wie wir die dominerenden Forschungsparadigmen der letzten Dekade neu beantworten müssen oder sollen, wie es John Casti (2000) in seiner neusten Bestandsaufnahme sehr plastisch versucht hat. Die Diagnose eines rein linearen Wissensfortschritts enthebt uns jedoch nicht der Aufgabe von Rechtfertigung und Begründung im wissenschaftstheoretischen und wissenschaftsphilosophischen Kontext, was sich am Beispiel der internationalen Kontroverse um die sogenannten „Science Wars" demonstrieren läßt.

Exkurs: Die „Science Wars" als Lernfeld für die gegenwärtige History and Philosophy of Science

Seitdem der Physiker Alan Sokal mit seinem Scherz-Artikel („Transgressing the Boundaries: Toward a Transformative Hermeneutics of Quantum Gravity") in der postmodernen Zeitschrift *Social Text* (1996) eine Flut von Reaktionen zum angeprangerten „Missbrauch der Wissenschaft" vor allem durch französische Intellektuelle ausgelöst hatte, ist die *Scientific Community* provoziert: die sogenannten „Science Wars" spalten die transatlantische Wissenschaftsszene zwischen VertreterInnen der Cultural Studies und der harten experimentellen (Natur-)Wissenschaften. Seitdem sind zahlreiche Veranstaltungen zu diesem Thema inszeniert worden, die auf letztlich nur eine Verhärtung der Positionen oder ein Scheitern des Disputes mit sich brachten.

Dazu erscheinen laufend neue Bücher mit mehr oder weniger provokanten Titeln und die Akteure des Kulturkampfes versorgen die eigene Klientel mit opulenten WebSites und Home Pages. Inzwischen wird die emotionalisierte Debatte längst als internationales Ereignis geführt, sodaß auch eine europäische Dimension im französischen und deutschen Sprachbereich eröffnet wurde. Die Manifestation des Disputes in der nichtakademischen Öffentlichkeit ist ein weiteres Zeichen für die gesellschaftliche Brisanz des von Sokal kritisierten „Fashionable Nonsense", der sich vor allem in der als wissenschaftlich verkleideten Sprachakrobatik bei Lacan, Kristeva, Irigaray, Latour, Baudrillard, Deleuze, Guattari, Virilio manifestiere.

Aus der Sicht der europäischen Wissenschaftstradition wirkt die US-amerikanische Debatte auf den ersten Blick überhitzt und unüberschaubar: tummeln sich doch auf dem „Kriegsschauplatz" VertreterInnen aus den *Humanities, Social Sciences* und *Natural Sciences* mit einem Nebenschauplatz im Bereich der *History and Philosophy of Science.* Einige Fragen drängen sich hierbei auf: Gibt es eine Meta-Ebene für die Beurteilung von aussen oder jenseits des jeweiligen Bereichsdenkens und der inneramerikanischen Charakteristik? Lässt sich die Komplexität der Auseinandersetzung und Polemik unabhängig vom offensichtlichen Umverteilungskampf für Förderungsmittel zwischen den Fakultäten und durch die *National Science Foundation* entflechten? Geht es wirklich nur um *Power Politics* zwischen den Fächern und Institutionen?

Allein die Tatsache, daß hier von Seiten der Verteidiger eines klassischen forschungsorientierten Wissenschaftsverständnisses zwischen Naturalismus und Realismus der (teils bewußte) Mißbrauch vor allem der Naturwissenschaften im Gewande eines literarisierenden Diskurses angeprangert wird, erinnert frappant an C.P. Snows *Two Cultures* im Kontext des Kalten Kriegs. Und die Ausweitung des aktuellen Disputes auf die altehrwürdige Popper-Kuhn-Feyerabend Debatte um die Paradigmenlehre des (linearen vs. kontingenten) wissenschaftlichen Fortschrittes legt die Vermutung nahe, es gehe hier um alternative kompakte Weltbilder von *Science and Anti-Science* (Gerald Holton).

Eine genauere Betrachtung der europäischen Wissenschaftsgeschichte der letzten hundert Jahre vom *Methodenstreit* in der deutschen Nationalökonomie bis zu den heutigen *Science Wars* eröffnet jedoch die Chance einer Rekonfiguration der offensichtlich festgefahrenen Positionen.

Auch hier bemerken wir im letzten Jahrzehnt die Transformation der unter Legitimationsdruck geratenen Geisteswissenschaften in den schickeren Bereich der Kulturwissenschaften oder *Cultural Studies* – eine Art Flucht nach vorne, um die Gegenwartsrelevanz eines traditionellen Prioritätsanspruches in neuem Gewande anzumelden. Doch rein terminologische Schachzüge und das Einschwören auf „anything goes"- Standpunkte allein lösen weder aktuelle Problem der Wissenschaften, noch liefern sie Antworten auf tatsächliche Grundfragen der Forschung und Lehre: Ist heute von einer Einheit oder Vielheit der Wissenschaft auszugehen? Hat der Streit der Fächer und Fakultäten auch eine theoretische Berechtigung? Ist die Inter- und Transdisziplinarität – frei nach Karl Kraus – nur eine Krankheit, für dessen Heilung sie sich hält? Sind der epistemologische Relativismus und soziale Konstruktivismus nur Symptome oder Auswege aus dem naturwissenschaftlich „Szientismus"? Wo liegen die Grenzen zwischen pluralistischer Beliebigkeit und philosophischem Absolutismus mit Anspruch auf Letztbegründungen des menschlichen Wissens? Ist die Trennung zwischen Glauben und Wissen noch argumentierbar angesichts der assymptotischen Annäherung von Quantenphysik und Theologie bzw. der pluralistischen Koexistenz von Kreationismus und Evolutionstheorie?

Das sind letzlich alles Fragen, die einerseits auf ungelöste Probleme oder auf tatsächlich unvereinbare Positionen im methodologischen und wissenschaftstheoretischen Bereich verweisen. Ein kurzer Blick auf die verschiedenen Varianten des *Methodenstreites* bis zur Gegenwart eröffnet uns eine Spielwiese für weiterführende Gedankenexperimente:

Die Spaltung in ein bis drei Wissenschaftskulturen (Geist, Natur, Kultur) ist auch das Ergebnis unterschiedlicher Antworten auf die Dualismen von empirischer Induktion und apriorischer Deduktion, auf naturwissenschaftliches Erklären vs. geisteswissenschaftliches Verstehen oder „Erzählen", auf die Einheit oder Vielfalt des Gegenstands und der Methode, schließlich auf die Frage nach einem Fundament der Erkenntnis mit hierarchischem Aufbau. Nicht zuletzt lassen sich unterschiedliche Wissenschaftskulturen identifizieren, die bei aller Lokalität zugleich auch interkulturelle Bedeutung haben. So ist die Frage nach der Kontextualität des Wissens im Streit um die Wissenssoziologie in den 1920er Jahren bereits voll gestellt und findet sich wieder in der heutigen Auffassung einer „schwachen Wissenschaftstheorie", welche den sprachlichen und gesellschaftliche Bezugsrahmen mitberücksichtigt. Das Postulat einer objektiven, von allem Forschersubjekten unabhängigen „realen" Außenwelt war bereits der Haupteinwand von Lenin gegen den Machschen Fallibilismus zwischen *Erkenntnis und Irrtum*. Es wird in unseren Tagen von den harten Naturwissenschaftlern wie Steven Weinberg gegenüber den Kuhnianern wieder eingefordert. Die Frage nach der Wissenschaftlichkeit von Geschichte als einer theoretischen Disziplin stand bereits im Zentrum der langjährigen Auseinandersetzung in der deutschsprachigen Nationalökonomie zwischen Gustav Schmoller und Carl Menger. Und Karl Popper versucht in seiner *Logik der Forschung* (1934), mit der bis heute umstrittenen Trennung von Entdeckung und Rechtfertigung des Wissens, eine Antwort auf das Schisma zu liefern: die *methodische* Einheit aller Wissenschaft aufgrund der hypothetischen Theoretizität des Wissens in allen Disziplinen - mit Ausnahme der Geschichtsschreibung. Diese als kritischer Rationalismus etablierte Richtung hat sich einerseits gegen den methodologischen Dualismus von Natur- und Sozialwissenschaften (auch bei Friedrich A. von Hayek) abgegrenzt, ist aber bereits entscheidend von Otto Neurath als „Pseudorationalismus der Falsifikation" (1935) kritisiert worden. Sein Haupteinwand gegen Popper war dessen Annahme einer idealen Realwissenschaft mit durchgehender Rationalität als eindeutiges Kriterium für Verwerfung und Annahme von Aussagen. Gemäß Neuraths Konzeption einer empiristischen Enzyklopädie sollten wir die Wissenschaften eher bildhaft als ein Schiff auffassen, das sich in kollektiver Arbeit in ständigem Umbau befindet und keinen absoluten Standpunkt von außen rechtfertigt. Dieser methodologische Holismus mit Verzicht auf Letztbegründung und Eindeutigkeit des Wissens mittels eines alles entscheidenden Rationalitätskriteriums ist durch Willard Van Orman Quine in der amerikanischen Wissenschaftslandschaft seit den 1960er Jahren salonfähig geworden und hat die naturalistische und holistische Wissenschafttheorie in der Tradition von Pierre Duhem und wiederbelebt. (Vgl. auch Cartwright et al. 1996).

Durch die vorwiegend ahistorisch geführten, und auf die USA und Frankreich zentrierten *Science Wars* ist ist dabei eine Ironie der Wissenschaftsgeschichte im blinden Fleck der Beteiligten verborgen geblieben: während von Sokal/Bricmont und Koertge der Relativismus und Konstruktivismus als Ursache allen Übels ins Visier genommen wird, stellte gerade die Weiterentwicklung der Wissenschaftstheorie seit dem Wiener Kreis in Richtung auf einen (nichtfundamentalistischen) philosophischen Relativismus eine Loslösung vom cartesianischen dualistischen Denken dar. Zur Überbrückung von Theorie und Erfahrung hat beispielsweise der Einstein-Biograph Philipp Frank konsequent den konventionalistischen und konstruktiven Charakter der *Philosophy of Science* mit Hilfe von Mach, Poincaré, Duhem, Bridgman, Frege, Russell u.a. betont und somit ein diskutables „Link between Science and Philosophy" vorgelegt. Und in diese Traditionslinie sind Gerald Holtons Arbeiten als Resultat einer im weitesten Sinne (naturwissenschaftlich orientierten) aufklärerischen Moderne zu stellen. Dabei stand seit Mach die Anerkennung einer realen, objektiven Außenwelt genausowenig in Frage wie die Möglichkeit einer rationalen Rekonstruktion des Wissenschaftsfortschritts. Was allerdings glaubhaft in Zweifel gezogen wurde, war die Option eines direkten Zugangs zum Wissen ohne Sprachkritik und Modelldenken als solitäre Forschungsleistung. Allerdings ist zum Text (qua Theorien) schon immer auch der Kontext (qua ForscherInnengemeinschaft) angesprochen worden, was der Zurückweisung eines *experimentum crucis* im Anschluß an Duhem entsprach.

Wenn nun im gegenwärtigen Wissenschaftsstreit gerade die anticartesianische Wissenschaftsauffassung (Relativismus) generell als Sündenbock für alle Übel fungiert, so wird das Kind mit dem Bade ausgeschüttet. Als lokales Element wirkt dabei die Tatsache verstärkend, dass von Seiten der Verteidiger der Moderne zugleich die „akademische Linke" sowie der radikale Feminismus für die Krise wissenschaftlicher Vernunft mitverantwortlich gemacht werden. Das mag angesichts von offensichtlichen Konjunkturrittern wie John Horgan (*The End of Science*) und hyperideologisierten Positionen der Feminist Studies („The Sperm and the Egg") verständlich erscheinen, verhindert aber zugleich eine fruchtbare Auseinandersetzung um die „Grenzen des wissenschaftlichen Wachstums". Auch wenn Weinberg kraft seiner Reputation als Nobelpreisträger der Physik zusammen mit Kuhns *Structure of Scientific Revolutions* jede Form des epistemologischen Relativismus ablehnt, argumentiert er – als reiner Naturwissenschaftler – offensichtlich nicht auf dem letzten Stand der Diskussion in der *History and Philosophy of Science*. Denn weder die Fragen nach den „Bedingungen der Möglichkeit" physikalischer Erkenntnis wie auch die Problematisierung des Erfahrungsbegriffs gerade im Bereich der Mikrophysik lassen sich durch einen naiven Realismus der experimentellen oder theoretischen Naturwissenschaft hinwegfegen. In *diesem* Sinne ist auch die Kritik von Sokal und Bricmont am „Mißbrauch der Wissenschaft durch die postmodernen Intellektuellen" als nicht zeitgemäß im Bereich der *Philosophy of Science* in Frage zu stellen – wie es in einer Besprechung von Jim Holt in der *New York Times* auch zum Ausdruck gebracht wurde: als Physiker ist ihnen die Entlarvung der pseudowissenschaftlichen Rhetorik gelungen, als Philosophen und Wissenschaftstheoretiker haben sie noch Nachholdarf. Denn die Wissenschaften sind vielleicht doch *A House Built on Sand*, wie der von Popper entlehnte Titel des von Noretta Koertge edierten Bandes (1998) lautet, ohne daß man postmoderne Mythen über sie produziert. Der Gegensatz zum gescholtenen Relativismus wäre eben ein wohl nicht weiterführender philosophischer Absolutismus, nicht aber ein Objektivismus mit der ewigen Scheinfrage nach der Existenz einer „wirklichen" Außenwelt. Damit können wir aber – jenseits der akademischen Machtspiele – die *Science Wars* auf eine theoretische und methodologische Ebene bringen, welche zentrale Fragen heutiger Forschung zu beantworten hätte. Die Geschichte der Philosophie und Wissenschaften wäre in diesem Unternehmen nicht die Magd einer normativen Wissenschaftstheorie, sondern ein integraler Teil und Schlüssel für das Verständnis der „martialischen" Intellektuellen-Bühne.

II.

Es ist wohl nicht überraschend, wenn die heutigen naturwissenschaftlichen Leitdisziplinen Biologie und Physik den Reigen der vorliegenden Bestandsaufnahmen eröffnen, da sowohl das evolutionäre Paradigma wie auch die Vision einer Unified Theory (Klein/Lachieze-Rey 1999) samt umfassender Theorie der Vorhersagbarkeit für den Bereich des Mikro- und Makrokosmos die Fachwelt wie auch die populärwissenschaftliche Szene dominieren.

Indem der Biochemiker *Peter Schuster* den Ursprüngen und Entwicklungen der modernen Molekularbiologie im Zusammenhang mit der Evolutionsbiologie nachgeht, rekonstruiert er einen bemerkenswerten Wissenstransfer mit einer korrelativen Theoriendynamik bis hin zum Zusammenspiel von Molekularbiologie, Biophysik und Evolutionstheorie. Der Autor illustriert ferner die heutigen Perspektiven von Molekularbiologie, Biophysik und Evolutionstheorie vor dem allgemeinen Erwartungshorizont, daß die Evolutionsbiologie und Entwicklungsbiologie in Richtung Genetik konvergieren, mit den neuesten Befunden der *in vitro*-Evolution von den Ursprüngen bei Darwin und Mendel bis zur aktuellen Biotechnologie. Das meta-theoretische und methodologische Gerüst für diese naturwissenschaftliche Theoriendynamik kulminiert noch immer in der genuin philosophischen Fragestellung, ob wir in der besten aller möglichen Welten, oder nur in einer gerade noch funktionstüchtigen leben. Diese klassische Fragestellung führt aber weiter zur Berücksichtigung einer veränderlichen Umwelt zwischen Lokalität und Globalität, sowie einer Hierarchie des Lebens mit autonomen Ebenen vom Einfachen zum Komplexen. Hier wird einmal mehr offenkundig, daß weder methodologischer Reduktionismus noch Atomismus angemessene Modelle zur Beschreibung des Lebens in Natur und Gesellschaft bilden können. Das, was der österreichische Psychologe und Wissenschaftstheoretiker Egon Brunswik als „ökologische Perspektive" in der Psychologie bezeichnet hat, könnte auch in der modernen Biologie verstärkt zum Paradigma werden. (Fischer/Stadler 1997). Unter Berücksichtigung der Genomanalyse wäre damit der Weg zu einer, die Bereiche Molekular-, Entwicklungs- und Evolutionsbiologie vereinheitlichenden „theoretischen Biologie" – mit einem großen Anwendungspotential – vorgezeichnet.

Inwieweit hier auch der Traum einer „Weltformel" analog zur Physik manifest wird, kann wohl nur die konkrete Forschung und die wissenschafttheoretische Synthese erweisen.

Ein gängiges Klischee über die Naturwissenschaften – als deterministischer, kausalistischer, nomothetischer und reduktionistischer *hard science*-Typologie – wurde bereits als unangemessene Ideologisierung im Kontext der zwei bis drei Wissenschaftskulturen und der „Science Wars" kritisiert. Dieses Mißverständnis wird nun sehr überzeugend vom theoretischen Physiker *Walter Thirring* am Beispiel des Gesetzes-Begriffes in der naturwissenschaftlichen Leitdisziplin Physik angesprochen: auch in der mechanistischen Physik seit Newton haben die Naturgesetze neben dem deterministischen immer auch einen zufälligen Aspekt gehabt, der in den variablen Anfangsbedingungen begründet ist. Vor allem bei komplexen Systemen sind diese Anfangsbedingungen zunehmend relevant, womit der Grad der Vorhersagbarkeit entsprechend abnimmt. Zusammen mit der „Entzauberung des Kausalgesetzes" in der modernen Physik (Ph. Frank 1988) sind damit auch die Grenzen jedes mechanischen Reduktionismus als Prototyp des cartesianischen Weltbildes illustriert. Im Bereich der Quantenfeldtheorie existiert auf der Mikroebene ein chaotische Zustand, der erst auf der Makroebene als geordnet und daher auch vorhersagbar erscheint. Hier ist zugleich das kontroversiell diskutierte „anthropische Prinzip" angesprochen, welches die qualitativen Entwicklungssprünge (Bifurkationen) mit den extrem labilen Anfangsbedingungen korreliert, was die Unvorhersagbarkeit und Nicht-Ableitbarkeit aufgrund der uns bekannten Geszte und Gesetzmäßigkeiten bestätigt. Für den renommierten theoretischen Physiker ist dieser Zustand allerdings kein bedrohliches Krisensymptom der Wissenschaft. Seit hat sich die Forschung zwischen empirischer Beobachtung und rationaler Abstraktion entwickelt, müssen die Grenzen der Erkenntnis – als unbegrenzter Bereich des Unbekannten oder noch nicht Gewußten – als Teil dieses Erkenntnisprozesses mitgedacht werden. Diese Einsicht in die menschliche Natur mit all ihren Defiziten und Beschränkungen, welche von Thirring mit einem Motto von Goethe illustriert wird, ist auch von Ernst Mach und Popper-Lynkeus mit der Forderung, die Unvollständigkeit ohne Resignation ertragen zu lernen, von Seiten der modernen Naturforschung analog zum Ausdruck gebracht worden. Die hier manifest werdende Spannung zwischen Theorie und Erfahrung, Reduktion und Unvollständigkeit des Wissens ist ein weiteres Indiz für eine philosophische und wissenschaftstheoretische Dimension in der naturwissenschaftlichen Forschung: Themen wie Emergenz und Holismus werden damit zu wesentlichen Problemfeldern einer Wissenschaftstheorie, die einen naturalistischen Fehlschluss (u.a. mit der Gleichsetzung von Wissenschaft mit der naturwissenschaftlichen Praxis) vermeiden will. Die relative Offenheit des Forschungsprozesses und die prinzipielle Unvollständigkeit bzw. Unabgeschlossenheit jeder Erklärungsmethode wird am deutlichsten am neuralgischen Problem der Letztbegründung in der Wissenschaftstheorie manifest: seit den Grundlagendebatten in der Mathematik oder dem Streit um das Basisproblem empirischer Wissenschaft in der Zwischenkriegszeit dieses Jahrhunderts („Protokollsatzdebatte" im Wiener Kreis) sind wir mehr oder weniger mit dem philosophischen und metatheoeretischen Problem der Verankerung und Begründung der Wissensbasis konfrontiert, welches in verschiedenen Variationen zum „Münchhausen Trilemma" seit Jakob Fries thematisiert worden ist. Diesem zentralen Problem widmet sich der Wissenschaftstheoretiker *Martin Carrier* in offensiver Manier, indem er die empirische Hypothesenprüfung unter bestimmten Voraussetzungen als zirkulär zuläßt: die theoriebeladene Prüfung einer Hypothese wird dann als legitim betrachtet, wenn die dazu notwendigen Hilfsannahmen unabhängig von der zu prüfenden Hypothese auf ihre Gültigkeit untersucht werden können. Darüberhinaus ist auch dann eine derartige Geltungsprüfung unter Rückgriff auf die betreffende Hypothese möglich, wenn die Prüfung hypothetisch-deduktiv (und nicht über Beobachtung der Einzelfälle) erfolgt. Damit wird die Zirkularität von wissenschaftlichen Erklärungen partiell durchbrochen: eine Theorie kann ihre eigenen Beobachtungs und Meßverfahren erklären, womit sie methodologisch anderen Theorien vorzuziehen ist. Damit erscheint der Dualismus von Theorie und Erfahrung, Beobachtungssprache und theoretische Sprache, nur mehr als graduell und funktional sinnvoll – ohne daß damit eine spekulative und skeptizistische Wissenschaftsauffassung *vice versa* folgen muß. Anhand von zwei Fallbeispielen (der empirischen Prüfung der Impulserhaltung bzw. der empirischen Bestimmung von Atomgewichten nach Daltons Atomtheorie) zeigt Carrier im Anschluß an Herbert Feigl die Anwendung dieser nichttrivialen Begründungsmethode, die auch auf die Relevanz eines wissenschafttheoretischen Holismus a la Pierre Duhem, Otto Neurath und Willard Van Orman Quine verweist. Solch „vollständige" Theorien wären demnach sowohl explikativ und zugleich erklärend, damit die Erkenntis erweiternd.

Eine zweite Variation des Grundlagen-Themas, nämlich im Bereich der Mathematik liefert der Wissenschaftstheoretiker *Christian Thiel*. Ausgehend von der sogenannten „Grundlagenkrise" und „Grundlagendebatte" der 1920er Jahre (DePauli-Schimanovich et al. 1995), die über die Disziplinen der Mathematik, Philosophie und Wissenschaftstheorie verläuft, führt nach Meinung des Autors nach erst eine Rekonstruktion der ensprechenden Begriffe, Methoden und Aussagen zu einer angemessenen Bewertung der historischen Kontroverse und des heutigen Wissensstandes, die keineswegs als geklärt erscheinen. Die herkömmliche Kennzeichnung der Grundlagenkrise in der Mathematik und Logik – nämlich über die Alternativen zwischen Formalismus, Logizismus und Intuitionismus, die mit den Namen Weyl, Hilbert, Brouwer, Ramsey, Carnap und Gödel verbunden sind – wird zusammen mit einer wissenschaftssoziologischen Krisen-Erklärung in allen Disziplinen auf die Ebene der Problemanalyse im Hinblick auf den Begründungsmodus im Sinne des gegenwärtigen Konstruktivismus gehoben. Mit einer derartigen „operativen" Logik und Mathematik im Anschluß an Weyl und Paul Lorenzen sei eine Lösung der nichtsoziologischen Grundlagenproblematik möglich, welche eine konkrete Antwort auf die zur Debatte stehenden imprädikativen Begriffsbildungen und Widerspruchsfreiheitsbeweise liefert. Auch wenn das allegemeine Krisengefühl verschwunden sein sollte, ist die theoretische Relevanz der ursprünglichen Kontroversen damit nicht behoben.

Die Begründungs- und Grundlagenprobleme in der Wissenschaftstheorie und Mathematik scheinen sich also auf alle Bereich der empirischen und formalen Wissenschaften zu beziehen. Sie sind klassische Anwendungsfälle für diverse Einzelwissenschaften und zugleich Lösungsmodelle für wissenschaftsgeschichtliche Fallstudien mit beachtlicher Gegenwartsrelevanz.

Nach dem Zerfall des klassischen Fächerkanons seit rund einem Jahrhundert hat sich neben der Physik und Physik als zweites interdisziplinäres Forschungsfeld die Kognitionswissenschaft etabliert, die neben der künstlichen Intelligenz vor allem das permanente Leib-Seele-Problem neu aufgerollt hat. Die Ich-Problematik hat sich seit dem Machschen Diktum („Das Ich ist unrettbar") gegenüber der traditionellen Philosophie mit dem radikalen Konstruktivismus noch einmal zugespitzt. Mit der rhetorischen Frage nach dem Finden oder Erfinden des Ich wird der krisenhafte Zustand der jungen Disziplin Psychologie neben der Philosophie exemplarisch im Beitrag des Psychologen *Giselher Guttmann* durchgespielt. Dies erfolgt vor dem Hintergrund der Einsicht, daß wir es nicht mehr mit einem homogenen Fachbereich zu tun haben, was allein durch die pluralistische Wahrnehmungspsychologie seit Ernst Mach und Karl Bühler als gerechtfertigt erscheint. Physikalistische Quantifizierung sowie Intersubjektivität haben nach dem *cognitive turn* zunehmend an Anziehungskraft verloren. Durch die Einführung des radikalen Beobachter-Standpunktes scheint jede Objektivierung des subjektiven Erlebnis obsolet geworden zu sein. Auch die weiterführende Frage, ob die Psychologie eine geisteswissenschaftliche oder naturwissenschaftliche Disziplin sei, mündet damit in der Desillusionierung vom „objektiven Blick ins Erleben", gerade weil die Visualisierung der Gerhirnphysiologie via EEG nur ein Modell der Materie-Geist (bzw. Reiz-Erleben)-Relation darstellt. Hier werden die Grenzen der Labor-Studien offensichtlich, die schließlich als „wissenschaftslogisches" Problem bereits in Rudolf Carnaps *Der Logische Aufbau der Welt* oder in *Das Fremdpsychische und der Realismusstreit* (beide 1928) prinzipiell behandelt worden sind. Ist die Brücke zwischen Introspektion und Behaviorismus geschlagen, oder sitzen wir noch immer einem Pseudoproblem auf, das durch philosophische Fragestellungen erst erzeugt wird?

Statt dem ständigen Bestreben nach Entdeckung sollten wir uns – so Guttmann – dem Erfinden ohne Ontologisierung des Gegenstandes zuwenden. Das Erklärungsangebot dieser konstruktivistischen Kognitionswissenschaft (Müller et al. 1997) stellt auch das Faktum des Ich-Erlebens und Ich-Bewußtseins mit dem Dualismus von Subjekt und Außenwelt als „Scheinproblem" der Schulphilosophie in Frage und trägt zu einen Perspektivenwechsel bei, der durch Sprachanalyse und wissenschaftsmethodische Aufbereitung zumindest zur Entwirrung, wenn auch nicht zur endgültigen Lösung, dieses Dauerproblems führen kann.

Bei diesem Klärungsprozeß ist allein die Theoriegeschichte des Leib-Seele-Problems ein hilfreiches Instrumentarium: der psychophysische Parallelismus vor allem von Gustav Theodor Fechner wird dabei vom Wissenschaftsphilosophen *Michael Heidelberger* als originellster Beitrag zur Lösung des heutigen Problems vorgestellt. Es handelt sich dabei um eine nichtreduktiv-materialistische Position, die einen Dualismus von physischen und psychischen Eigenschaften mit einem Monismus der Ontologie verbindet. Durch Auseinandersetzung mit einem Meilenstein der gesamten Problemgeschichte, dem cartesianischen Dualismus sowie durch Abgrenzung zum reduktiven Materialismus entwickelt Heidelberger die im Anschluß an Fechner und Mach vorgebrachten Lösungsvorschläge mit einem Substanzmonismus, der mit einem Dualismus der Phänomene (physische und psychische Eigenschaften) kombiniert wird. Dabei sind mentale und materielle Eigenschaften korrelativ, stehen aber in keiner kausalen Abhängigkeit zueinander. Diese These von der nichtkausalen Beziehung von Leib und Seele in Form einer Parallelität wird zusätzlich mit der These von der

Identität des Trägers geistiger und leiblicher Eigenschaften erweitert. Das gemeinsame Auftreten am selben Gegenstand sind eben zwei verschiedene Seiten ein und derselben Medaille. Auf dieser Basis kann auch die spezifische Natur des Psychischen bei Fechner präzisiert werden: psychische und physische Eigenschaften sind demnach relationale, extrinsische Eigenschaften mit Bezug auf das wahrnehmende Subjekt – womit eine Dualität der Perspektive in Form einer Doppelaspekttheorie postuliert wird. Diese, von Metaphysik unbelastete Konzeption hat bei Mach eine weitere Ausarbeitung erfahren, einerseits durch einen neutralen Monismus (Beziehung zu anderen Eigenschaften), andererseits durch seine „Elementenlehre" mit einer nichtkausalen, empiristischen Trias von Physik, Psychologie und Physiologie und dem Ökonomieprinzip („Occams Rasiermesser") als methodisches Regulativ.

Aus heutiger Sicht wirkt dieser Ansatz modern, wenn man ihn mit Donald Davidsons „anomalen Monismus" vergleicht. Dessen Prinzipien der kausalen Interaktion, des nomologischen Charakters der Kausalität und der Anomalie des Mentalen (keine psychophysischen Gesetze) stellen allerdings im Sinne von Heidelberger im Vergleich zu Fechner/Mach unangemessene Komponenten dar. Der Fortschritt in der gegenwärtigen analytischen Philosophie wirkt also eher minimal, ja sogar hinter den Standard des klassischen psychophysischen Parallelismus zurückfallend, was nach Heidelberger auf eine mangelnde Berücksichtigung der Person im gesamten Leib-Seele-Problem zurückzuführen ist. Mit einer derartigen problemgeschichtlichen Fallstudie ergibt sich die fruchtbare Perspektive, daß Wissenschaftsgeschichte als Wissenschaftstheorie verstanden werden kann und die konventionelle Trennung von Genese und Geltung der Erkenntnis und des Wissens einmal mehr plausibel relativiert wird.

Dieser Befund ergibt sich *eo ipso* aus den beiden philosophie- und wissenschaftshistorischen Beiträgen mit neuen Erkenntnissen und theoretischen Perspektiven:

Ein bislang kaum beachteter Einfluß der modernen Wissenschaftstheorie des Wiener Kreises auf den wohl bedeutendsten Neokantianer des 20. Jahrhunderts, Ernst Cassirer, und die entsprechende Rezeptionsgeschichte wird vom Philosophen und Philosophiehistoriker *John Michael Krois* auf der Grundlage von neuen, großteils unveröffentlichten Quellen aufbereitet. Neben den persönlichen Kontakten Cassirers mit Carnap, Frank, Reichenbach und Schlick hat sich dieser in der Zwischenkriegszeit systematisch mit den Fragestellungen des Logischen Empirismus im Zusammenhang mit der Verwissenschaftlichung der Philosophie auseinandergesetzt. Dabei stellt sich nach Krois Cassirers Verhältnis zum Wiener Kreis als viel positiver heraus, als in der bisherigen Forschung dargestellt worden ist. Aus Cassirers Nachlaß wird beispielsweise ersichtlich, wie stark er vor und nach der Emigration die „Weltanschaung" und Methode des Wiener Kreises als Identifikationsrahmen, aber auch als Gegenstand kritischer Auseinandersetzung betrachtete. Das mag nur jene überraschen, die im (Marburger) Neokantianismus ein absolute Alternative zum Logischen Empirismus sehen und den Pluralismus der Kant-Anhänger seit der Jahrhundertwende um 1900 unterschätzen. Umgekehrt gibt es plausible Thesen, daß der Wiener Kreis viel stärker von der Auseinandersetzung mit bzw. Abgrenzung von den Kant-Strömungen profitierte als vom klassischen englischen Empirismus. (Friedman 1999). Erwartungsgemäß verblieb die Stellungnahme zum synthetischen *Apriori* als unterscheidendes Merkmal bestehen, die Frage nach dem Verhältnis von Philosophie und dominierender (Natur-)Wissenschaft war jedoch beiden Strömungen eine wesentliche gemeinsame Problematik: eine Philosophie ohne Berücksichtigung der dynamischen Naturwissenschaften schien beiden suspekt. Vor diesem Hintergrund zeichnet Krois die direkte und indirekte Kommunikation in zwei Phasen: in den 1920er Jahren mit der Frage nach der Aktualität des Kantianismus, und in den 1930er Jahren mit der Frage nach den Grenzen und Aufgaben der Philosophie. Motiviert durch Besuche in Wien, wo die Familie seiner Frau lebte, traf Cassirer seine Gesprächspartner Schlick, Carnap und Popper, der ebenfalls seine Sympathie mit dem Neokantianismus vor allem der Leonard Nelson-Schule zum Ausdruck brachte, und erprobte seine eigene revidierte Kant-Interpretation an deren Hauptschriften. Der zeichentheoretische Ansatz in der Erkenntnistheorie und der Konventionalimus der Sprache stellten die Eckpfeiler dieser Begegnung dar, welche in teilweiser Übereinstimmung erfolgte. Die Historisierung des *Apriori* führte Cassirer schließlich zur Neufassung einer „Kulturwissenschaft", die über die Merkmale einer „wissenschaftlichen Weltauffassung" hinausging. Nach seiner Emigration aus dem nationalsozialistischen Deutschland widmete sich Cassirer – gleichzeitig wie Schlick und Neurath – den Fragen nach der Funktion von Philosophie als einer eigenen Disziplin im Kanon der Wissenschaften, indem er den im Wiener Kreis als obsolet empfundenen Wirklichkeitsbegriff zu integrieren versuchte. Der Physikalismus war ihm für den Aufbau einer Logik der Kulturwissenschaften zu eng konzipiert, sodaß er die auch auf Kultur bezogene Basis triadisch (Ich, Du, Es bzw. Leben, Wirken, Werk) entwickelte. Überspitzt formuliert könnte man demnach Cassirers *Phi-*

losophie der symbolischen Formen als eine alternative Variation von Carnaps *Aufbau* betrachten, wiewohl gerade dieser Ausweitung im Wiener Kreis unter dem Verdacht der Scheinproblematik mangels fehlender logischer Analyse gefallen wäre. Gemeinsam blieb beiden Konzeptionen die Auffassung von der Pluralität und Relativität von Sprachen (vgl. Carnaps „Principle of Tolerance"), die Cassirer noch weiter zu einer Theorie des mythischen Denkens führte. Dies verblieb im Wiener Kreis eine unterentwickelte Region, welche erst nach der Emigration, vor allem durch Otto Neurath und Philipp Frank, systematisch behandelt werden sollte. Schließlich ermöglichte das gemeinsame Bekenntnis zu einem Empirismus die angedeutete Teilidentifikation und konvergente intellektuelle Entwicklung von zwei Außenseitertraditionen im deutschen Sprachraum zwischen den beiden Weltkriegen, deren gemeinsamer Fluchtpunkt sich nicht zufällig in Amerika befand.

Wie sehr biographische und gesellschaftliche Umstände die Entwicklung einer wissenschaftlichen Disziplin beeinflussen können, wird anhand der vom Psychologen und Wissenschaftshistoriker *Gerhard Benetka* vorgelegten materialreichen Fallstudie zum „Fall" Wolfgang Stegmüller evident. Stegmüller, der durch seine Publikationen nach dem Zweiten Weltkrieg maßgeblich für den Re-Import und die Neuentdeckung der analytischen Wissenschaftstheorie im deutschsprachigen Raum mitverantwortlich war, wurde in der „gesäuberten" provinziellen Wissenschaftslandschaft am Beginn der Zweiten Republik keine Chance auf eine entsprechende universitäre Position gegeben. Ja man kann sogar von einer gezielten Intrige sprechen, wenn der junge Hoffnungsträger der wissenschaftsorientierten Philosophie aufgrund der offensichtlichen Verhinderungsstrategien schließlich erst 1958 an der Universität München eine ihm gebührende akademische Position in Form eines Lehrstuhles erhielt, von wo er durch Forschung und Lehre entscheidende Impulse für den Modernisierungsschub und die Internationalisierung der Wissenschaftstheorie setzte. Dabei ging es bei dem gescheiterten Versuch, Stegmüller an der Universität Innsbruck (später auch in Wien) als Extraordinarius zu berufen, nicht nur um herkömmliche *power politics* von akademischen und universitären Eliten, sondern auch um die Blockade einer bestimmten Wissenschaftsauffassung mit einem Philosophie-Begriff, der die moderne formale Logik und die Wissenschaftstheorie nach internationalem Standard zu vertreten versuchte. In diesem Prozess scheinen die gleichen Kräfte im Umfeld des „politischen Katholizismus" für diese Verhinderung am Beginn der 1950er Jahre wirksam geworden zu sein, die nach der erzwungenen

Emigration des Wiener Kreises kein Interesse an der Rückholung bzw. Erneuerung dieser inzwischen weltweit anerkannten Richtung gefunden hatten, womit der intellektuelle Anschluß an die *scientific community* um einige Jahrzehnte verhindert und verzögert worden ist.

Die Tasache, daß die Kunstforschung als exaktwissenschaftliches Unternehmen verstanden werden kann, ist für Kenner der österreichischen Geistesgeschichte keine Überraschung. Seit Bolzano, Herbart und Zimmermann, bis hin zu Mach läßt sich eine Tradition rekonstruieren, die einer empiristischen, formalen Kunsttheorie wider eine metaphysische Inhaltsästhetik anhing und als fächerübergreifendes Unternehmen betrachtet worden ist. *Kurt Blaukopf*, der 1999 verstorbene Doyen der österreichischen Musikwissenschaft und Musiksoziologie, holt in seinem Überblicksartikel weiter aus und zeichnet die Entwicklungslinien von der großen französischen Enzyklopädie bis hin zur *Encyclopedia of Unified Science* des Wiener Kreises. Mit Rückgriff auf Diderots und d'Alemberts *Encyclopédie* und Neuraths Intention einer „Orchestrierung der Wissenschaften" wird die Relevanz der enzyklopädistischen Denktradition für die Kunstforschung mit vielen Belegen und Beispielen erschlossen.

Mit der aufklärerischen Strömung seit Josef II. kann in den Ländern der Habsburger-Monarchie wie z.B. in der Toscana, eine enzyklopädische Parallelaktion beschrieben werden, die trotz Zensurmaßnahmen im übrigen Teilen Europas verbreitet werden konnte. Damit wurde auch Diderots Ästhetik vermittelt, der im formalen Begriff der Beziehungen und Regelhaftigkeit eine Merkmal des Schönen sah. Eine Betrachtungsweise, die sich im Kernland bei den oben genannten Philosophen im wesentlichen fortsetzte und im 20. Jahrhundert im Logischen Empirismus und in der Informationstheorie eine Weiterentwicklung erfuhr. Dieser angedeutete Wissens- und Wirkungstransfer mit den Grundmerkmalen des Objektivismus, Empirismus und Formalismus wird von Blaukopf anhand mehrerer einschlägiger Lexika seit den 1830er Jahren illustriert. Gerade diese Richtung wird von Bernard Bolzano und Robert Zimmermann entscheidend ausgearbeitet: die Wende von der spekulativen Philosophie der Kunst zur empirischen Kunstforschung in einzelnen Fachbereichen wurde damit vollzogen. Dieser Wandel ist durch die Tradition des österreichischen Positivismus verstärkt worden, die mit der „Wiener Schule" der Kunstgeschichte, von Alois Riegl, Guido Adler (beide unter dem Einluß von Ernst Mach) bis hin zu Ernst Gombrich verbunden ist. Die damit erzielte Interdisziplinarität mit Historisierung und Soziologisierung der Kunstwissenschaft bildete eine Art Vorschule zur Kunstbetrachtung als einer exakten Wissenschaft (Physik, Physiologie und Psychologie) bei Helmholtz, Brücke und Mach, schließlich bei der enzyklopädischen Integration der empiristischen Einheitswissenschaft bei Neurath, schließlich sehr konkret beim Mathematiker und Wissenschaftsphilosophen Richard von Mises. Letzterer, ein anerkannter Rilke-Spezialist, hat in seinem programmatischen *Kleines Lehrbuch des Positivismus* (1939/1991) die Kunstforschung als das Resultat einer Zusammenschau von Kunstschaffen, Kunstvermittlung und Kunstrezeption vorgeschlagen. Gegenstände der Kunstwissenschaft sind nach R. v. Mises sowohl die Kunstwerke wie auch die Kunstübung, die in einem sprachkritischen Verfahren nach dem Kriterium der „Verbindbarkeit" mit anderen anerkannten Regeln und Resultaten der Wissenschaften als veränderlicher Teil einer „empiristischen Wissenschaftsauffassung" – so der Untertitel seines genannten Buches – betrachtet werden kann. Mit dieser metatheoretischen und sprachanalytischen Ausrichtung präsentiert R. v. Mises einen Enzyklopädismus als Modell im Sinne Neuraths, der jede Art von System und Hierarchisierung der Wissenschaften mit einem absoluten Fundament der Erkenntnis abgelehnt hat. Terminologische Fragen werden damit zu einem permanenten methodischen Problem eines nie abgeschlossenen Integrationsprozesses empirischer Fachdisziplinen. Diese Art einer neuen transdisziplinären Wissensproduktion überschreitet den herkömmlichen akademischen Fächerkanon und die universitäre Wissenschaftsorganisation, und kann nur als ein kooperatives fächer- und länderübergreifendes dynamisches Projekt betrachtet werden. Durch diese, teilweise bereits praktizierte Programmatik verschwindet der Kampf der Wissenschaftskulturen genauso wie der Anspruch auf Letztbegründung unter Verwendung eines absoluten Wahrheitskriteriums. Mit diesem zukunftsträchtigen Szenario schließt Blaukopf seinen thematischen Kreis wieder bei Diderot, der in seiner Kunstphilosophie bereits das Programm einer empiristisch-enzyklopädischen Kunstforschung vorweggenommen hatte. Ein zweites mal wird – nach dem Motto im Beitrag von Walter Thirring – der Diderot-Übersetzer Johann Wolfgang von Goethe zitiert, der vor rund 200 Jahren zur Bildung eines Kreises der Empiriker und Realisten – als Alternative zu den etablierten Philosophen-Zirkeln – eingeladen hatte.

Literaturverzeichnis

Böhme, Hartmut / Matussek, Peter / Müller, Lothar 2000. *Orientierung Kulturwissenschaft. Was sie kann, was sie will.* Reinbek bei Hamburg: Rowohlt.

Cartwright, Nancy / Cat, Jordi / Fleck, Lola / Uebel, Thomas (eds.) 1996. *Otto Neurath. Philosophy between Science and Politics.* Cambridge University Press.

Casti, John L. 2000. *Paradigms Regained. A Further Exploration of the Mysteries of Modern Science.* New York: William Morrow – Harper Collins Publisher.

Chalmers, Alan F. 1999. *Grenzen der Wissenschaft.* Berlin–Heidelberg: Springer.

DePauli-Schimanovich, Werner / Köhler, Eckehart / Stadler, Friedrich (eds.) 1995. *The Foundational Debate. Complexity and Constructivity in Mathematics and Physics.* Dordrecht–Boston–London: Kluwer.

Fischer, Kurt / Stadler, Friedrich (Hrsg.) 1997. *„Wahrnehmung und Gegenstandswelt". Zum Lebenswerk von Egon Brunswik (1903–1955).* Wien–New York: Springer.

Frank, Philipp 1988. *Das Kausalgesetz und seine Grenzen.* Hrsg. von Anne J. Kox. Frankfurt/M.: Suhrkamp.

Friedman, Michael 1999. *Reconsidering Logical Positivism.* Cambridge University Press.

Galison, Peter / Stump, David J. (eds.) 1996. *The Disunity of Science. Boundaries, Contexts, and Power.* Stanford: Stanford University Press 1996.

Greenberger, Daniel / Reiter, Wolfgang / Zeilinger, Anton (eds.) 1999. *Epistemological and Experimental Perspectives on Quantum Physics.* Dordrecht–Boston–London: Kluwer (= Vienna Circle Institute Yearbook 7/99).

Holton, Gerald 1994. *Science and Anti-Science.* Cambridge, Mass.: Harvard University Press.

Keil, Geert / Schnädelbach, Herbert (Hrsg.) 2000. *Naturalismus. Philosophische Beiträge.* Frankfurt/M.: Suhrkamp.

Klein, Etienne / Lachieze-Rey, Marc 1999. *Die Entwirrung des Universums. Physiker auf der Suche nach der Weltformel.* Stuttgart: Klett-Cotta.

Koertge, Noretta (ed.) 1998. *A House Built on Sand. Exposing Postmodern Myths About Science.* Oxford University Press.

Kulenkampff, Arend (Hrsg.) 1979. *Methodologie de Philosophie.* Darmstadt: Wissenschaftliche Buchgesellschaft.

Mises, Richard von 1990. *Kleines Lehrbuch des Positivismus. Einführung in die empiristische Wissenschaftsauffassung.* Hrsg. und eingeleitet von Friedrich Stadler. Frankfurt/M.: Suhrkamp.

Müller, Albert / Müller, Karl / Stadler, Friedrich (Hrsg.) 1997. *Konstruktivismus und Kognitionswissenschaft. Kulturelle Wurzeln und Ergebnisse.* Wien–New York: Springer.

Nemeth, Elisabeth / Stadler, Friedrich (eds.) 1996. *Encyclopedia and Utopia. The Life and Work of Otto Neurath (1882–1945).* Dordrecht–Boston–London: Kluwer.

Nowotny, Helga 1997. „Transdisziplinäre Wissensproduktion – eine Antwort auf die Wissensexplosion?", in: Stadler 1997b, 177-195.

Stadler, Friedrich (Hrsg.) 1997a. *Bausteine wissenschaftlicher Weltauffassung.* Wien–New York: Springer.

Stadler, Friedrich (Hrsg.) 1997b. *Wissenschaft als Kultur. Österreichs Beitrag zur Moderne.* Wien–New York: Springer.

Stadler, Friedrich 1997c. *Studien zum Wiener Kreis. Ursprung, Entwicklung und Wirkung des Logischen Empirismus im Kontext.* Frankfurt/M.: Suhrkamp. Englische Edition: *The Vienna Circle.* Wien–New York: Springer 2000.

Stadler, Friedrich / Kieseppä, Ilkka (1999). „Science – A House Built on Sand? – A Conversation with Noretta Koertge", in: Greenberger/Reiter/Zeilinger, a.a.O., 279-302.

Editorische Bemerkung

Die in diesem Band versammelten Beiträge stellen eine thematisch orientierte Auswahl aus Vorträgen und Vortragsreihen dar, die vom *Institut Wiener Kreis* in den letzten Jahren veranstaltet worden sind. Der Aufsatz von Gerhard Benetka wurde als Originalbeitrag mit aufgenommen.

Die vorliegende Publikation stellt in einem gewissen Sinne eine Fortsetzung des Sammelbandes *Bausteine wissenschaftlicher Weltauffassung* (F. Stadler, Hrsg.1997) dar, in dem aktuelle Beiträge zur Forschung im Bereich der Philosophie, Wissenschaftstheorie, sowie der Natur- und Kulturwissenschaften in Verbindung mit gemeinsamen theoretischen und methodologischen Fragestellungen gebracht werden.

Der Text von Kurt Blaukopf (1914–1999) stellt seine letzte, autorisierte deutschsprachige Publikation dar. Es sei hier erwähnt, daß Kurt Blaukopf viele Jahre lang als wissenschaftlicher Leiter des am *Institut Wiener Kreis* angesiedelten Forschungsschwerpunktes „Wissenschaftliche Weltauffassung und Kunst" gewirkt hat und dieser Aufsatz wohl als sein diesbezügliches geistiges Vermächtnis betrachtet werden kann.

Aus gegebenem Anlaß ist dieses Buch dem Andenken von Viktor Kraft (1880–1975) gewidmet, dessen Geburtstag sich heuer zum 120. Mal und dessen Todestag zum 25. Mal jährt. Kraft hat als einziges ehemaliges Mitglied des Wiener Kreises, das an der Universität Wien auch nach 1945 hauptberuflich wirken konnte, wesentlich zur Rekonstruktion und Weiterentwicklung der modernen Wissenschaftstheorie beigetragen hat, wie beispielsweise aus der im gleichen Verlag 1960 erschienenen Festschrift *Probleme der Wissenschaftstheorie* (Hrsg. von Ernst Topitsch) ersichtlich wird.

Die Verantwortung für die Gruppierung, thematische Verknüpfung und die kurzen Charakterisierungen der nachfolgend abgedruckten Beiträge liegt ausschließlich beim Herausgeber. Die Einteilung hat sich nach verwandten Forschungsbereichen, und die Beschreibung nach den Kriterien gemeinsamer metatheoretischer Merkmale und Prinzipien orientiert – mit der Absicht, einerseits die Wechselwirkungen zwischen diesen Bereichen zu beschreiben, andererseits die Grundlagen und Konsequenzen im thematischen Spannungsfeld von Fachdisziplin sowie Philosophie, Geschichte und Theorie der Wissenschaften zu plazieren.

Zuletzt sei noch einmal den Autoren und den Verantwortlichen des Verlags für ihre Bereitschaft zur konstruktiven Mitarbeit und für ihre Geduld beim längeren Produktionsprozeß gedankt. Dies gilt besonders für Robert Kaller vom *Institut Wiener Kreis* für die redaktionelle Bearbeitung und die Herstellung des kamerareifen Manuskriptes.

Wien, im Mai/Juni 2000   *F.S.*

PETER SCHUSTER

WAS HABEN DIE MOLEKULAREN WISSENSCHAFTEN ZUR EVOLUTIONSBIOLOGIE BEIGETRAGEN? [1]

In diesem Beitrag wird der Versuch gemacht, die molekularen Aspekte der Evolutionsbiologie aus drei verschiedenen Blickwinkeln darzustellen. An den Anfang stellen wir ein paar Bemerkungen zu dem historischen Weg, auf welchem das erste molekulare Gedankengut in die Vorstellungen der biologischen Evolution einfloß. Dann werden einige Bereiche der Evolutionsbiologie dargestellt, zu welchen Molekularbiologie und Biophysik einen ganz wesentlichen Beitrag leisteten und immer noch leisten. Der dritte und letzte Teil ist einigen neuen Entwicklungen gewidmet, welche ihren Ausgang von dem Versuch nahmen, die biologische Evolution im Darwinschen Sinne all ihres Beiwerkes zu berauben und auf einen minimalen Satz von Prinzipien zu reduzieren. Versuche zur Evolution von Molekülen in zellfreien Assays und ihre Simulationen am Computer werden zum Anlaß genommen, einige Perspektiven einer molekularen Evolutionsbiologie mit dem Zeichenstift eines biophysikalischen Chemikers zu skizzieren und mögliche Anwendungen auf ungelöste Probleme der Biotechnologie aufzuzeigen.

1. Anfänge molekularer Vorstellungen in der Evolutionstheorie

Die Geburtsstunde der Evolutionsbiologie schlug im November 1859, also ziemlich genau vor 140 Jahren, als Charles Robert Darwin (geb. 12. Februar 1809) in dem Jahr, in dem er seinen fünfzigsten Geburtstag feierte, das Jahrhundertbuch *On the Origin of Species by Means of Natural Selection* publizierte. Die zweite biologische Jahrhundertarbeit mit dem Titel „Versuche über Pflanzenhybriden" wurde nicht viel später, genau im Jahre 1865, vom Augustinermönch Johann Gregor Mendel (geb. 22. Juli 1822) aus Brünn in den *Verhandlungen des naturforschenden Vereins in Brünn* veröffentlicht. Ein Vorläufer dieser Arbeit war bereits 1854 unter dem Titel „Über Bruchus pisi" in den *Verhandlungen des zoologisch-botanischen Vereins in Wien* erschienen (Quelle: De Beer, 1964).

Das Schicksal dieser beiden bahnbrechenden Forschungsberichte war so verschieden wie es nur sein kann. Charles Darwins Buch war noch am Tag des Erscheinens vergriffen und sah bereits in den ersten Jahren mehrere Neuauflagen. Seine allgemeinen Vorstellungen von der Entstehung der Arten durch Modifikation bestehender Formen wurden von den meisten seiner Fachkollegen sofort akzeptiert, das Selektionsprinzip, formuliert als natürliche Auslese, stieß schon bei den experimentell orientierten Biologen auf beachtlichen Widerstand und wurde von der Gesellschaft des vorigen und zum Teil auch unseres Jahrhunderts wegen vermeintlicher Gegensätze zu gesellschaftlichen Ideologien und den christlichen Religionen heftig abgelehnt. Was Darwin als natürliche Auslese formuliert hatte, war nicht mehr oder weniger als das Gesetz der ausschließenden Konkurrenz durch exponentielles Wachstum, welches eine gewisse Verwandtschaft zur „invisible hand" des schottischen Ökonomen Adam Smith (1723-1790) hatte. Darwins großes Verdienst war, erkannt und durch zahllose Beobachtungen unterlegt zu haben, daß das Selektionsprinzip in der belebten Natur seine Gültigkeit hat. Völlig an der Realität vorbei gingen aber Darwins Vorstellungen über den Mechanismus der Vererbung, welche er als „hypothesis of pangenesis" bezeichnete (Quellen: Mayr, 1982; Ruse, 1979).

Eine Ironie der Geschichte wollte es, daß Gregor Mendels Arbeiten über Pflanzenhybride zur selben Zeit entstanden und in Form der Mendelschen Vererbungsgesetze eine klare Antwort auf Darwins Vererbungsproblem gegeben hätten. Erbanlagen werden bei der sexuellen Vermehrung nicht wie zwei Flüssigkeiten graduell durchmischt, sondern in klar definierten Paketen, den Genen, weitergegeben, wobei je eins von der Mutter und vom Vater kommt. Gregor Mendels Untersuchungen blieben aber vorerst in der Biologie und auch sonst völlig unbeachtet, abgesehen vielleicht von dem Interesse, das sie bei einigen Botanikern auslösten. Ein Grund für das mangelnde Echo für Mendels Arbeiten mag in der Tatsache begründet liegen, daß er ein „atomistisches" Bild der Vererbung zeichnete, und die Vorstellung von kleinsten, unteilbaren Einheiten war im vergangenen Jahrhundert nicht populär – man erinnere sich nur an Ludwig Boltzmanns Schwierigkeiten, seine atomar begründete statistische Thermodynamik durchzusetzen. Hinzu kam noch, daß Mendels Vererbungsgesetze ebenso wie Boltzmanns Theorie statistischer Natur sind. Auch heute, fast anderthalb Jahrhunderte später, ist es nicht immer leicht, korrekte und präzise Vorstellungen durchzusetzen, wenn sie sich nur bei großen Beobachtungszahlen manifestieren.

Bevor wir nun einen großen Sprung tun, mitten hinein in unser Jahrhundert, ist es interessant, auch einen der größten deutschen Biologen des vorigen Jahrhunderts, Ernst Haeckel, zu Wort kommen zu lassen. Ihm verdankt die Biologie neben anderen Erkenntnissen die

Betonung der Eigenständigkeit der Evolutionsbiologie als eine „historische Wissenschaft" im Gegensatz zu Physik und Mathematik. Ernst Mayr in seiner gewohnt präzisen Ausdrucksweise korrigiert: „Instead of 'historical' we would perhaps now say 'regulated by historically acquired genetic programs and their changes in historical time'." In der zweiten Hälfte unseres Jahrhunderts begannen die Grenzen zwischen den einzelnen wissenschaftlichen Disziplinen und ihren Methoden zu verschwimmen. Heute erscheint uns dieser Gegensatz überholt. Die Physik ist nicht mehr von der Mechanik und der Vorstellung einer Welt im Gleichgewicht dominiert. Die Physiker haben schon längst entdeckt, daß auch eine Beschäftigung mit „Versuchsobjekten, die Geschichte haben" sehr lohnend und erfolgversprechend sein kann. Denken wir doch nur an das gängige kosmologische Weltbild mit Urknall und expandierendem Universum.

Jahrzehnte später, als Darwin und Mendel schon längst nicht mehr unter den Lebenden weilten, brach vorerst ein heftiger Streit zwischen den experimentell tätigen Genetikern und den Naturalisten oder Evolutionsbiologen im engeren Sinne aus, der so unüberbrückbar schien, daß der renommierte deutsche Biologe Buddenbrock 1930 ausführte:

Die Kontroverse [...] ist heute genauso unentschieden wie sie vor 70 Jahren war [...] keine der streitenden Parteien konnte die Argumente ihrer Gegner widerlegen und man muß davon ausgehen, daß sich an dieser Situation nicht so bald etwas ändern wird.

Eine immer wieder auflebende Streitfrage erhitzte auch schon in dieser Zeit die Gemüter: Die Genetiker wiesen die Darwinschen Selektionsvorstellungen zurück, da sie von einer *graduellen* Variation der Merkmale ausgehen, wogegen die Vorstellung von Mutationen als Triebkraft der Evolution immer zu mehr oder minder *sprunghaften* Veränderungen führen muß. Die Naturalisten sahen ihrerseits in den Genetikern Reduktionisten der ganz üblen Sorte, da sie alle Veränderungen auf ausschließlich ein Prinzip, eben die Mutation, zurückführten und daher mit den bevorzugt pluralistischen gedachten Variationsursachen der Naturalisten in unvereinbarem Gegensatz standen.

Im Bereich der Theorie wurde ungeachtet des Streits zwischen den Experimentalbiologen zu eben dieser Zeit die Mendelsche Genetik von den drei großen Populationsgenetikern Ronald Fisher, John B.S. Haldane und Sewall Wright mit dem Darwinschen Selektionsgedanken vereinigt, auf eine rigorose mathematische Basis gestellt und erstmals

als eine theoretische Evolutionsbiologie im heutigen Sinne etabliert. Auf ein nicht unwesentliches Detail sei hingewiesen. Ungeachtet des erfolgreichen Vollzugs der Vereinigung von Darwinschen und Mendelschen Vorstellungen in der Populationsgenetik dauerte es noch fast zehn Jahre, bis Genetiker und Evolutionsbiologen ausgesöhnt waren: Erst in den Jahren 1936-1947, die Zeit des Zweiten Weltkriegs überspannend, vollendeten die großen Architekten des Brückenschlages zwischen den Kontrahenten in der Biologie, Theodosius Dobzhansky, Julian Huxley, Ernst Mayr, George Simpson, Bernhard Rensch, Ledyard Stebbins und einige andere die *synthetische Evolutionstheorie*, welche nunmehr endgültig Genetik und Selektionsprinzip miteinander verbindet.

Gerade in dem Moment, in dem die Evolutionsbiologie als eine konsolidierte und nicht mehr von verschiedenen Meinungen zerrissene Wissenschaft auftreten kann, erscheinen die *reduktionistischen Teufel* schon wieder auf der Bühne der Biologie und schießen dieses Mal aus der jedem gestandenen Biologen besonders verhaßten Ecke der Physik eine Breitseite auf die Biologie ab. Einigen wie besessen arbeitenden Kristallographen war es gelungen, die in Physik und Chemie schon lange eingeführte Strukturanalyse auf die Moleküle des Lebens auszudehnen (Quelle: Judson 1979): John Kendrew und Max Perutz bestimmten in der Fünfzigerjahren die ersten Proteinstrukturen an Hand von Kristallen der beiden Sauerstofftransportproteine Myoglobin und Hämoglobin. Wenig später vollbrachten die beiden jungen brillianten Denker Francis Crick und James Watson die allen bekannte Glanzleistung des korrekten Strukturvorschlages für den „Stoff, aus dem die Gene gemacht sind". Die Geburtsstunde der Molekularbiologie hatte geschlagen. Die progressive physikalisch-chemische Strukturforschung hatte ausgehend von kleinen Molekülen zu immer komplizierteren Strukturen fortschreitend das Terrain der Biologie ereicht. Molekularbiologie und Strukturbiologie, beides junge Töchter der Biologie, aber eben nur Adoptivtöchter, da sie doch in der Chemie beziehungsweise in der Physik geboren wurden, eilten zumindest aus der Sicht der Physiker und Chemiker von einem spektakulären Erfolg zum anderen, was sich unter anderem fast in einem Dauerregen von Nobelpreisen auf die führenden Köpfe aus diesen neuen Disziplinen niederschlug.

Diesen sich andeutenden Wandel in der biologischen Forschung konnten die Entscheidungsträger und Meinungsbildner der konventionellen Biologie nicht gelassen und unreflektiert hinnehmen. Seit den Anfängen von Strukturbiologie und der Molekularbiologie finden wir immer wieder die von Biologen gestellte Frage, was die reduktionistischen molekularen Forschungsgebiete denn wirklich zum Verständnis der Evolutionsbiologie beigetragen hätten. Es muß uns zu denken geben, daß die Namen Kendrew und Perutz in dem 1982 veröffentlichten, etwa eintausend Seiten starken, hervorragend geschriebenen Buch *The Growth of Biological Thought* von Ernst Mayr überhaupt nicht vorkommen. Die Molekularbiologie einschließlich der Thematik vom Ursprung des Lebens wird auf etwas mehr als zehn Seiten abgehandelt, und dort konzentriert sich der Autor auf einige wenige Befunde über DNA. In seinem jüngst erschienen Buch *This is Biology* (Mayr, 1997), also etwa fünfzehn Jahre später, hat sich an dieser seiner Grundeinstellung nichts geändert. Die kritische Abwehrhaltung des weltberühmten Biologen gegenüber den Befunden auf der molekularen Ebene läßt sich unter anderem in dem folgenden Zitat (Mayr 1982, p.578) über nicht für Proteine oder Ribonukleinsäuren (RNA) kodierende Desoxyribonukleinsäure (DNA) gut erkennen:

[...] the organism being helpless against its (parasitic DNA's) replication and accumulation. Although valid arguments in favor of this hypothesis exist, it is intuitively distasteful to a Darwinian.

Warum sollte ein molekularer Parasit abstoßender sein als infektiöse Bakterien, parasitische Monera oder Pilze? Was könnte für einen Evolutionbiologen an parasitischer DNA so viel schlimmer sein, es sei denn, es wäre die Tatsache, daß es sich um (nackte) Moleküle handelt. Die Molekularbiologie hat inzwischen sehr viele Einzelheiten über die Dynamik der Genome von Organismen herausgearbeitet und gezeigt, daß Parasitismus kein Privileg einer bestimmten Entwicklungsstufe darstellt: von Nukleinsäurefragmenten bis zu Eukaryoten zieht sich eine lückenlose Reihe parasitischer Ausbeutung.

Zahlreiche andere, nicht minder berühmte Biologen teilten diese kritische Haltung gegenüber einer angeblich unreflektiert fortschreitenden, reduktionistischen Biologie. Auch John Maddox, der Editor des weltberühmten wissenschaftlichen Wochenmagazins *Nature*, welches aber dessenungeachtet fast mit dem Zentralorgan der Molekularbiologie verwechselt werden könnte (gäbe es nicht noch die *Science,* das amerikanische Gegenstück dazu), ist kritisch, wenn auch auf konstruktive Weise. Um nicht mißverstanden zu werden, diese Kritik trifft an vielen Stellen die durchaus vorhandenen wunden Punkte der heutigen molekularen Biowissenschaften, nur die Aussage, bis auf Randanmerkungen und Fußnoten hätten sie nichts zur heutigen

Evolutionsbiologie beigetragen, kann nicht hingenommen werden. Es erübrigte sich, auf diesen Punkt so ausführlich einzugehen, würde nicht auch noch heute genau dieselbe Ansicht, daß die molekularen Wissenschaften für die Evolutionsbiologie nicht von Bedeutung wären, von einer ganzen Reihe von Biologen vertreten.

An dieser Stelle nutze ich die Gelegenheit, meine persönliche Meinung zum Reduktionismus als unentbehrliche Forschungsstrategie zum Ausdruck zu bringen. Ich bin zutiefst davon überzeugt, daß das Fortschreiten der Erforschung von einfacheren zu komplexeren Systemen ganz einfach die überlegene Strategie darstellt und ich kann deshalb, von Ausnahmen abgesehen, den ganzheitlichen Betrachtungsweisen nicht sehr viel abgewinnen. Bedeutet doch das Durchdringen der Biologie mit dem Gedankengut von Chemie und Physik seit den späten Fünfzigerjahren einen der größten, wenn nicht den größten wissenschaftlichen Triumph unseres Jahrhunderts, an dem wir als glückliche Zeitzeugen teilnehmen durften. Kritisch und konstruktiv finde ich hingegen die Einstellung des weltbekannten englischen Wissenschaftlers John Maynard Smith. Er ist ebenfalls der makroskopischen Biologie zuzuordnen, vertritt aber eine Meinung zur Reduktionsdebatte in der Biologie, die ich voll unterschreiben kann (Maynard Smith 1986, p.vii)

> As it happens, I do not know how modern sewing-machines work, but this does not lead me to suppose that the laws of topology have been broken: indeed, I feel confident I could find out if someone would let me take one into pieces. [...]
> Holists are, I think, in a weaker position, if only because recent progress has been so much faster from the bottom up than from the top down. Yet I do share their conviction that there are laws that can only be discovered by research on whole organisms, and on populations of organisms. [...]
> What should be the attitude of a biologist working on whole organisms to molecular biology? It is, I think, foolish to argue that we are discovering things that disprove molecular biology. It would be more sensible to say to molecular biologists that there are phenomena that they will one day have to interpret in their terms.

John Maynard Smith bringt in seinem Büchlein auch ein hervorragendes Illustrationsbeispiel für diese seine Ansicht: die Mendelschen Gesetze wurden lange vor der Molekularbiologie als empirische Regeln gefunden, und die molekular orientierte Forschung konnte sie erst einhundert Jahre später in das Bild der Biochemie einbauen. Sie wurden dadurch in ihren Aussagen sowohl erweitert als auch verfeinert. Sie wurden als Spezialfälle in einen allgemeineren Überbau eingeordnet. Der Stellenwert von Molekularbiologie und Biophysik innerhalb der makroskopischen Biologie wird von Maynard Smith nicht in Frage gestellt. Ganz im Gegenteil, die Forscher in den neuen Disziplinen werden aufgefordert, die reduktionistischen Methoden auf Strukturen und Probleme mit zunehmender Komplexität auszudehnen, bis sie zu echten Gesprächspartnern der Biologen werden können. Eine solche Entwicklung hat zum einen Teil bereits stattgefunden, zum anderen Teil ist sie gegenwärtig voll im Gange.

2. Molekularbiologie, Biophysik und Evolutionstheorie heute

Im Licht des eben Gesagten ist es nun an der Zeit, konkrete Resultate der molekularen Wissenschaften zu nennen, welche die Evolutionsbiologie entscheidend bereichert und ihr neue Perspektiven gegeben haben. Wir wollen dies hier an Hand von ein paar eindrucksvollen Beispielen tun.

Es läßt sich in diesem Zusammenhang kaum vermeiden, als erstes Beispiel die molekulare Struktur der Nukleinsäuren, DNA und RNA, zu nennen. Von der ersteren stellten schon Watson und Crick in ihrer Jahrhundertpublikation selbstbewußt und lakonisch fest: „It has not escaped our attention that the structure of the molecule (DNA) *tells how it might be replicated.*"

Für RNA-Moleküle gilt das entsprechende. In der Tat ist die Ergänzung eines DNA- oder RNA-Einzelstrangmoleküls zum Doppelstrang in Form einer Doppelhelix (Abb. 1) der Schlüssel aller molekularen Kopiervorgänge beziehungsweise Vermehrungsprozesse in der Natur.

Der rasche weitere Ausbau der Kenntnisse erfolgte durch die systematische Untersuchung aller zellulären Prozesse, welche Nukleinsäuren involvieren, und kulminierte in der Entschlüsselung des genetischen Codes und der Aufklärung der Mechanismen der zellulären Proteinsynthese. Ein erster Höhepunkt der Molekularbiologie war ohne Zweifel die Entdeckung der zellulären Informationsverarbeitung und die Formulierung des zentralen Dogmas der Molekularbiologie: der genetische Informationsfluß in der Zelle ist eine Einbahnstraße und verläuft in der Richtung

DNA ⇒ RNA ⇒ Protein.

⇓   ⇓

2 DNA   2 RNA

Das Dogma erfuhr bis heute nur eine einzige wesentliche Abänderung, welche die Untersuchungen an RNA-Viren zutage brachten und welche den biophysikalischen Chemiker überhaupt nicht verwundert: Information kann auch von RNA zur DNA zurückfließen und RNA kann genauso wie DNA vermehrt werden.

DNA ⇔ RNA ⇒ Protein.

⇓   ⇓

2 DNA   2 RNA

Das zentrale Dogma ist deshalb für die Evolutionsbiologie so wichtig, weil es jede einfache Form des Lamarckismus, der Vererbung erworbener Fähigkeiten, ausschließt. Seine Aussage ist in den physikalisch-chemischen Eigenschaften der Biomoleküle begründet und kann daher in der makroskopischen Biologie immer nur empirisch festgestellt werden. Wichtig ist hier festzuhalten, daß sich die Aussage auf die genetische Information beschränkt. Für andere Eigenschaften, wie beispielsweise die Aktivitätsmuster der Gene, gibt es auch epigenetische Vererbungsmechanismen, für welche die Negation des Lamarckschen Mechanismus nicht gilt. Auch sie wurden in den letzten Jahren im molekularen Detail aufgeklärt (Bezüglich einer fachlichen etwas anspruchsvollen Übersicht siehe Levin, 1998).

Von den Anfängen in den Fünfzigerjahren bis heute hat die Molekularbiologie und ihr Spezialbereich, die molekulare Zellbiologie, die wichtigsten zellulären Prozesse bis ins kleinste molekulare Detail aufgeklärt. In seinen Einzelheiten ist das biochemische Reaktionsnetzwerk des zellulären Stoffwechsel überaus komplex. Wir können hier nur auf einige wenige Gesichtspunkte oberflächlich eingehen. Proteine werden durch Übersetzung der in den Messenger-Ribonukleinsäuren (mRNA) gespeicherten genetischen Infomation synthetisiert. Sie steuern alle Prozesse in der Zelle einschließlich der Transportvorgänge, an welchen das aus spezifischen Proteinen bestehende Cytoskelett ganz

Was haben die molekularen Wissenschaften zur Evolutionsbiologie beigetragen?

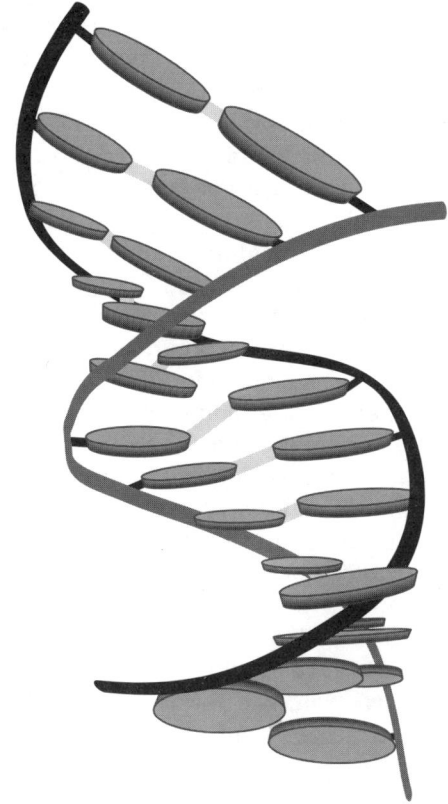

Räumliche Struktur der B-DNA Doppelhelix

Schematische Struktur der doppelsträngigen DNA

Abb. 1: Die Struktur der Desoxyribonukleinsäure (DNA) in ihrer B-Form. Watson und Crick sagten auf der Basis von Röntgenbeugungsaufnahmen an DNA-Fasern die Doppelhelix-Struktur richtig vorher. Die beiden DNA-Einzelstränge laufen in entgegengesetzter Richtung. Die vier Basen, A, T, G und C erfüllen eine paarweise Komplementarität: jedem A muß ein T, jedem G ein C gegenüberstehen. Dadurch kann jeder Einzelstrang zu einem Doppelstrang ergänzt werden. Diese Ergänzung bildet in der Tat das Vermehrungsprinzip der Natur, welches universell beim Kopieren von Molekülen, das heißt sowohl bei RNA- als auch bei DNA-Molekülen verwendet wird.

entscheidend beteiligt ist. Zellen sind keine „Plastiksäcke", in welchen die Biomoleküle mehr oder minder zufällig diffundieren, sie entsprechen vielmehr hochorganisierten „Miniaturfabriken", in welchen fast nichts dem „Zufall" in Form von Diffusion durch die thermische Energie überlassen bleibt. Wir wissen heute, daß sogar die Faltung neu synthetisierter Proteinmoleküle von speziellen Proteinen unterstützt und gesteuert wird. Ein anderer zur Zeit höchst aktiver Bereich der Molekularbiologie ist die Genomforschung. Die nahezu explosionsartig zunehmenden DNA- und RNA-Sequenzdaten versetzen uns in die Lage, von der genetischen Information her, die Aufgaben und Lebensfunktionen der Organismen zu rekonstruieren. Dies geschieht bereits sehr erfolgreich im Fall von einfachen Viren. Gegenwärtig kennen wir auch etwa ein Dutzend Bakteriengenome und das Genom der Hefe *Saccharomyces cerevisiae*. Diese mehr als tausend Gene enthaltenden Genome müssen aber erst hinsichtlich ihrer Funktionen und den daraus resultierenden metabolischen Netzwerken entschlüsselt werden.

Das zweite Beispiel kommt aus der Biophysik und nimmt seinen Ausgang von den schon erwähnten Arbeiten von John Kendrew und Max Perutz, die ebenfalls in Cambridge (UK) entstanden (Abb. 2). Die Sauerstoff transportierenden Proteine Myoglobin und Hämoglobin waren die ersten Biomoleküle, deren Strukturen mit derselben hohen Präzision aufgeklärt wurden, wie wir es von den kleinen Molekülen in der organischen Chemie gewohnt sind. Gleichzeitig wurden alle Prozesse, an welchen diese Moleküle in der Natur beteiligt sind, mit dem Instrumentarium der physikalischen Chemie vermessen und analysiert, so daß ihre Eigenschaften nunmehr unter physiologischen wie nicht physiologischen Bedingungen bestens bekannt sind. Von der Natur modifizierte Hämoglobine, ebenfalls in ihrer Struktur bekannt, zeigten ganz erstaunliche Feinheiten in den Unterschieden der Spezifitäten. Zwei besonders spektakuläre Fälle seien diskutiert:

(1) Das Hämoglobin des gesunden erwachsenen Menschen arbeitet nur bei geringen Höhen wirklich gut. Jeder Bergsteiger kennt die Atemschwierigkeiten in größeren Höhen. Menschen, welche andauernd in solchen großen Höhen leben, wie beispielsweise die Bevölkerung der Anden, kompensieren den Mangel schlicht und einfach durch mehr Hämoglobin im Blut. Dies geht natürlich nicht unbeschränkt und hat andere physiologische Nachteile. Wie schaffen es aber einzelne Vögel, Greifvögel und vor allem Gänse, die von Flugzeugen aus im Himalaya bis in größten Höhen fliegend beobachtet wurden (10 000 m sind keine Seltenheit), trotz des geringen Sauerstoffdrucks problemlos zu atmen? Die Untersuchungen von Gerhard Braunitzer erga-

ben, daß die Vögel das Problem auf eine ganz einfache Art lösen: sie haben zwei nahe verwandte Hämoglobine, eines für die Höhenlage und eines für die normalen Höhen. Mit dem einen atmen sie in Bodennähe und mit dem anderen bei ihren unwahrscheinlichen Höhenflügen. Die beiden Hämoglobine kamen durch Genduplikation und Modifizierung eines der beide Gene zustande. Hut ab vor jedem Evolutionsbiologen, der diese nahezu triviale Lösung – wenn man sie kennt – ohne molekulares Wissen vorschlägt.

(2) Die Erbkrankheit der Sichelzellenanämie wird durch eine einzige Mutation des Hämoglobinmoleküls ausgelöst. Dieses modifizierte Hämoglobinmolekül führt bei Sauerstoffmangel, wie er im Blut immer wieder auftritt, zum Kollaps der roten Blutkörperchen oder Erythrozyten. Sichelzellenanämie führt daher bei homozygoten Individuen zu großen Problemen, welche oft noch vor der Geburt letal sind. Die Heterozygoten können mit gewissen Einschränkungen der Leistungsfähigkeit bei extremer Beanspruchung ganz gut leben. In malariaverseuchten Gegenden bekommen sie aber einen unerwarteten Vorteil: die mit Sichelzellenhämoglobin bestückten Erythrozyten begraben in einer Art von Suizidreaktion die in den Zellen lebenden Malariaerreger unter sich. Mit dem Sichelzellendefekt ausgestattete heterozygote Individuen haben daher in Gegenden mit Malariadurchseuchung einen entscheidenden Überlebensvorteil. Diese und einige ähnliche Befunde kann man als die Geburtsstunde einer molekularen Medizin ansehen, ein Fach, dem nach meiner Auffassung die Zukunft gehört.

Das dritte Beispiel umfaßt die spezifische Erkennung von Protein und DNA-Molekülen, kombiniert also gewissermaßen die Ergebnisse der ersten beiden Beispiele (Abb. 3). Seit den Pionierarbeiten von Jacques Monod, François Jacob und André Lwow über die Regulation des Galaktose-Gens in *Escherichia coli* ist bekannt, daß die Aktivität von Genen durch Proteine gesteuert wird, deren Synthese wiederum durch andere Gene, sogenannte Regulatorgene, geregelt wird. Deren Translationsprodukte, die Regulatorproteine, haben ihrerseits eine wahrlich formidable Aufgabe zu lösen: sie müssen ganz spezifisch an eine bestimmte Stelle der DNA binden, was nur dadurch möglich sein kann, daß sie die Sequenz in einem genügend großen Bereich ablesen können. Wir kennen heute ein ganze Reihe von Proteinklassen, welche diese fundamentale Aufgabe der Gensteuerung in den Organismen übernehmen. Sie sind letztlich verantwortlich für die Entwicklung und die Eigenschaften der Phänotypen. Auch hier seien wieder zwei Fälle erwähnt:

Hemoglobin

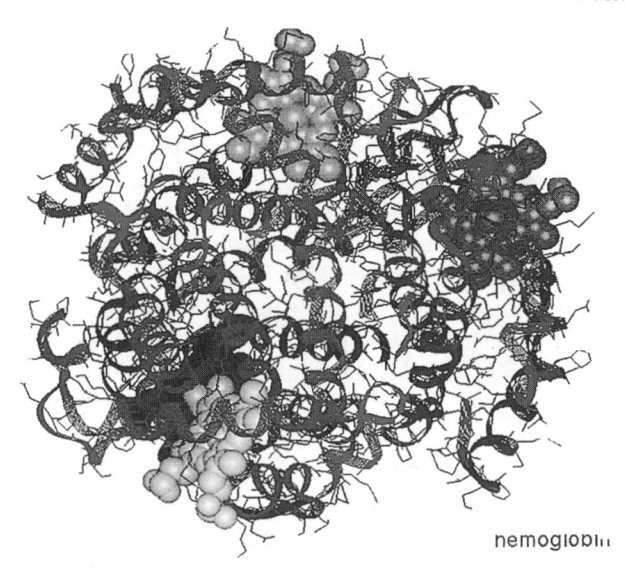

Abb. 2: Ein Modell des Hämoglobinmoleküls. Die Struktur wurde von Max Perutz durch Röntgenstrukturanalyse von Hämoglobinkristallen bestimmt. Die in den Hämgruppen (hell) an Porphyrinreste gebundenen Eisenatome sind unmittelbar für den Sauerstofftransport verantwortlich. Die Aminosäurereste in der Umgebung der Hämgruppen haben entscheidenden Einfluß auf die Stärke der Sauerstoffbindung. Einige Vogelarten benutzen durch Aminosäureaustausche entstandene Hämoglobinvarianten mit geänderten Sauerstoffbindungseigenschaften zum Fliegen in großen Höhen.

(1) Die Repressorproteine des λ-Phagen wurden in allen Details studiert, und wir verstehen heute die Steuerung, welche entscheidet, ob der Phage nach dem Eindringen in das Bakterium entweder in die lytische Phase – bestehend aus Phagenvermehrung unter Auflösung der Bakterienzelle – oder in die lysogene Phase – Inkorporierung des Phagengenoms in die bakterielle DNA und zeitweise Ruhephase des Phagen, welcher zu einem späteren Zeitpunkt in die lytische Phase des Phagen übergeht – eintritt.

(2) Die Steuerung der frühen Morphogenese des Embryos der Fruchtfliege *Drosophila* wurde mit molekularbiologischen Methoden in großem Detail studiert. Dabei wurden regelrechte Kaskaden bei der Einleitung der Zelldifferenzierung entdeckt. Die endgültige Bestimmung und Aktivität einer Zelle wird durch eine Hierarchie von Entscheidungen festgelegt, welche sämtliche durch die Bindung von einzelnen Proteinmolekülen an die DNA vollzogen werden. Die Polaritäten im embryonalen Organismus – Kopf- und Schwanzende, Rük-

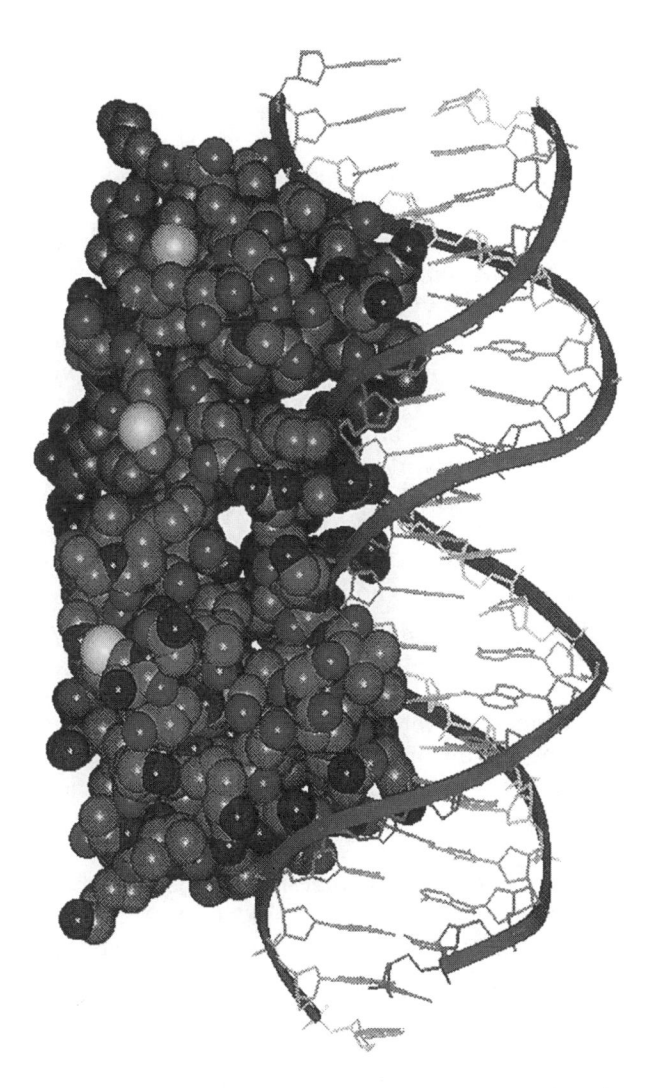

Was haben die molekularen Wissenschaften zur Evolutionsbiologie beigetragen? 13

Abb. 3: Die Struktur des Komplexes zwischen dem „*cro-Repressor*"-Protein und dem 18 Basen langen Abschnitt an der DNA des λ-Phagen, an welchen es bindet. Das Repressorprotein (Kalottenmodell) erkennt diesen DNA-Abschnitt (Stäbchenmodell) hochspezifisch auf der viele Zehntausende Basen langen Phagen-DNA und blockiert dadurch die Übersetzung eines bestimmten viralen Gens. Die beiden Moleküle, DNA und Protein wurden durch einen Jahrmillionen dauernden Evolutionsprozeß bis ins Detail aufeinander abgestimmt.

ken- und Bauchseite, rechte und linke Körperhälfte – werden bereits im Drosophila-Ei durch maternelle Gene gesteuert niedergelegt. Der molekulare Mechanismus dieser Festlegung wurde bereits aufgeklärt: Messenger-RNA, welche für die ersten Steuerproteine kodiert, wird durch das Muttertier gesteuert an bestimmten Stellen im Ei deponiert. Ein interessantes Detail: die Messenger-RNA-Moleküle, so weiß man heute, diffundieren nicht frei durch die Zelle, sondern werden vom Cytoskelett transportiert. Mit diesen Arbeiten hat die Entwicklung einer molekularen Entwicklungsbiologie ihren Anfang genommen.

Die Daten über die hochspezifische Protein-DNA-Wechselwirkung stellen einen schon lange vermuteten und postulierten Inhalt der molekularen Wiedererkennung unter Beweis. Die vermeintliche Zweckorientierung biologischer Strukturen, welche ausführlich von den Vertretern der synthetischen Theorie und im Rahmen der evolutionären Erkenntnislehre diskutiert wurde, äußert sich bereits auf der Ebene der molekularen Wechselwirkungen ganz klar: ein Protein kann nur dann so präzise auf ein Stück DNA passen, wenn beide eine gemeinsame evolutionäre Vergangenheit haben, während derer sie aufeinander abgestimmt wurden. Zum Unterschied von der makroskopischen Biologie besteht aber im molekularen Bereich die Möglichkeit, die gegenseitigen Anpassungen mit den Methoden der physikalischen Chemie zu studieren und die Mechanismen zu erkunden, durch welche sie entstanden sind.

Das vierte Beispiel ist der molekularen Zellbiologie entnommen. Im letzten Jahrzehnt wurde mit großem Aufwand das Cytoskelett erforscht. Schon lange war eine aktive Rolle des zellinternen Netzwerks aus Proteinfasern bei den verschiedenartigen Transportvorgängen vermutet worden. Heute wissen wir, daß die zellulären Proteinfasern aus einer großen Zahl von monomeren Proteinen aufgebaut werden und daß die zellulären Transportprozesse durch Auf- und Abbau der aus diesen gebildeten Polymere gesteuert werden. Die Partikel in der Zelle schwimmen also nicht durch die Gegend, sondern werden von molekularen Stricken gezogen, die durch Polymerisation verlängert und durch Depolymerisation aufgelöst werden. Diese Polymerisations- und Depolymerisationsvorgänge sind energiegesteuert und stellen das Bindeglied zwischen den chemischen Reaktionen und den molekularen mechanischen Arbeitsleistungen beim Transport von Biopolymeren und supramolekularen Komplexen dar. Für die Evolutionsbiologie sind die zellulären Transportvorgänge von unmittelbarer Bedeutung, da sie letzlich für die Trennung der Chromosomenpaare bei der Zellteilung verantwortlich zeichnen. Das Cytoskelett bestimmt außerdem die

Gestalt von Zellen und diese ist wieder von fundamentaler Bedeutung bei der Entwicklung von Vielzellerorganismen.

Andere Bereiche, in denen das Wissen um den molekularen Aufbau der biologischen Forschungsobjekte zu grundsätzlich neuen Erkenntnissen führte, können wir hier neben den schon genannten neuen Fachgebieten Strukturbiologie, molekulare Medizin und molekulare Cytologie aus Zeitgründen nur pauschal aufzählen: biologische Membranen, die Photosynthese und die mitochondriale Redoxkette, die Neurobiologie, die Immunbiologie und vieles mehr.

An dieser Stelle möchte ich nun John Maynard Smith nochmals zu Wort kommen lassen und die seiner Meinung nach offenen Probleme der Evolutionsbiologie zitieren (Quelle: Maynard Smith 1986):

(1) Has there been time? The combinatorial problem: too many biopolymers possible that the molecules could be assembled by chance and tried out one after the other.
(2) Is all change adaptive? The problem of neutral evolution: how large is the percentage of selectively neutral mutations that lead to variants that are tolerated by selection?
(3) Does evolution always proceed uphill? The problem of intermediate steps of low fitness: how to bridge over valleys in fitness landscapes?
(4) Are there "group" adaptations? The problem of traits that are not adaptive at the level of individual fitness, e.g. symbiotic *coevolution, sexual reproduction, senescense, altruism.*

Zu einigen Fragen werden wir im Fall molekularer Systeme in nächsten Abschnitt Antworten zu geben versuchen. Ein weiteres wichtiges ungelöstes Problem der Evolutionsbiologie betrifft die großen Sprünge der Evolution, von denen die wichtigsten in Abbildung 4 zusammengestellt sind. Der Darwinsche Mechanismus von Variation und Selektion ist nicht in der Lage, eine plausible Erklärung für das Auftreten von radikal neuen und grundsätzlich komplexeren Formen anzubieten. Ein ganz wesentlicher Aspekt dieser Art von Übergängen von einfacheren zu komplexeren Formen besteht darin, daß frühere Konkurrenten zu Kooperationspartnern werden, und dieser Prozeß läuft auf eine Ausschaltung des Selektionsprinzips hinaus. Wir können hier von einer Einschränkung der Universalität von Darwins Prinzip der natürlichen Auslese sprechen, haben aber freilich damit den Mechanismus der Evolutionssprünge noch nicht verstanden.

Vor dem Sprung	*Nach* dem Sprung	*Neue* Eigenschaften
Replizierende Moleküle	Molekulare Populationen in Kompartments	Koordination von Replikation und Kompartmentbildung Organisation von Materialtransport durch Kompartmentgrenzen
Unabhängige Replikatoren	Chromosomen	Koordinierte Prozessierung der genetischen Information
RNA als Gen und Enzym	DNA und Protein	Translationsmaschinerie und genetischer Code
Prokaryoten	Eukaryoten	Zellorganisation in Kern und Organellen
Asexuelle Klone	Sexuelle Populationen	Obligate genetische Rekombination
Protisten	Tiere, Pflanzen und Pilze	Zelldifferenzierung
Einzelindividuen	Kolonien	Arbeitsteilung, von der Reproduktion ausgeschlossene Kasten
Primatengesellschaften	Menschliche Gesellschaften	Sprache

Abb. 4: Die großen Komplexitätssprünge in der biologischen Evolution. Umfangreiche Neuerungen in der Biologie entstanden in verhältnismäßig kurzen Zeiträumen. Wesentlich ist dabei, daß (vorher) konkurrierende Individuen zu einem neuen Ganzen zusammengefaßt werden. Durch Synergie zwischen den einzelnen Einheiten entstehen neue Eigenschaften und Fähigkeiten (Quellen: Eigen & Schuster 1982; Szathmáry & Maynard Smith 1995; Schuster, 1996).

Als Überleitung zum nächsten Abschnitt betrachten wir ein Kapitel der Evolutionsbiologie, zu welchem Vergleiche der Sequenzen von (Proteinen oder) Nukleinsäuren einen ganz entscheidenden Beitrag liefern konnten. Biologische Stammbäume werden unabhängig von den morphologischen Vergleichen ermittelt. Die meisten an Hand von Sequenzvergleichen festgestellten Mutationen haben anscheinend wenig oder gar nichts mit evolutionärer Anpassung zu tun. Sie sind selektionsneutral (Quelle: Kimura 1983, King & Jukes, 1969). Die beste Hypothese zur Deutung der natürlichen Daten nimmt an, daß Mutationen mit einer in etwa konstanten Häufigkeit pro Position und Jahr auftreten. Man spricht daher auch von einer molekularen Uhr der Evolution. Diese Evolutionsuhr kann zu Vergleichen mit der geologischen Zeitskala herangezogen werden und bietet zusätzliche Informationen über die biologischen Stammbäume. Man kann daher auch von einer molekularen Phylogenie sprechen. In der allernächsten Zukunft werden DNA-Sequenzvergleiche auf eine ganz neue Basis gestellt werden, da nicht nur einzelne Gene sondern die gesamten Genome verschiedener Organismen miteinander verglichen werden können. Erste derartige Vergleiche wurden bereits an Hand der vollständig bekannten Bakteriengenome durchgeführt. Sie ergaben, daß horizontaler Gentransfer – darunter versteht man den Austausch von Genen zwischen zeitgenössischen Organismen – sehr viel häufiger vorkommt als erwartet.

3. Molekulare Evolutionsbiologie und ihre Perspektiven

Die Zukunft, auf die hier eingegangen werden soll, hat im Grunde genommen bereits in der zweiten Hälfte der Sechzigerjahre mit den Arbeiten der Wissenschaftspioniere Sol Spiegelman und Manfred Eigen begonnen. Durch die Spiegelmanschen Experimente (Abb. 5) wurde gezeigt, daß RNA-Moleküle im Reagenzglas vermehrt werden können und daß Evolutionsphänomene im Darwinschen Sinne, wie Selektion und evolutionäre Anpassung an die Umwelt, beobachtet werden, wenn man die Vermehrung über genügend lange Zeiträume fortsetzt. Diese Experimente haben unter Beweis gestellt, daß *Darwinsche Evolution nicht an das Vorhandensein zellulären Lebens gebunden ist.* Es genügen Moleküle, die zu Vermehrung und Mutation befähigt sind und ein geeignetes Reaktionsmilieu, welches „Nahrung" für diese Moleküle bietet, welche zur Erzeugung von Nachkommen umgesetzt werden kann. Die Evolution der RNA-Moleküle spiegelt die

Evolution in der großen Welt im Zeitraffer wider. Bei nicht allzu langen RNA-Molekülen kann man Generationszeiten von einigen Sekunden erreichen. Dies bedeutet die beachtliche Zahl von etwa 30 Millionen Generationen pro Jahr. Vergleichen wir mit den größeren Reptilarten, beispielsweise mit den Krokodilen, die eine Generationszeit von ungefähr zehn Jahren haben, dann hat es seit der Zeit des Jura, der Zeit von „Jurassic Park", etwa so viele Generationen gegeben wie in einem ein halbes Jahr dauernden Laborexperiment zur Evolution von RNA.

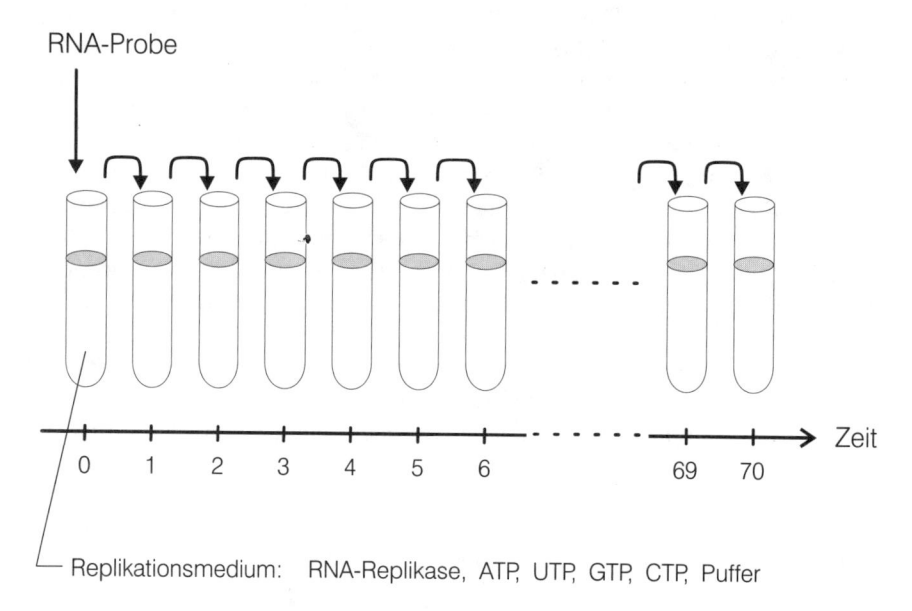

Abb. 5: Evolution im Reagenzglas. In einer Serie von Reagenzgläsern wird eine Lösung vorbereitet, welche alles für die Vermehrung von RNA-Molekülen Notwendige enthält: ein Protein, das die Vermehrung katalysiert (eine sogenannte RNA-Replikase) und die Bausteine für den Aufbau der neuen Moleküle. Wird ein von der Replikase spezifisch erkanntes RNA-Molekül in ein Reagenzglas mit dieser Lösung eingebracht, so setzt sofort RNA-Synthese ein. Nach Ablauf einer bestimmten Zeit wird eine kleine Probe in das nächste Reagenzglas mit frischer Lösung überimpft. Dieser Vorgang wird etwa einhundertmal wiederholt. Durch sukzessives Vermehren und Überimpfen von RNA-Molekülen werden jene Varianten ausgewählt, welche sich am raschesten replizieren. Es gelingt dabei, Moleküle zu züchten, welche sich um Zehnerpotenzen rascher als ihre Vorfahren vermehren können.

3.1. Theorie der molekularen Evolution

Es genügt aber nicht, einen wenn auch noch so eleganten experimentellen Zugang zu einem Problem zu haben, man benötigt auch ein aussagekräftiges Theoriengebäude, denn, wie Peter Medawar so prägnant formulierte: „No principle will declare itself from below a heap of facts."

Manfred Eigens Beitrag zur molekularen Evolution besteht in der Ausarbeitung einer Theorie, welche ihren Ausgang von der chemischen Reaktionskinetik nimmt. Diese Theorie der molekularen Evolution betrachtet Replikation und Mutation als parallele chemische Prozesse und konzentriert sich in der ursprünglichen Formulierung auf die quantitative Analyse von Selektionsvorgängen in sich asexuell vermehrenden Populationen (Ausweitungen der Theorie auf diploide Organismen und die Berücksichtigung der bei sexueller Vermehrung obligaten Rekombination wurden erfolgreich durchgeführt). Stationäre Mutantenverteilungen, Quasispezies genannt, bilden das genetische Reservoir bei der asexuellen Vermehrung (Eigen *et al.* 1989). Ein wichtiges Ergebnis dieser Theorie besteht unter anderem darin, gezeigt zu haben, daß die Mutationsrate nicht beliebig gesteigert werden kann, ohne daß die Stationarität der Mutantenverteilung verloren geht. Es gibt eine kritische Fehlerrate, oberhalb welcher der Vererbungsprozeß zusammenbricht. Dann werden laufend so viele neue Mutanten gebildet, daß die Fitneß der besten, als Mastersequenz charakterisierten Variante nicht mehr ausreicht, um ihr „Überleben" in den zukünftigen Generationen zu garantieren. Dieser Befund wurde experimentell *in vivo* an Hand von RNA-Viren und *in vitro* am Beispiel der replizierenden RNA-Moleküle verifiziert. Die Theorie der molekularen Quasispezies zeigt unter anderem auch Wege zu neuen Strategien in der antiviralen Therapie auf.

Angeregt durch die Ergebnisse der Evolution *in vitro* gab es auf dem Gebiet der Theorie der Evolution mehrere fruchtbare Weiterentwicklungen: die ursprünglich auf Sewall Wright zurückgehende Vorstellung, evolutionäre Prozesse als stets aufwärts gerichtete Wanderungen auf abstrakten Landschaften zu illustrieren, hat eine Renaissance erlebt, da im Fall von evolvierenden Molekülen diese Landschaften tatsächlich vermessen und die Abfolgen von Sequenzen und Strukturen in Form von Genealogien durch Simulation am Computer bestimmt werden können – am Rande sei hier bemerkt, daß Evolutionsvorgänge *in vivo* und *in vitro* jedoch auch komplizierteren Gesetzmäßigkeiten als dem einfachen „Bergaufwandern" (*Hill-Climbing*) fol-

Strukturraum

Phänotypen:

Menschliche Gesellschaften
Tiergesellschaften
Pilze, Pflanzen, Tiere
Kolonien
Eukaryotische Zellen
Prokaryotische Zellen
Viren
Viroide
Biopolymerstrukturen

Ursprung der   **Komplexität**

Genotypen:
Polynukleotidsequenzen

Genotyp-Phänotyp-Abbildung

Evolutionsdynamik

Wanderung von Populationen ← Populationsgenetik

Sequenzraum   **Konzentrationsraum**

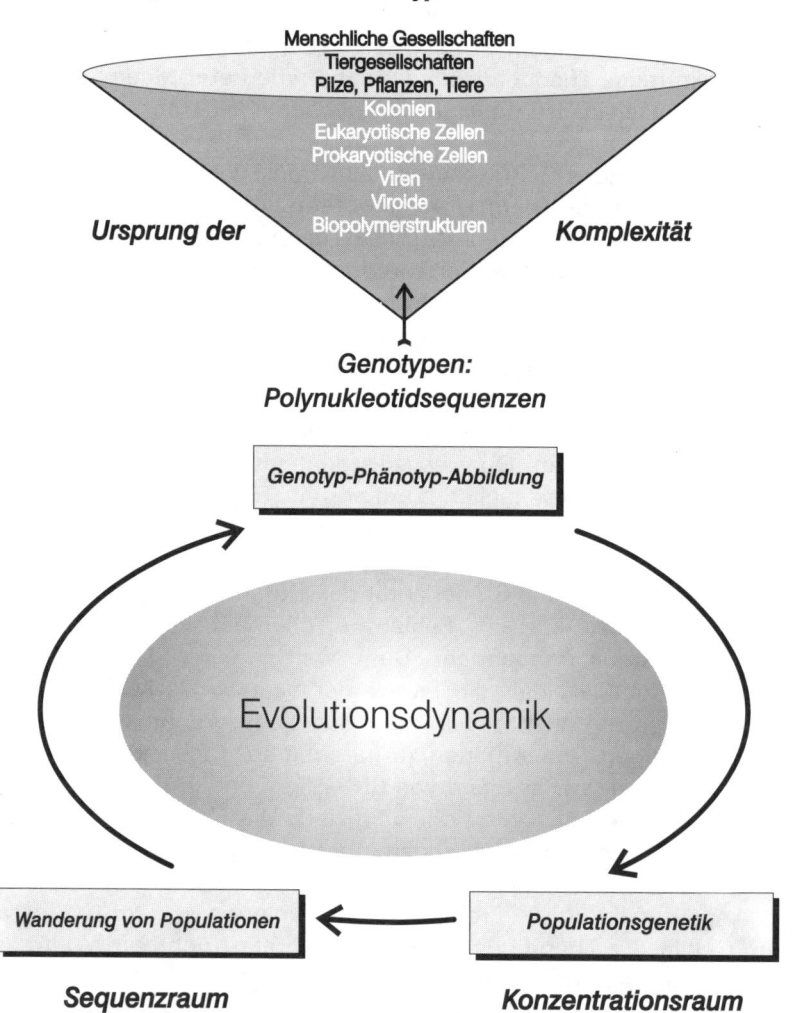

Abb. 6: Ein Modell der Evolutionsdynamik. Die komplexe Dynamik von biologischen Evolutionsvorgängen wird in drei Prozesse zerlegt: die Umwandlung der Genotypen in Phänotypen, die Populationsdynamik und die Wanderung des Trägers der Population im Raum aller Genotypen. Drei abstrakte Räume eignen sich besonders gut zur Darstellung der gezeigten Vorgänge: der Strukturraum (Shape Space), der Raum aller Phänotypen, der Konzentrationsraum, der üblicherweise auch in der chemischen Kinetik Verwendung findet und der Sequenzraum, der Raum aller Genotypen. Im Fall der Evolution von Molekülen können alle drei Prozesse durch mathematische Modelle untersucht und am Computer simuliert werden.

gen können; dessenungeachtet läßt sich die Dynamik auch in diesen allgemeineren Fällen mit dem hier vorgestellten Modell erschöpfend beschreiben. Der Evolutionsvorgang wird zum Zweck der einfacheren Analysierbarkeit in drei Teilprozesse zerlegt (Abb. 6):

(1) die Populationsdynamik, deren Parameter durch die Eigenschaften der Phänotypen bestimmt werden und welche im Fall diploider, sich sexuell vermehrender Organismen der Populationsgenetik entspricht,

(2) eine Dynamik des Trägers der Population in einem abstrakten Raum aller Sequenzen, welche Buch führt über alle tatsächlich in der Population vorhandenen Genotypen und ihre zeitliche Entwicklung, und

(3) die Umwandlung der Genotypen, verstanden als RNA- oder DNA-Sequenzen, in die für den Selektionsprozeß maßgeblichen Phänotypen.

Wurde die konventionelle Populationsgenetik durch die Arbeiten von Eigen auf eine molekulare Basis gestellt und dadurch um die Vorstellung erweitert, daß die Populationen während des Evolutionsvorganges einen Pfad durch den Sequenzraum beschreiten, so führt das neue, erweiterte Modell die Genotyp-Phänotyp-Beziehung als einen expliziten und unentbehrlichen Bestandteil in die Theorie der evolutionären Optimierung ein. Diese Notwendigkeit ist unmittelbar einsichtig, da doch alle genetisch weitergebbaren Variationen bei den Genotypen auftreten, wogegen Selektion zwangsläufig immer an den fitneßrelevanten Unterschieden zwischen den Phänotypen ansetzt.

Die Entwicklung der Phänotypen aus den Genotypen ist in der Tat der wahre Ursprung von Komplexität in der Biologie (Schuster, 1996). Bei der Evolution *in vitro* und bei kleinen, Viroide genannten Pflanzenpathogenen sind die Phänotypen nichts weiter als die dreidimensionalen Strukturen der RNA-Moleküle. Bei den RNA-Viren umfaßt der Phänotyp schon eine größere Zahl von Funktionen, welche von den Eigenschaften des Virions, aber auch von den virusspezifischen, für die Vermehrung in der Wirtszelle verantwortlichen Biomolekülen abhängen. Bei Bakterien und allen anderen höheren Lebensformen stellt der Phänotyp den für die Vermehrung maßgeblichen Organismus dar. Bei der weiteren Höherentwicklung werden die Phänotypen immer komplexer (Abb. 4): Bei Vielzellern kommt der noch in Erforschung und Aufklärung befindliche embryonale Entwicklungsprozeß von der befruchteten Eizelle zum erwachsenen Organismus hinzu. Dieser Mangel an Wissen macht zur Zeit die Vorhersage der Änderung des Phänotyps als Folge von Mutationen praktisch unmöglich. Noch undurchschaubarer werden die Beziehungen zwischen Genotypen und Phänotypen in Kolonien oder Gesellschaften, wo die Fitneß von der Synergie zwischen Individuen abhängt. Nichtsdestoweniger liefert der Phänotyp in allen Fällen die Parameter für die Populationsdynamik und bestimmt damit indirekt den Ausgang von Selektionsprozessen.

Obwohl das hier dargestellte Modell einer Evolutionsdynamik recht kompliziert erscheint, können für den einfachsten Fall, für die Evolutionsprozesse *in vitro*, alle relevanten Parameter bestimmt werden. Für RNA-Moleküle kann eine etwas vereinfachte Beziehung zwischen den Genotypen (Sequenzen) und den Phänotypen (Strukturen) durch Computersimulation quantitativ erfaßt werden. Eine sorgfältige Analyse der Daten führte unter anderem auf das Prinzip des „Shape-Space-Covering" (Abb. 7 und Schuster *et al.*, 1994), welches zwar für die Evolution von Molekülen abgeleitet wurde, aber auch für allgemeine Evolutionsvorgänge von großer Bedeutung ist. Um eine Sequenz zu finden, welche eine bestimmte Struktur ausbildet, muß nicht die überastronomisch große Zahl möglicher Sequenzen durchsucht werden.

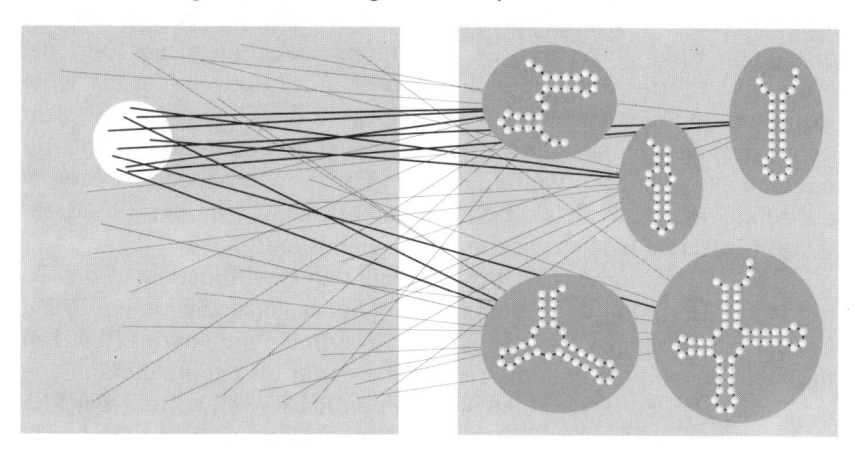

Sequenzraum   Strukturraum

Abb. 7: Vollständige Erfassung des Strukturraumes durch einen kleinen Ausschnitt des Sequenzraumes („Shape Space Covering": Schuster *et al.*, 1994). Wie am Beispiel der Sekundärstrukturen von RNA-Molekülen bewiesen wurde, findet sich für jede häufige Struktur in einer (verhältnismäßig kleinen) Umgebung einer beliebigen Referenzsequenz im Sequenzraum mindestes eine Sequenz, welche diese Struktur ausbildet. Im Grenzfall großer Kettenlängen der RNA-Moleküle bilden fast alle Sequenzen häufige Strukturen aus. Im Fall von RNA-Molekülen der Kettenlänge 100 beträgt der Radius dieser alle häufigen Strukturen erfassenden Umgebung 15 Punktmutationen.

Alle wichtigen Strukturen werden von Sequenzen in verhältnismäßig kleinen Umgebungen jeder beliebigen Sequenz im Sequenzraum gebildet.

Ein wesentliches Ergebnis der hier dargestellten Untersuchungen bezieht sich auf die Rolle neutraler Varianten bei der Evolution. Im Fall von Molekülen kann eine präzise Anwort gegeben werden: „Zufallsdrift" im Raum der neutralen Mutanten überbrückt die großen Täler in den Evolutionslandschaften.

Computersimulationen aus jüngster Zeit nehmen die erweiterte Evolutionsdynamik (Abb. 6) als Grundlage für die Modellierung der Optimierung von RNA-Strukturen in einem Flußreaktor. Ein solcher Reaktor kann im wesentlichen als eine Anordnung angesehen werden, welche es ermöglicht, „Serial-Transfer-Experimente" kontinuierlich in der Zeit gestalten zu können. Diese Computerexperimente haben das in Abbildung 8 vorgestellte Modell der evolutionären Optimierung in Systemen mit hohem Anteil an neutralen Genotypen am Beispiel der Strukturen von RNA-Molkülen überprüft und voll bestätigt (Huynen *et al.*, 1996; Fontana & Schuster, 1998). Inbesondere gestatten Computersimulationsexperimente eine vollständige Rekonstruktion der molekularen Einzelheiten des Optimierungsvorganges. Ein Beispiel einer solchen Rekonstruktion ist für eine Transfer-RNA als Zielstruktur in Abbildung 9 gezeigt. Ein Optimierungsexperiment wird durch eine Folge oder Zeitreihe von RNA-Phänotypen beschrieben, welche von der Anfangsstruktur zur Zielstruktur führen. Dabei kann die Zielstruktur vorgegeben oder offen sein. Im Prinzip sind diese vom Evolutionsprozeß durchlaufenen Zeitreihen von Strukturen auch experimentell zugänglich, wenn man das Evolutionsexperiment in einer langen Kapillare durchführt, welche alle für die Replikation von RNA notwendigen Materialien in einem Gel gelöst enthält. Nach Animpfen des Gels mit einer RNA-Probe wandert eine Wellenfront durch das Medium. In dieser Front wird die Replikationsgeschwindigkeit optimiert, da rascher replizierende Varianten schnellere Wellen ausbilden. Hinter der Front ist das Replikationsmedium verbraucht, und die RNA-Moleküle bleiben im Gel zurück (Bauer *et al.*, 1989). Durch diese Experimentalanordnung wird die zeitliche Abfolge der jeweils fittesten Moleküle entlang der Längsachse der Kapillare niedergelegt. Die evolutionäre Geschichte wird auf eine räumlichen Koordinate geschrieben. Aufarbeitung und Analyse der in einzelne Scheiben geschnittenen Kapillare ergibt die Zeitreihe der molekularen Strukturen.

Optimierung in Abwesenheit selektiver Neutralität

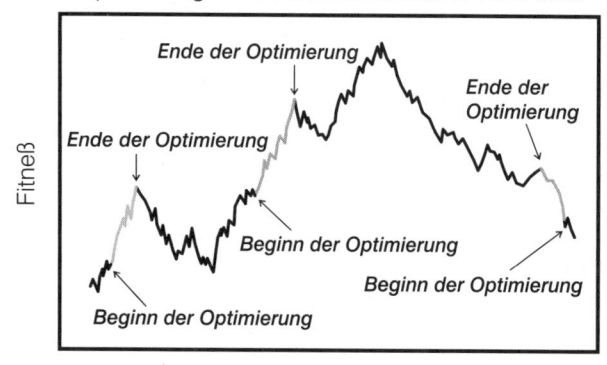

Fitneß (y-axis)
Sequenzraum (x-axis)

Labels on curve: Ende der Optimierung; Ende der Optimierung; Ende der Optimierung; Beginn der Optimierung; Beginn der Optimierung; Beginn der Optimierung

Optimierung auf neutralen Netzwerken

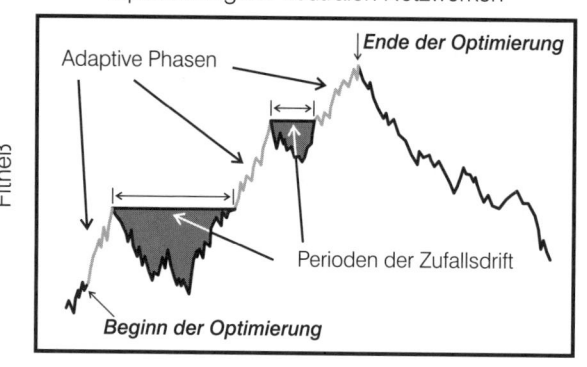

Fitneß (y-axis)
Sequenzraum (x-axis)

Labels on curve: Adaptive Phasen; Ende der Optimierung; Perioden der Zufallsdrift; Beginn der Optimierung

Abb. 8: Die Rolle neutraler Varianten beim evolutionären Optimierungsprozeß. Der Evolutionsvorgang wird als eine Wanderung von Populationen auf einer Landschaft vorgestellt. Die Landschaft ist über dem Sequenzraum errichtet, und auf der vertikalen Achse ist die Fitneß der einzelnen Genotypen aufgetragen. Der Selektionsvorgang verbietet grundsätzlich Schritte mit abnehmender Fitneß und eine Wanderung auf einer Fitneßlandschaft geht daher grundsätzlich immer bergauf oder bleibt auf einer Höhe. Populationen können schmale Täler überbrücken, da sie nicht nur aus einem einzigen Genotyp bestehen, sondern auch im Sinne einer Quasispezies Varianten enthalten, welche mit der Mastersequenz nahe verwandt sind. Eine Überbrückung größerer Täler ist jedoch, wie das obere Bild zeigt, ausgeschlossen. Im Fall von Neutralität ist jeder Fitneßgipfel Teil eines neutralen Netzwerks, auf welchem sich die Population durch Zufallsdrift solange weiterbewegt, bis sie in eine Region gelangt ist, in welcher es wieder Genotypen mit höheren Fitneßwerten gibt. Hier beginnt die nächste „Bergaufwanderung". Der Evolutionsprozeß erscheint als eine Folge von raschen Phasen mit großem Optimierungserfolg, welche durch lange „quasi-stationäre" Perioden konstanter mittlerer Fitneß, sogenannte „Fitneßplateaus", unterbrochen sind. Unter günstigen Umständen kann die Population, wie im unteren Bild angedeutet, den höchsten Gipfel, das globale Fitneßoptimum, erreichen.

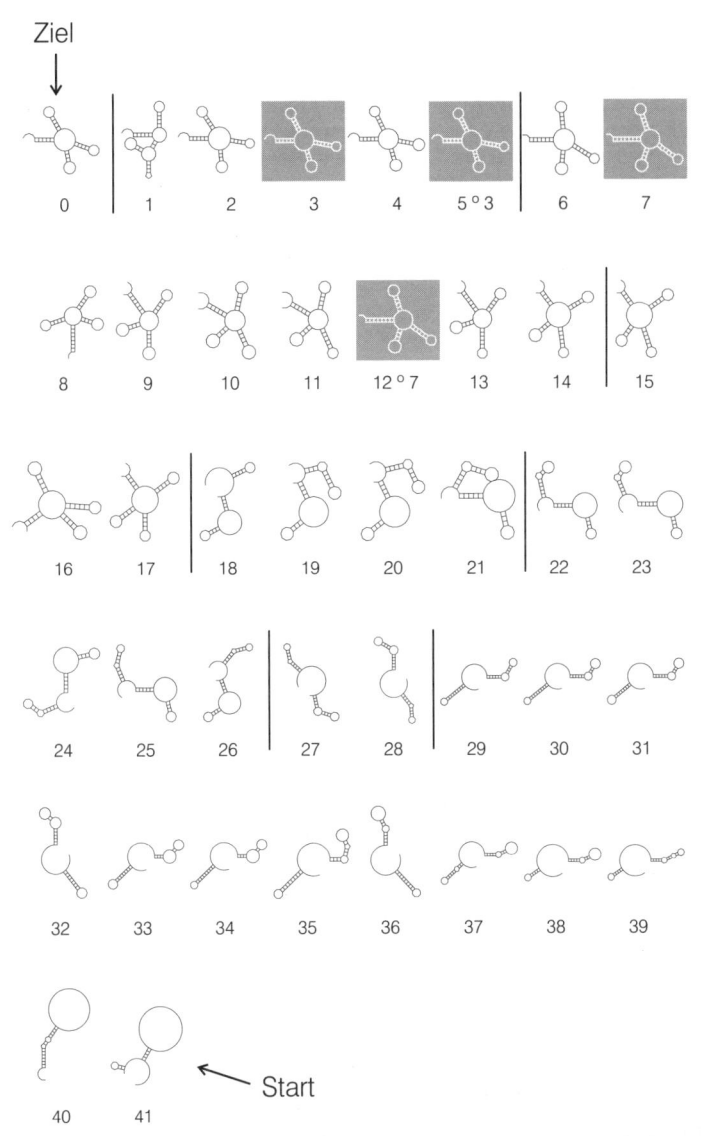

Was haben die molekularen Wissenschaften zur Evolutionsbiologie beigetragen? 25

Ziel
↓

0　1　2　3　4　5°3　6　7

8　9　10　11　12°7　13　14　15

16　17　18　19　20　21　22　23

24　25　26　27　28　29　30　31

32　33　34　35　36　37　38　39

40　41　← Start

Abb. 9: Rekonstruktion des molekularen Verlaufs der evolutionären Optimierung einer RNA-Struktur. Die gezeigte Folge oder Zeitreihe von 42 Strukturen wurde während einer Simulation der Evolution einer Population von 1000 RNA-Molekülen in einem Flußreaktor auf dem Weg von einer zufällig gewählten Ausgangsstruktur zur vorgegebenen Zielstruktur einer Transfer-RNA (tRNA) durchlaufen (Fontana & Schuster, 1998). Als Maß für die Fitneß der RNA-Moleküle wurde eine geeignete Funktion des Abstandes zwischen ihrer Struktur und der Zielstruktur gewählt. Die vorgegebene Mutationsrate betrug 1 Fehler auf 1000 Nukleotidpositionen. Die Rekonstruktion des Ablaufs eines

Optimierungsexperimentes kann unmittelbar mit dem Verlauf des Optimierungserfolges nach Abbildung 8 in Beziehung gesetzt werden. Auf den Plateaus konstanter Fitneß beobachten wir entweder Veränderungen der RNA-Sequenzen bei konstanter Struktur oder Veränderungen der RNA-Sequenzen und Strukturen, wobei die Strukturen nahe verwandt sind und gleiche Fitneß aufweisen. Es kann dabei vorkommen, daß einzele Strukturen in der Serie auf einem Plateau mehrmals auftreten (Siehe die Strukturen auf grauem Grund). „Verwandt" bedeutet hier eine ausreichend hohe Wahrscheinlichkeit, durch einen einzigen Mutationsschritt von der einen Struktur zur anderen zu gelangen. Am Ende eines jeden Fitneßplateaus steht in allen rekonstruierten Serien ein Übergang zwischen Strukturen, welche nicht im obigen statistischen Sinne verwandt sind. In der Abbildung sind diese Übergänge durch senkrechte Striche gekennzeichnet. Auf dem Plateau wird durch Zufallsdrift eine Sequenz gesucht, welche in einem einzigen Mutationsschritt und unter Fitneßzunahme einen solchen Übergang zwischen nicht verwandten Sequenzen vermitteln kann.

Die Computerexperimente zur Optimierung von RNA-Molekülen machen es möglich, einen evolutionsgerechten Begriff der „Nachbarschaft" oder „Verwandtschaft" von Phänotypen, hier Strukturen, zu geben. Den Phänotypen entsprechen neutrale Netze. Ein neutrales Netzwerk ist (statistischer) Nachbar eines anderen Netzwerks, wenn es mit großer Wahrscheinichkeit in seiner Einfehler-Nachbarschaft gefunden wird. Dieser neue Nachbarschaftsbegriff geht von der wechselweisen Zugänglichkeit der Strukturen im RNA-Modell aus. Mit seiner Hilfe kann der Ablauf von Optimierungsvorgängen problemlos erklärt werden (Abb. 9).

3.2. Evolutionsexperimente im Reagenzglas

Seit den Anfängen in den Siebzigerjahren gab es beachtliche Fortschritte auf dem Gebiet der molekularen Evolution. Die Optimierung der Eigenschaften von RNA-Molekülen durch Selektionsmethoden ist keine „Science Fiction" mehr, sondern Realität. Ein eigener neuer Wissenszweig hat sich in Gestalt der evolutionären Biotechnologie etabliert, welche das Darwinsche Prinzip zur Herstellung von Biopolymeren mit vorherbestimmbaren Eigenschaften benutzt. Die Optimierung geschieht in einzelnen Selektionszyklen (Abb.10), welche aus jeweils drei Einzelschritten, Verstärkung durch Replikation, Variation durch Mutation und Selektion bestehen. Replikation von RNA-Molekülen und Mutation mit vorgebbarer Fehlerrate sind für die gegenwärtige Molekularbiologie Routine. Kluge Konzepte und experimentelles Geschick sind jedoch für den Selektionsschritt gefordert. Zwei grundsätzlich verschiedene Selektionsstrategien wurden erfolgreich angewandt:

(1) Durch eine geschickte Wahl der Versuchsführung werden die Moleküle mit den gewünschten Eigenschaften oder Funktionen direkt aus der oft bis zu 10^{15} verschiedene Moleküle enthaltenden Lösung selektiert – auf diese Weise konnten beispielsweise die katalytischen Aktivitäten von Ribozymen, Biokatalysatoren auf RNA-Basis, verändert werden oder Moleküle erzeugt werden, welche mit hoher Spezifität an vorgegebene Targets binden.

(2) Die einzelnen RNA-Moleküle oder anderen vermehrbaren Individuen werden räumlich aufgetrennt, auf Probenhalter im Mikromaßstab so aufgeteilt, daß jede Probe (im Mittel) nur ein Molekül enthält, und durch parallel arbeitende *Screening*-Methoden analysiert. Auf einem Siliziumwafer können einige Zehn- bis Hunderttausend Proben gleichzeitig bearbeitet und untersucht werden. Derartige Probenträger eignen sich zur Durchführung von „Serial-Transfer-Experimenten" mit RNA-Molekülen oder Mutationsexperimenten mit Viren und Bakterien. Ein zukunftsweisendes Anwendungsgebiet derartiger Selektionsverfahren ist auch die Optimierung von Enzymen auf der Basis von Variation der sie codierenden Gene und Selektion der am besten geeigneten Proteine nach *in vitro* Translation.

Die neue Disziplin der evolutionären Biotechnologie befindet sich zur Zeit in einer sehr progressiven Phase, und man kann wesentliche Ergebnisse für die allernächste Zukunft erwarten. Bei den *Screening*-Methoden ist es möglich, durch neue Fluoreszenztechniken einzelne Moleküle, einzelne Viruspartikel oder einzelne Bakterien gezielt zu detektieren, wodurch die Nachweisgrenzen um viele Zehnerpotenzen gesenkt werden können. Durch Kombination dieser neuen Methode mit verschiedenen anderen *High-Tech*-Verfahren werden Anlagen zur automatischen „Molekülzüchtung" realisierbar. Der Traum der Biotechnologen, Biomoleküle nach Maß designen und erzeugen zu können, ist bereits in greifbare Nähe gerückt.

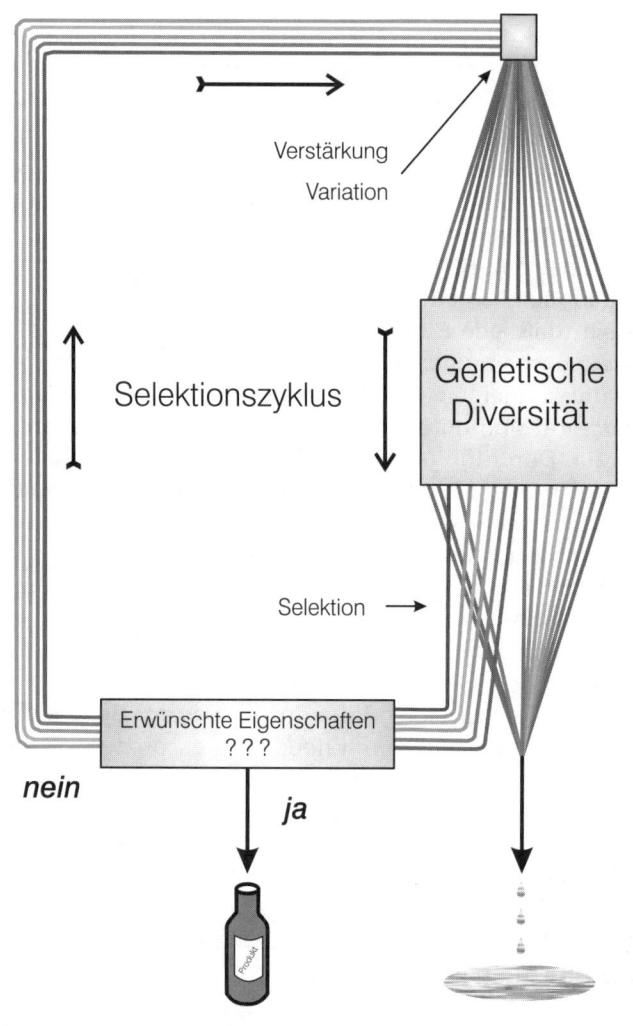

Abb. 10: Selektionszyklen zur Erzeugung von Molekülen nach Maß in der evolutionären Biotechnologie. Dem Darwinschen Prinzip folgend werden in jedem Zyklus die drei Schritte, Verstärkung durch Replikation, Diversifikation durch Mutation (oder Zufallssynthese) und Selektion der Moleküle mit den gewünschten Eigenschaften, durchlaufen. Die einzelnen Verfahren unterscheiden sich lediglich hinsichtlich der Durchführung des Selektionsvorganges. Man unterscheidet zwischen „Batch"-Verfahren, bei welchen die Auswahl der geeigneten Moleküle durch physikalische (zum Beispiel Affinitätschromatographie) oder chemische („reactive Tagging") Techniken direkt in Lösung vorgenommen wird, oder „Screening"-Methoden. Im letzteren Fall wird Selektion in zwei Schritten durchgeführt: zuerst werden die Moleküle durch räumliche Auftrennung vereinzelt und dann werden die geeigneten Varianten durch molekulares *Screening* identifiziert. Die ausgewählten Moleküle bilden entweder bereits das gewünschte Produkt oder sie werden zur weiteren Optimierung einem nächsten Selektionszyklus zugeführt. Im allgemeinen wird das gewünschte Ziel durch einige wenige bis zu einhundert Zyklen erreicht.

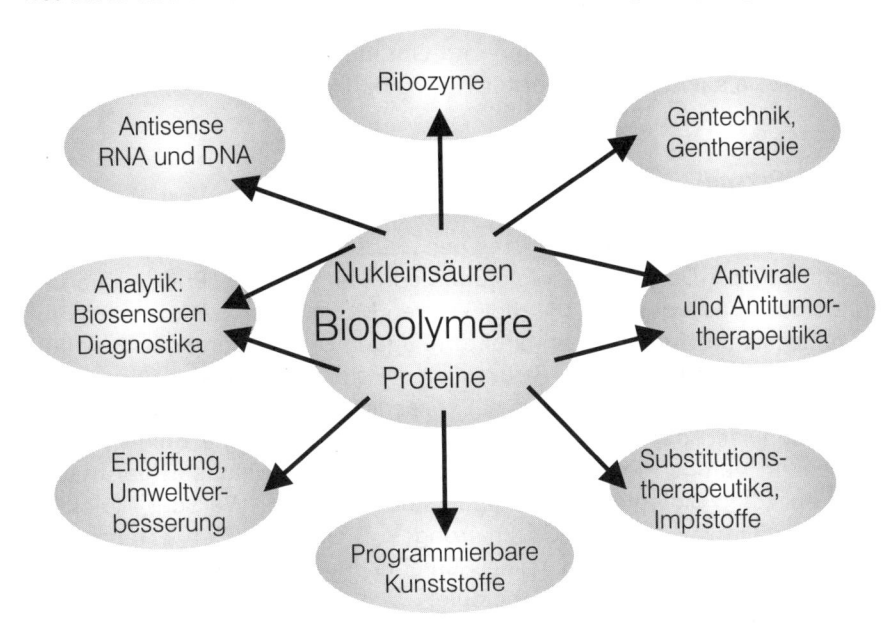

Was haben die molekularen Wissenschaften zur Evolutionsbiologie beigetragen? 29

Abb. 11: Die vielseitigen Einsatzmöglichkeiten von Proteinen und Nukleinsäuren.

Biopolymere sind nach der Meinung vieler Biowissenschaftler die Basis für die Technologien des nächsten Jahrhunderts, da sie sich wegen hoher Spezifität und Effizienz sowie leichter Abbaubarkeit als Wirkstoffe oder als Materialien für „Soft Technologies" eignen. Diese Bezeichnung bringt den Unterschied zu den konventionellen, „harten" und umweltbelastenden Technologien unserer Zeit zum Ausdruck. Bereits jetzt erfolgreiche und zukünftige Einsatzmöglichkeiten von Proteinen und Nukleinsäuren zur Lösung medizinisch-pharmazeutischer, diagnostisch-analytischer und technischer Probleme sind in Abbildung 11 zusammengestellt. Zumeist sind die gewünschten Aktivitäten schon in den natürlichen Molekülen vorhanden, aber die Proteine sind für die geplante Verwendung nicht stabil genug oder sie haben nicht die richtige Spezifität oder ihre optimalen Arbeitsbedingungen, Temperatur, Druck oder pH-Wert entsprechen nicht den Anforderungen des geplanten Einsatzes. Eine wichtige Aufgabe des „Designers" von Biomolekülen besteht darin, die Eigenschaften bekannter Moleküle so zu modifizieren, daß sie den technischen Erfordernissen entsprechen. Daß solche Abwandlungen möglich sind, zeigt uns die Natur selbst am allerbesten: Die Proteine aus den Bakterien und Archebakterien, welche unter extremen Bedingungen wie hohe Temperatur, starker Säuregehalt oder hohe Salzkonzentrationen leben, weisen völlig andere Stabilitäten und Optima der katalytischen Aktivitäten auf als jene, welche unter Normalbedingungen wachsen.

3.3. Perspektiven

Die Verwendung des Begriffes der „Fitneßlandschaften" hat die Vorstellung der Darwinschen Evolution auf eine neue, im Prinzip quantifizierbare Basis gestellt. Die molekularen Modelle der Evolution im Reagenzglas eröffneten einen direkten Zugang zur Messung der Beziehungen zwischen Sequenz, Struktur und Fitneß, und aus der nützlichen Landschaftsmetapher wurde ein wissenschaftliches Konzept. Aus den Ergebnissen der Evolutionsexperimente konnten eine Reihe von allgemein gültigen Prinzipien hergeleitet werden, welche in der makroskopischen Biologie ebenso gültig sind wie in der Welt der Moleküle. In der Umsetzung zur Optimierung von Biomolekülen erfuhren die evolutionären Methoden schließlich eine erste Anwendung zur Lösung von Problemen der Biotechnologie.

Das RNA-Modell lieferte durch seine bis ins molekulare Detail gehende Auflösung eine Reihe von Zusammenhängen zwischen Genotypen und Phänotypen und ermöglichte es, sie in Hinblick auf ihre Relevanz für das Evolutionsgeschehen zu gewichten. Unter anderem konnte die Frage nach Kontinuität oder Diskontinuität in der Evolution auf eine solide Basis gestellt werden (Fontana & Schuster, 1998). Zweifellos lassen sich die an den Molekülen gewonnenen Ergebnisse auch auf komplexere Fälle übertragen. Es bleibt allerdings noch im Detail zu erkunden, wie weit die gemachten Voraussetzungen im Einzelfall erfüllt sind. So muß beispielsweise noch genau untersucht werden, wie sich der Grad der Neutralität ändert, wenn man zu anderen Systemen übergeht.

Trotz ihrer unleugbaren Erfolge steckt die *in vitro* Evolution noch in ihren Kinderschuhen. Interessante neue Entwicklungen zielen auf die Realisierung von Experimentalsystemen zum Studium von „molekularen Ökologien in der nächsten Zukunft" ab (McCaskill, 1997). Ebenso wie erst die *in vitro* RNA-Assays eine Aufklärung des Darwinschen Mechanismus mit den Methoden der physikalischen Chemie ermöglichten, werden derartige Laborsysteme molekulare Einblicke in die Mechanismen der Coevolution bieten. Beispiele sind die Entstehung und Entwicklung von Symbiosen, Räuber-Beute- und Wirt-Parasit-Ökologien. Die Erkenntnisse aus diesen Experimenten werden auch helfen, eine Brücke von den Spekulationen über die großen Evolutionssprünge zu soliden Konzepten und wohlfundierten Theorien zu bauen.

4. Epilog

Der vorliegende Beitrag hat uns von den Anfängen des naturwissenschaftlichen Zugangs zu Evolutionsfragen durch Charles Darwin und Gregor Mendel bis zu den heutigen vielfältigen und komplexen Detaileinsichten in den Evolutionsprozeß geführt. Die Frage, inwieweit die heutigen Objekte der biologischen Forschung optimal oder nur hinreichend gut für ihre Aufgaben vorbereitet sind, durchzieht wie ein roter Faden die Evolutionsforschung. Leben wir, wie dies Dr. Pangloß (Zitat: Voltaire 1971) ausdrücken würde, in der besten aller denkbaren Welten oder nur in einer gerade noch funktionstüchtigen? In anderen Worten ausgedrückt: Befinden sich die natürlichen Lebewesen in einem globalen Optimum, in einem lokalen Optimum oder irgendwo auf einer gedachten Fitneßlandschaft? Um diese Frage richtig stellen zu können, müssen wir vorerst vorausschicken, daß die Vorstellung von Evolution als eine Optimierung auf einer Fitneßlandschaft streng nur für den Darwinschen Mechanismus in einer konstanten Umwelt gültig ist. Das Konzept wird sich auch dann noch erfolgreich übernehmen lassen, wenn die Veränderung der Umwelt sehr viel langsamer erfolgt als die Anpassung der Populationen an den Wechsel. Weiters ist es notwendig, sich den modularen Aufbau der Natur vor Augen zu führen, welcher sich in Hierarchien manifestiert, in welchen sich die Elemente der niedrigeren Ebenen ihre Autonomie fast immer teilweise erhalten haben. Von unten nach oben liest sich die Hierarchie des Lebens etwa so: Strukturmodule → Biopolymermoleküle → supramolekulare Komplexe → einfache Einzelzellen (Prokaryoten) → zusammengesetzte Einzelzellen (Eukaryoten) → einzelne Vielzellerorganismen → Kolonien → Gesellschaften. Ebenso wie die Individuen in einer tierischen oder menschlichen Gesellschaft eine durch Regeln eingeschränkte Autonomie besitzen, steht den einzelnen Zellen in einem Vielzellerorganismus ein gewisser Agitationsfreiraum offen. Ebenso, wie Individuen, welche durch Nichtachten der Regeln gesellschaftsgefährdend wirken, aus dem Verkehr gezogen werden, muß sich der Vielzellerorganismus durch Eliminieren von außer Kontrolle geratenen Zellen vor deren Überhandnehmen durch uneingeschränkte Teilung schützen. Ähnliches gilt für unreguliert operierende DNA-Elemente, welche in Form von „jumping genes" eine den Weiterbestand der Zelle gefährdende Unordnung im Genom verursachen können.

Die heute dominierende Vorstellung hinsichtlich der Optimalität von Biomolekülen geht davon aus, daß die kleinen Einheiten tatsächlich das Optimalitätskriterium erfüllen. Beispielsweise erscheinen die in ihrer Zahl auf etwa 1000 geschätzten natürlichen Faltungsmodule hinsichtlich „Faltbarkeit", der Leichtigkeit, eine stabile dreidimensionale Struktur auszubilden, optimiert zu sein. Die katalytisch wirksamen Proteine, die Enzyme, sind im allgemeinen optimal für die von ihnen ausgeübten Funktionen. Bei größeren Einheiten wird die Optimalität auf die lokale Umgebung im Sequenzraum reduziert, da nur diese im Lauf der Evolution ausgetestet werden konnte. In der Entstehungsgeschichte des (irdischen) Lebens nahmen die höchstentwickelten Organismen, die „Flaggschiffe" der Evolution, wie oben besprochen, stufenweise an Komplexität zu, indem immer wieder neue hierarchische Ebenen gebildet wurden. Die Geschichte, der evolutionäre Weg, auf welchem die Einheiten entstanden sind, wird immer wichtiger, je größer das biologische Objekt ist. Zwangsläufig wird dabei eine globale Optimierung immer schwieriger. Die Module für eine höhere Organisationsform sind durch die vorangegangene Entwicklung vorbestimmt und können daher nach ihrem Zusammenbau nur beschränkt variiert werden. Die Natur macht kein *de novo* Design, sondern „bastelt" aus den durch die evolutionäre Geschichte vorgegebenen Bausteinen neue, kompliziertere Organismen (Jacob, 1982). In der Natur können daher die höheren Vielzellerorganismen bestenfalls lokale Optima in einer Fitneßlandschaft besetzen, obwohl ihre molekularen Bestandteile voll optimiert sind.

Zum Unterschied von der Evolution im Reagenzglas oder im Flußreaktor befinden sich natürliche Organismen keineswegs in einer konstanten, sondern in einer höchst variablen Umgebung. Hier sind Änderungen der äußeren Bedingungen der Ökosysteme, wie zum Beispiel Klimaschwankungen, noch verhältnismäßig unbedeutend im Vergleich zu den gegenseitigen Anpassungsvorgängen der verschiedenen Arten. Was wir in der Natur beobachten, sind nicht unabhängige Evolutionsvorgänge einzelner Arten, sondern Coevolution aller in einem Ökosystem in Kontakt stehenden Spezies. Coevolution führt oft zu den erstaunlichsten Anpassungen in der Natur, wie wir sie zwischen den Partnern in Symbiosen, zwischen Räubern und ihren Beuten oder zwischen Parasiten und ihren Wirten beobachten. Der Mechanismus von Variation und Selektion der Varianten mit den meisten Nachkommen bleibt gleich, aber die Fitneßlandschaft verliert in diesem Fall ihre

Bedeutung: Was bedeutet schließlich die Metapher des „Bergaufschreitens", wenn sich die Landschaft während der Dauer eines Schrittes schon so sehr verändert hat, daß bergauf und bergab von gleicher Wahrscheinlichkeit sind? Viel zutreffender ist hier das vom Biologen Van Valen (1973) geprägte Bild der „Red-Queen-Hypothese", welche eine Anleihe aus *Alice in Wonderland* nimmt: „[...] as the Red Queen said to Alice: 'Now here, you see, it takes all the running you can do, to keep in the same place.'" Zwischenartliche Konkurrenz in Ökosystemen erlaubt keinen Stillstand, sondern erfordert laufende Anstrengungen, um durch stete Anpassung die Veränderungen der Konkurrenten zu kompensieren. Sinnvoll ist es dann nur, die Evolution eines Ökosystems im Ganzen als einen einzigen dynamischen Prozeß zu sehen, und die Frage nach der Optimierung beginnt obsolet zu werden.

Molekularbiologie und Biophysik, um zu der eingangs gestellten Frage zurückzukehren, haben bis ins molekulare Detail gehende Einblicke in das biologische Geschehen gebracht, welche durch gegenwärtige Entwicklungen immer weiter vervollständigt werden. Man denke beispielsweise nur an die Genomanalyse. Die Kenntnis vollständiger Genome stellt die Entwicklungs- und Evolutionsbiologie auf eine neue Basis. Zur Zeit sind etwa ein Dutzend prokaryotischer Genome bekannt, und wir können daher erstmals die Gesamtzahl der Gene und ihre Funktionen abschätzen. Dies legt einen Versuch nahe, den zellulären Metabolismus von Bakterienzellen erschöpfend zu modellieren. Höhere Organismen, zuerst einfache Eukaryoten und später Vielzellerorganismen, werden folgen. Es spricht vieles dafür, daß wir unmittelbar vor einer neuen Synthese in der Biologie stehen, die Molekular-, Entwicklungs- und Evolutionsbiologie zusammenführen und damit auch erstmals die Grundlage für eine umfassende theoretische Biologie schaffen wird. Letztendlich ist es das molekulare Wissen, welches die Verbindungen zwischen den einzelnen biologischen Disziplinen geschaffen hat und weiter ausbauen wird.

Quellenhinweise und Literaturzitate:

Günter J. Bauer, John S. McCaskill, and H. Otten: „Travelling Waves of *in vitro* Evolving RNA", Proc. Natl. Acad. Sci. USA 86: 7937-7941, 1989.

Sir Gavin de Beer: „Mendel, Darwin, and Fisher", *Notes and Records of the Royal Society of London,* Vol.19 (2): 192-226, 1964.

Manfred Eigen & Peter Schuster: „Stages of Emerging Life – Five Principles of Early Evolution", *J. Mol. Evol.* 19: 47-61, 1982.
Manfred Eigen, John McCaskill, and Peter Schuster: „The Molecular Quasispecies", *Advances of Chemical Physics* 75: 149-263, 1989.
Walter Fontana & Peter Schuster: „Continuity in Evolution: On the Nature of Transitions", *Science* 280: 1451-1455, 1998.
Martijn A. Huynen, Peter F. Stadler, and Walter Fontana: „Smoothness within Ruggedness. The Role of Neutrality in Adaptation", *Proc. Natl. Acad. Sci. USA* 93: 397-401, 1996.
François Jacob: *The Possible and the Actual*, pp. 25-46. Pantheon Books, New York 1982.
Horace Freeland Judson: *The Eighth Day of Creation*. Jonathan Cape Ltd., London 1979.
Motoo Kimura: *The Neutral Theory of Molecular Evolution*. Cambridge University Press, Cambridge (UK), 1983.
Benjamin Levin: „The Mystique of Epigenetics" und andere Minireviews über Epigenetik, *Cell* 93: 301-348, 1998.
John Maynard Smith: *The Problems of Biology*. Oxford University Press, Oxford (UK), 1986.
Ernst Mayr: *The Growth of Biological Thought*. The Belknap Press of Harvard University Press, Cambridge (Mass.), 1982.
Ernst Mayr: *This is Biology. The Science of the Living World*. The Belknap Press of Harvard University Press, Cambridge (Mass.), 1997.
John S. McCaskill: „Spatially Resolved *in vitro* Molecular Eology", *Biophys. Chem.* 66: 145-158, 1997.
Michael Ruse: *The Darwinian Revolution*. The University of Chicago Press, Chicago (Ill.), 1979.
Peter Schuster, Walter Fontana, Peter F. Stadler, and Ivo L. Hofacker: „From Sequences to Shapes and Back. A Case Study in RNA Secondary Structures", *Proc. Roy. Soc. London* B 255: 279-284, 1994.
Peter Schuster: „How does Complexity Arise in Evolution. Nature's Recipe for Mastering Scarcity, Abundance, and Unpredictablity", *Complexity* 2(1): 22-30, 1996.
Eörs Szathmáry & John Maynard Smith: „The Major Evolutionary Transitions", *Nature* 374: 227-232, 1995.
L. Van Valen: „A New Evolutionary Law", *Evolutionary Theory* 1: 1-30, 1973.

Voltaire: *Candid oder die beste aller Welten*. Phillip Reclam Jun., Stuttgart (Ger.) 1971.

Anmerkung

1. Der vorliegende Beitrag wurde am 3. Dezember 1997 im Rahmen des Vorlesungszyklus „Ergebnisse und Probleme der exakten Wissenschaften" des Instituts Wiener Kreis an der Universität Wien vorgetragen und in einer früheren Form am 31. Mai 1994 als Antrittsvorlesung an der Friedrich-Schiller-Universität Jena gehalten.

WALTER THIRRING

LIMITS OF REDUCTIONISM IN PHYSICS

Das schönste Glück des denkenden Menschen ist, das Erforschliche erforscht zu haben und das Unerforschliche ruhig zu verehren.
                                                                Goethe

Abstract
Ever since Newton the laws of physics contain a deterministic and a contingent aspect. In classical mechanics the former is the equation of motion and the latter the initial conditions. It turns out that for complex systems some gross features depend on the latter and are therefore unpredictable.

Elementary particle physics has by now reached a state of precision and perfection which is seldomly found in science. The predictions of the standard model agree with the measurements within their precision which frequently goes to the level of per mille. Some people believe that behind this is a theory of everything (TOE) with which all natural phenomena can be explained scientifically. In the following I want to discuss what can be expected and what cannot. Whether there is such a TOE and how it will be nobody knows but certainly for the phenomena known at present it must reduce to a quantum field theory (QFT). Such a theory has three sources of unpredictability,
  (i) it is quantum,
  (ii) it is many-body,
  (iii) it is open,
and I shall start with an intuitive discussion of them.

(i) In all theories the basic notions are observables and states. In classical mechanics the former are the functions of position x and momentum p - $\{x, p\}$ = "phase space" - and the latter are probability distributions over the phase space, the "initial conditions". In quantum theory the phase space assumes a grained structure. There a function f which is 1 in a region and zero outside is an observable only if the region has an area bigger than Planck's constant h. This reflects the quantum mechanical uncertainties which are enhanced in time in the following way. The time evolution is an area preserving transformation in phase space so that the area of the region where $f = 1$ does not change but it can be deformed so that it seems to become spread out. This is illustrated by the following snap shots in time of the evolution of a square under the typical hyperbolic time dependence where one direction contracts and another expands (Fig. 1). We have made phase space periodic such that nothing can escape to infinity and one sees that effectively after a sufficiently long time the uncertainty fills all the space available.

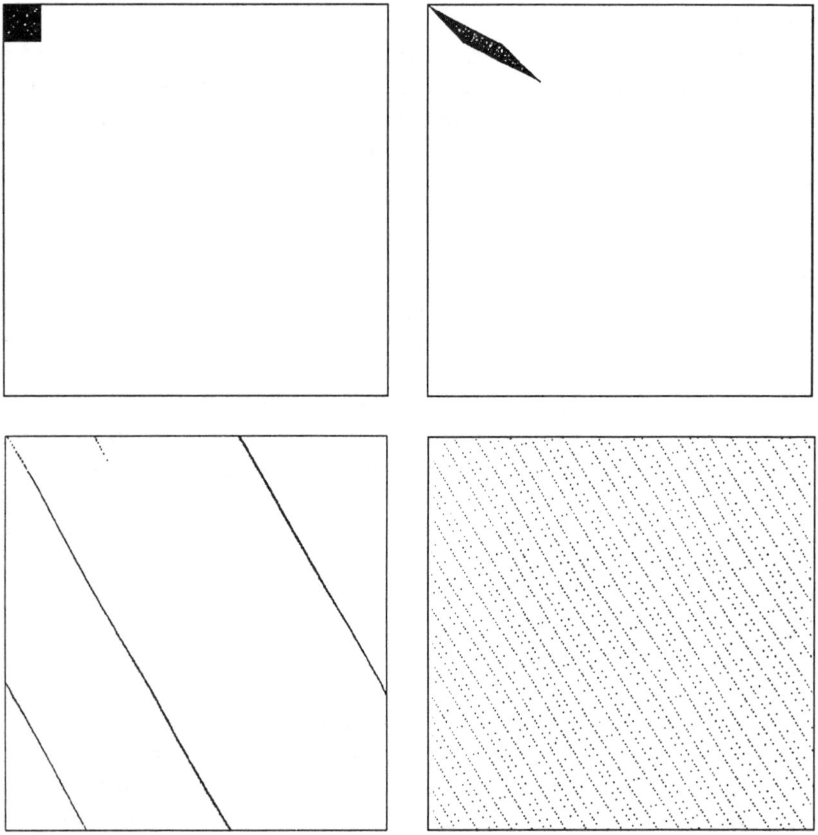

Fig. 1

(ii) Many-body systems are in general sensitively dependent on the initial conditions. Each collision magnifies an initial uncertainty and since there are so many collisions going on the motion soon seems completely random. This is best illustrated by making a movie of the computer solution of Newton's equations of motion of, say,

Limits of Reductionism in Physics

400 particles interacting via a central force. It looks like a swarm of bees and if the force is attractive they cluster together like the bees around their queen (Fig. 2).

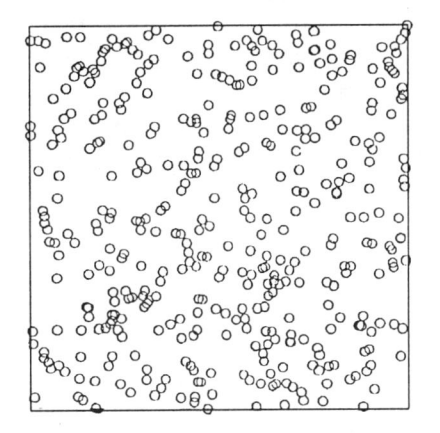

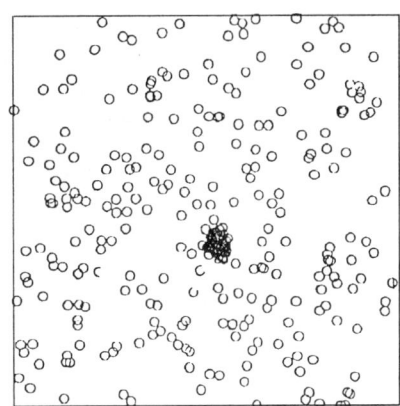

Fig. 2

(iii) QFT describes infinite systems and in them one can measure what one wants but not everything at once so outside something remains unknown. Mathematically speaking each measurement can determine the state only within a weak neighbourhood. The trajectories passing through the latter can have completely different fates for chaotic systems. In the above example we mimicked this by changing the initial conditions as little as possible without changing the total energy or momentum. For this purpose we exchanged the x (or y) components of the velocities of two far away particles and let all the rest the same. Some features kept reappearing like the formation of a cluster but its motion was completely different in the three cases (Fig. 3).

Now the question arises what QFT can really predict in the face of so many sources of unpredictability. This is spelled out by a general theorem but since I do not want just to throw the formulas at you I have first to sharpen my language.

Histories

An observable g at a time is called an event $g(t)$. A sequence of events $\alpha_i(t_i)$, $i = 1,..., N$, $t_1 < t_2 < ... t$ is called a history. $\alpha_1, ..., \alpha_N \equiv$

$\underline{\alpha}$ indexes the set of observables g_α, $\alpha = 1,...,M$ and we take $g_\alpha > 0$, $\sum_{\alpha=1}^{M} g_\alpha = 1$. One may think of the g_α as gates through which a particle has to pass and the last condition says that the gates are exhaustive. A state ω assigns a probability $\omega(\underline{\alpha})$ to the history which satisfies $\omega(\underline{\alpha}) \geq 0$, $\Sigma_{\underline{\alpha}} \omega(\underline{\alpha}) = 1$. In our interpretation this says that at each time t_i the particle must have passed through one of the gates. Nevertheless the $\omega(\underline{\alpha})$ satisfy the rules of classical probability theory only if an additional consistency condition is satisfied. I shall not spell it out since in our case it will be satisfied.

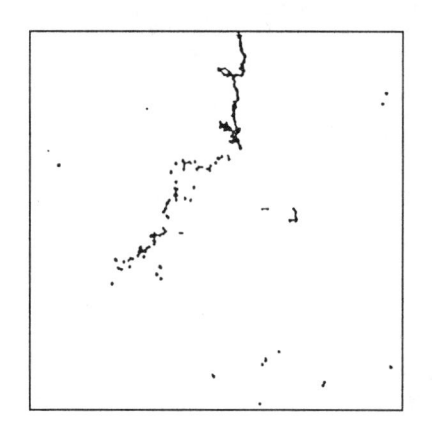

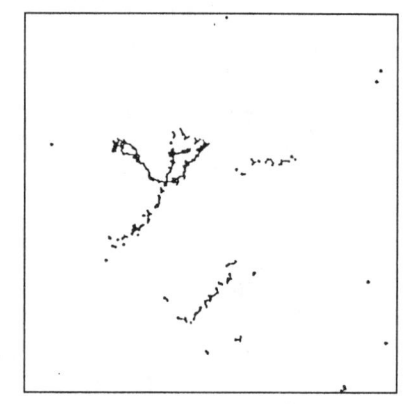

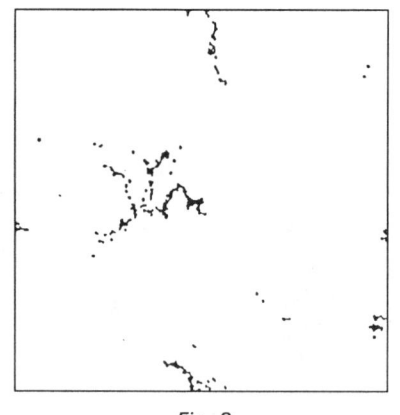

Fig. 3

Explanations and Deductions

I shall say a history $\underline{\alpha}$ can be explained by the theory if there is a state which predicts it. (Mathematically $\forall\ \varepsilon > 0\ \exists\ \omega$ with $\omega(\underline{\alpha}) > 1-\varepsilon$.)

I shall say that a history $\underline{\alpha}$ can be deduced if it is predicted by all states ($\omega(\underline{\alpha}) = 1\ \forall\ \omega$).

Obviously a deduction is an explanation but not vice versa. An explanation says it can be and a deduction says it must be. In the previous example the formation of a cluster can be deduced but its particular motion can only be explained.

The above mentioned theorem can now be formulated as follows.

Popular version
In QFT if the classical quantities have been purified and the time steps are sufficiently big any history can be explained but none deduced.

Mathematical version
$\forall\ \underline{\alpha}, \varepsilon > 0\ \exists T, \omega$ such that $\omega(\underline{\alpha}) > 1-\varepsilon$ if $t_{i+1} - t_i > T\ \forall i$.

Remarks

1. Classical quantitites are averages over large regions (mathematically the center of the algebra of observables) and a state ω is classically pure if these quantities can be predicted with certainty (their square fluctuation in ω vanishes). It turns out that long histories purify themselves in the sense that the probability for mixed histories decreases exponentially with n.
2. The unpredictability reflects itself by the fact that the opposite $1-g_\alpha$ to an event g_α gives another event and for the corresponding history there is also a state for which it happens almost with certainty.
3. The theorem seems to contradict the deterministic evolution of the classical quantities but they do not qualify for the g_α. They are not local and in the language of (i) not points in phase space but quantities which are spread out over all of phase space.

To summarize in QFT there is on the microscopic level a chaos where anything can happen. Only when looked at it on the macroscopic scale there emerges an orderly behaviour where predictions become possible.

These findings put the so-called anthropic principle into a sharp perspective. It says that in the crucial bifurcation points in the evolution of the cosmos things turned in such a way that we now live in a habitable world. These bifurcations correspond to phase transitions and their outcomes depend so sensitively on initial conditions that it is unpredictable by the laws we know. Thus our existence is not engraved in the eternal laws but depends on contingencies which defy a scientific deduction.

I do not think that this limit of predictability throws science into a crisis. After all our way of thinking has been shaped during the evolution by the phenomena which directly meet the eye. But we have acquired also an ability of abstraction so that our mind can venture into subatomic regions which we never encountered in the course of evolution. Small wonder that they seem to us bizarre and defy naive logics. To me it seems miraculous that we got as far as we did. The infinite sea of the unknown will always contain facts which we cannot grasp mentally but which we have to meet with the humility expressed by the words of Goethe quoted at the beginning.

MARTIN CARRIER

EMPIRISCHE HYPOTHESENPRÜFUNG OHNE FELSENGRUND, ODER: ÜBER DIE FÄHIGKEIT, SICH AM EIGENEN SCHOPF AUS DEM SUMPF ZU ZIEHEN

Die erhöhte Glaubwürdigkeit wissenschaftlicher Lehrsätze beruht auf ihrer Bestätigung durch die Erfahrung. Wissenschaftlich relevante Erfahrung erschließt sich jedoch in aller Regel erst durch Heranziehen wissenschaftlicher Theorien. Die empirische Prüfung von Hypothesen kann daher nicht auf unerschütterlichem Felsengrund bauen; sie muß sich mit sumpfigem Gelände begnügen. Gleichwohl ist die Statik des wissenschaftlichen Lehrgebäudes hinreichend stabil; eine aussagekräftige Bestätigung wissenschaftlicher Hypothesen ist auch ohne archimedischen Punkt erreichbar. In der Bestätigungstheorie wird zwischen zwei grundlegenden Ansätzen unterschieden. Im hypothetisch-deduktiven Ansatz wird eine Hypothese durch Untersuchung ihrer empirischen Konsequenzen, nach dem sog. Bootstrap-Modell hingegen durch Beobachtung oder Herstellung ihrer Einzelfälle geprüft. Die Ableitung der Konsequenzen ebenso wie die Beobachtung der Einzelfälle muß dabei in aller Regel auf zusätzliche theoretische Annahmen zurückgreifen; die Prüfung erfolgt auf „theoriebeladene" Weise. Trotz der Theoriebeladenheit ist eine Prüfung jedenfalls dann ohne spezifische Schwierigkeiten möglich, wenn die zusätzlichen Annahmen von der zu prüfenden Hypothese verschieden sind und unabhängig von dieser auf ihre Gültigkeit untersucht werden können. Hier wird jedoch die weitergehende These vertreten, daß diese Unabhängigkeit zwar hinreichend, aber nicht notwendig für zirkelfreie Prüfbarkeit ist. Selbst wenn eine Hypothese nur durch Rückgriff auf Verfahren geprüft werden kann, die wesentlich von dieser Hypothese abhängen, ist eine aussagekräftige Geltungsprüfung möglich – allerdings nur dann, wenn die Prüfung auf hypothetisch-deduktive Weise durchgeführt wird. Es ist möglich, eine unsichere Hypothese unter Rückgriff auf eben diese Hypothese empirisch zu erhärten. Resultat ist, daß es unter Umständen tatsächlich gelingt, das erstaunliche Kunststück des Barons von Münchhausen zu wiederholen, sich am eigenen Schopf aus dem Sumpf zu ziehen.

1. Hypothetisch-deduktive Prüfung versus Einzelfallrealisierung

Die hypothetisch-deduktive Prüfung einer nicht durch Augenschein umfassend prüfbaren Hypothese erfolgt durch Ableitung von empirisch zugänglichen Konsequenzen aus dieser Hypothese. Es wird untersucht, ob sich diese Konsequenzen tatsächlich bewahrheiten. Ein Beispiel ist die Hypothese: „Licht ist eine elektromagnetische Welle", deren Geltung offenbar nicht durch den bloßen aufmerksamen Blick in die Welt untersucht werden kann. Wenn man angestrengt in die Sonne starrt, kann man keinen Aufschluß über das Wellenlängenspektrum des Sonnenlichts erhoffen, sondern trägt höchstens einen Augenschaden davon. Demnach kommt nur eine indirekte Prüfung in Frage. Dazu unterstellt man hypothetisch die Gültigkeit der theoretischen Annahme und untersucht deduktiv, welche Folgen sich für empirisch zugängliche Phänomene ergäben. So werden etwa aus der Wellenhypothese empirische Regularitäten für optische Phänomene wie Beugung, Brechung oder Polarisation deduziert. Finden sich diese Beobachtungskonsequenzen in der Erfahrung, so gilt die zugrundeliegende theoretische Annahme als bestätigt (Duhem 1906, 188-208, 242-249).

Dagegen besteht nach dem von Clark Glymour (nach wesentlichen Vorarbeiten von Carl G. Hempel [Hempel 1945]) formulierten Bootstrap-Modell der Kern empirischer Bestätigung darin, daß die Daten Einzelfälle theoretischer Hypothesen bereitstellen. Ein Einzelfall – eine „Instantiierung" – liegt vor, wenn alle Größen der Hypothese definite Werte annehmen. Bei quantitativen Hypothesen besagt dies, daß alle Variablen anhand von Beobachtungen numerisch bestimmt sind. So liegt ein Einzelfall des Ohmschen Gesetzes vor, wenn für einen konkreten Stromkreis gemessene Werte für Widerstand, Stromstärke und Spannung eingesetzt werden. Dieser Einzelfall ist positiv, wenn die Werte der im Gesetz ausgedrückten Annahme genügen; er ist negativ, wenn die Werte der Annahme zuwiderlaufen. Das Bootstrap-Modell sieht vor, daß Hypothesen durch ihre positiven Einzelfälle bestätigt und durch ihre negativen diskreditiert werden. Im einzelnen ist dabei notwendig für die Bestätigung einer Hypothese, daß (1) alle ihre Größen durch die Daten unter möglichem Rückgriff auf weitere Hypothesen eindeutig fixiert sind und sich die Werte im Einklang mit der Hypothese befinden (Bestimmtheit), und daß es (2) nicht logisch ausgeschlossen ist, daß sich für die Größen andere Werte derart ergeben hätten, daß ein negativer Einzelfall statt eines positiven vorliegt oder umgekehrt (Fehlschlagsrisiko) (Glymour 1980, 114-120).

Beide Ansätze zur Rekonstruktion empirischer Prüfungen tragen dabei dem Umstand Rechnung, daß solche Prüfungen stets vor einem theoretischen Hintergrund erfolgen. Im angegebenen optischen Beispiel ist für den Aufweis von Beobachtungskonsequenzen der Wellenhypothese ebenso wie für die Realisierung von Einzelfällen der Rückgriff auf Gesetzmäßigkeiten der Wellenausbreitung (also auf Teile des Hintergrundwissens), auf Annahmen über die Wechselwirkung von Licht und Materie (also auf Hilfshypothesen) und schließlich auf die Funktionsweise der herangezogenen Meßinstrumente (also auf Beobachtungstheorien) erforderlich. Die Berücksichtigung der Beobachtungstheorien trägt dabei dem Umstand Rechnung, daß die Gewinnung aussagekräftiger Daten das Heranziehen von Meßgeräten verlangt, deren Bau und Betrieb ihrerseits die Verfügbarkeit von Theorien voraussetzen. Einzelfälle der Wellenhypothese ergeben sich etwa durch Angabe der Wellenlängenspektren besonderer Lichtquellen, deren Ermittlung wesentlich auf Meßgeräte zurückgreift, deren Angemessenheit und Zuverlässigkeit wiederum auf Theorien beruhen.

In beiden Ansätzen wird diese *Theoriebeladenheit* empirischer Prüfungen in Betracht gezogen. Die Prüfung von Hypothesen wird nicht als Vergleich theoretischer Ansprüche mit dem Felsengrund vortheoretischer Erfahrungen aufgefaßt. Eher handelt es sich um einen Vergleich zwischen verschiedenen Hypothesen. Die Korrespondenz zwischen theoretischem Anspruch und Wirklichkeit stellt sich demnach in gewissem Maße als Kohärenz zwischen verschiedenen theoretischen Hypothesen dar. Durch diese Theoriebeladenheit wird das Bedenken aufgeworfen, daß der empirischen Prüfung von Hypothesen eine Zirkularität innewohnt, die eine aussagekräftige Beurteilung ihrer Gültigkeit ausschließt. Dieses Bedenken wird üblicherweise durch die Forderung ausgeräumt, daß die im Prüfungsprozeß herangezogenen theoretischen Annahmen und die geprüfte Hypothese voneinander *unabhängig* sein müssen. Konkret wird verlangt, daß die Hilfsannahmen auch in solchen Zusammenhängen überprüfbar sind, in denen die betreffende erklärende Hypothese keine Rolle spielt. Diese Unabhängigkeit ermöglicht die aussagekräftige Prüfung von Hypothesen durch theoriebeladene Daten (Kosso 1992, 113-129, 154-158).

2. Unabhängigkeitsbedingung und Prüfzirkel

Diese Unabhängigkeitsbedingung bringt zum Ausdruck, daß Hypothesen nicht in die für ihre Geltungsprüfung herangezogenen Verfahren

Eingang finden dürfen. Diese Forderung ist zunächst durchaus plausibel; ihre Verletzung scheint eine aussagekräftige Prüfung auszuschließen. Zur Verdeutlichung sei der Extremfall ins Auge gefaßt, in dem ein bestimmtes Gesetz benutzt wird, um die Messung einer Größe aus eben diesem Gesetz zu bewerkstelligen. Es sei unterstellt, daß das Gesetz auch die einzige verfügbare Grundlage der Messung dieser Größe bereitstellt. Das Gesetz ist damit notwendig für die Ermittlung der Ausprägung einer der in ihm enthaltenen Größen, also für die Realisierung von Einzelfällen dieses Gesetzes.

In schematischer Ausdrucksweise geht es dabei etwa um ein Gesetz G der Art $Z = X \times Y$, wobei Z einer unabhängigen Messung zugänglich ist. In einer ersten Variante sei angenommen, daß darüber hinaus auch X ohne Rückgriff auf G meßbar ist. Unter diesen Umständen können Werte für Y allein durch Heranziehen von G selbst bestimmt werden; Y ergibt sich zu $Z : X$. Entsprechend wird G vorausgesetzt, um eine Größe aus G zu ermitteln. Dem Anschein nach ist G unter diesen Umständen nicht verläßlich zu prüfen. Schließlich stellt sich bei dieser Vorgehensweise die nicht unabhängig ermittelbare Größe Y stets im Einklang mit dem Gesetz G ein. Schwierigkeiten dieses Typs wurden in den siebziger Jahren von Joseph Sneed in den Vordergrund gerückt, und ich spreche daher von einem „Sneed-Flaschenhals". Ein Sneed-Flaschenhals liegt vor, wenn eine Gesetzeshypothese in jede Wertebestimmung einer Größe aus dieser Hypothese eingeht. Alle Wertebestimmungen müssen also die Engstelle dieses einen Gesetzes passieren. Die naheliegende (und auch von Sneed nahegelegte) Vermutung ist, daß unter solchen Umständen eine aussagekräftige Prüfung scheitert (Sneed 1979, 37).

Eine Verschärfung der Situation liegt vor, wenn in G allein Z unabhängig meßbar ist, Werte für die Größen X und Y demgegenüber allein durch Rückgriff auf G selbst ermittelt werden können. Man hätte also Y als $Z : X$ und X als $Z : Y$ zu bestimmen. Wiederum zieht man G heran, um eine empirische Bestimmung von Größen in G durchzuführen, wobei G auch die einzige Möglichkeit einer solchen Wertebestimmung darstellt. Unter diesen Umständen werden zwei theoretische Größen durch ein einziges Gesetz bestimmt, woraus sich eine *wechselseitige Abhängigkeit* der jeweiligen Wertezuordnungen ergibt. Die Folge ist, daß jede Größe nur ermittelt werden kann, wenn die jeweils andere bekannt ist. Wenn man X unter Rückgriff auf G bestimmen will, muß Y bereits ein Wert zugeordnet sein. Umgekehrt erfordert jede Wertebestimmung für Y, daß bereits ein Wert für X vorliegt. Aus Gründen, auf die ich hier nicht eingehen kann, spreche ich bei

Vorliegen einer solchen wechselseitigen Abhängigkeit der Wertezuschreibungen von einer „Reichenbach-Schleife". Eine Reichenbach-Schleife äußert sich also als Zirkularität, die jedes Fehlschlagsrisiko bei der Bestimmung der beteiligten Größen ausschließt. Jede dieser Größen kann nach Belieben festgesetzt werden. Wenn die andere entsprechend angepaßt wird, kann niemals ein Konflikt mit der Erfahrung auftreten (Carrier 1994, 39-40).

Die genannte Unabhängigkeitsbedingung ist demnach bei Auftreten eines Sneed-Flaschenhalses oder einer Reichenbach-Schleife verletzt. In beiden Fällen wird das zu prüfende Gesetz für die Bestimmung von Größen in diesem Gesetz herangezogen; das Gesetz geht in den Prozeß seiner eigenen Prüfung ein. Und tatsächlich scheint bei einer derartigen Verletzung der Unabhängigkeitsbedingung eine aussagekräftige Prüfung ausgeschlossen. Dies stützt umgekehrt die Annahme, daß die Unabhängigkeitsbedingung eine notwendige Voraussetzung für empirische Prüfbarkeit ist. Dieser Befund wird in der Tat durch das Bootstrap-Modell reproduziert. Ist die Bedingung nämlich verletzt, dann erlauben die Daten gerade keine eindeutigen, einem Fehlschlagsrisiko unterworfenen Wertebestimmungen der beteiligten Größen. Gesetze, bei denen die Wertebestimmungen auf diesem zu prüfenden Gesetz selbst beruhen oder deren Ermittlung eine wechselseitige Abhänigkeit zweier Größen beinhalten, sind demnach nicht Bootstrap-prüfbar.

Diese Konsequenz des Bootstrap-Modells ist inadäquat. Meine Behauptung ist, daß es wissenschaftlich signifikante Hypothesen gibt, die einen Sneed-Flaschenhals oder eine Reichenbach-Schleife beinhalten und deren empirische Prüfung (bei geringfügig verstärkten Zusatzbedingungen) tatsächlich ohne Zirkel möglich ist und unter Verletzung der Unabhängigkeitsbedingung erfolgt. Diese Bedingung ist daher nur hinreichend, nicht auch notwendig für die Vermeidung von Prüfzirkeln. Eine zirkelfreie Prüfung derartiger Hypothesen gelingt allerdings nicht durch Realisierung von Einzelfällen, sondern nur hypothetisch-deduktiv, also durch die Ableitung charakteristischer Beobachtungskonsequenzen. Da eine solche Prüfung ohne Einzelfallrealisierungen erfolgt, besitzt sie eine „nicht-instantiative" Beschaffenheit. Ich stelle die Charakteristika dieser Vorgehensweise an zwei Beispielen vor, nämlich der empirischen Prüfung der Impulserhaltung und der empirischen Bestimmung von Atomgewichten im Rahmen von Daltons Atomtheorie.

3. Ein Sneed-Flaschenhals: Impulssatz und Stoßexperimente

Der Impulserhaltungssatz der klassischen Mechanik besagt insbesondere, daß bei Stoßprozessen die Summe der Impulse der beteiligten Körper vor und nach dem Stoß übereinstimmt. Die Aufgabe sei, diese Hypothese zu prüfen, ohne dabei auf anderweitige Verfahren zur Bestimmung der Massen – also etwa Wägungen – zurückzugreifen. Dem ersten Anschein nach ist diese Aufgabe unlösbar. Der einzige Weg zur Ermittlung der Massenwerte setzt nämlich die Gültigkeit des Impulssatzes bereits voraus und scheint daher für eine aussagekräftige Geltungsprüfung auszuscheiden. Angenommen, zwei Körper mit den Massen m_1 und m_2 kollidierten miteinander, und ihre Geschwindigkeiten änderten sich dabei jeweils um die Beträge Δv_1 und Δv_2. Der Impulssatz besagt dann: $m_1 \Delta v_1 = -m_2 \Delta v_2$. Was der eine Körper an Impuls gewinnt, verliert der andere. Die Geschwindigkeiten und ihre Änderungen seien dabei ohne Schwierigkeiten meßbar. Bei Voraussetzung der Impulserhaltung läßt sich dann das Massenverhältnis ermitteln: $m_1 : m_2 = -\Delta v_2 : \Delta v_1$. Das Massenverhältnis ist gleich dem inversen Verhältnis der Geschwindigkeitsunterschiede.[1]

Das Problem ist, daß dabei die Impulserhaltung in die Ermittlung der Massenwerte eingeht. Diese Werte werden auf solche Weise festgelegt, daß der Impulssatz erfüllt ist, so daß sie nicht ihrerseits als Grundlage einer aussagekräftigen Prüfung dieses Satzes taugen. Eine empirische Abweichung von den theoretischen Erwartungen scheint daher ausgeschlossen (Sneed 1979, 32-38). Die Massenbestimmung muß die Engstelle des Impulsatzes passieren; es liegt tatsächlich ein Sneed-Flaschenhals vor. Deshalb unterliegen die Wertebestimmungen keinem Fehlschlagsrisiko, und entsprechend besteht keine Bootstrap-Prüfbarkeit.

Tatsächlich läßt sich dieses Problem jedoch lösen, wenn man mehrere Anwendungsfälle des Impulssatzes betrachtet und zusätzlich die Bedingung der Masseninvarianz heranzieht. Danach sollen die Massenwerte des gleichen Körpers in allen diesen Anwendungsfällen übereinstimmen. Es seien drei Körper mit den Massenwerten m_1, m_2 und m_3 ins Auge gefaßt, die jeweils paarweise miteinander kollidieren. Es ergeben sich demnach drei Stoßprozesse, bei denen die jeweils auftretenden Geschwindigkeitsänderungen der Beobachtung zugänglich sind (und durch ungestrichene, gestrichene und doppelt gestrichene Größen bezeichnet werden). Die Resultate seien auf folgende Weise notiert (wobei nur die Beträge eine Rolle spielen).

$$\frac{m_1}{m_2} = \frac{\Delta v}{\Delta v} \qquad \frac{m_2}{m_3} = \frac{\Delta v_3'}{\Delta v_2'} \qquad \frac{m_1}{m_3} = \frac{\Delta v_3''}{\Delta v_1''}$$

Durch Multiplikation der linken und mittleren Gleichung und Gleichsetzung des Ergebnisses mit der rechten erhält man:

$$\frac{\Delta v_2}{\Delta v_1} \frac{\Delta v_3'}{\Delta v_2'} = \frac{\Delta v_3''}{\Delta v_1''}$$

Der springende Punkt ist, daß die problematischen Massenwerte gar nicht mehr auftauchen. Es werden ausschließlich Geschwindigkeitsdifferenzen miteinander verknüpft, und diese können ohne Rückgriff auf die Impulserhaltung ermittelt werden. Aus dem Impulssatz zusammen mit der Invarianzbedingung für die Massen der beteiligten Körper wird demnach eine Konsequenz abgeleitet, die wesentlich von der zu prüfenden Hypothese abhängt und die selbst ohne weiteres empirisch prüfbar ist. Deren erfolgreiche Bestätigung kann folglich als aussagekräftige Prüfung des Impulssatzes gelten. Der zentrale Aspekt besteht darin, daß diese Prüfung der Impulserhaltung keine Einzelfallrealisierung der Impulse verlangt; schließlich treten keinerlei Massenwerte auf. Der Schluß ist, daß empirische Prüfung auch in einem Sneed-Flaschenhals gelingt – falls man auf Einzelfallrealisierung verzichtet und die Untersuchung hypothetisch-deduktiv anlegt (Carrier 1994, 32-39).

4. Eine Reichenbach-Schleife: Atomgewichte in Daltons Atomtheorie

Die gleiche Rezeptur findet auch bei der erfolgreichen Behandlung des komplizierteren Falls der Reichenbach-Schleifen Anwendung. Ein wissenschaftshistorisches Beispiel ist die empirische Prüfung der von John Dalton 1808 veröffentlichten Atomtheorie. Diese gründete auf der Annahme, daß chemische Verbindungen aus einer jeweils kleinen Zahl elementarer Korpuskel gebildet werden und daß diese Atome ein jeweils charakteristisches Gewicht besitzen. Damit stellte sich das Forschungsproblem, diese Atomgewichte empirisch zu bestimmen, und der von Dalton hierfür ins Auge gefaßte Weg führte über die Messung der Reaktionsgewichte.

Zwei Elemente A und B mögen miteinander reagieren und dabei ein Molekül der Form AB bilden. Angenommen, 1g A reagiert mit 6g B, sodaß die unterstellte Reaktionsgleichung die Form annimmt: 1g A

+ 6g B → 7g AB. Daraus läßt sich schließen, daß in einem Gramm der Substanz A genauso viele Atome enthalten sind wie in sechs Gramm der Substanz B. Dies wiederum erlaubt den Schluß, daß das Atomgewicht von B 6mal so groß ist wie das Atomgewicht von A. Wird letzteres als Einheit genommen, so ergibt sich das Atomgewicht $B = 6$.

Allerdings greift der Schluß von den Reaktionsgewichten auf die Atomgewichte auf die Molekularformel zurück. Angenommen, die Molekularformel des Reaktionsprodukts sei nicht AB, sondern AB_2. In diesem Fall ergäbe sich das gemessene Reaktionsgewicht von B durch eine doppelt so große Zahl von B-Atomen wie zuvor unterstellt, so daß das Gewicht jedes einzelnen B-Atoms nur halb so groß wäre. Die gleichen Reaktionsgewichte führten also auf das Atomgewicht $B = 3$. Ohne die Kenntnis der Molekularformeln sind die Atomgewichte demnach nicht eindeutig aus den Reaktionsgewichten erschließbar. Aber der seinerzeit einzige Weg zu den Molekularformeln führte über die Atomgewichte. Wenn man weiß, daß das Atomgewicht von $B = 3$ ist, und wenn dann 6g B mit 1g A reagieren (das als Einheit dient), dann ist auch bekannt, daß die Molekularformel AB_2 ist.

Das Problem besteht darin, daß zwei Arten von theoretischen Größen auftreten, nämlich das Atomgewicht und die Molekularformel, daß aber nur eine Art von Daten verfügbar ist, nämlich das Reaktionsgewicht. Daltons Fundamentalhypothese besagt, daß das Reaktionsgewicht um so größer ist, je schwerer das betreffende Atom ist und je mehr solcher Atome in ein Molekül eingehen. Auf diese Weise wird eine wechselseitige Abhängigkeit zwischen den Wertebestimmungen für Atomgewichte und den Molekularformeln eingeführt. Als Folge dieser Reichenbach-Schleife sind jeweils mehrere, unterschiedliche Werte für die beiden theoretischen Größen gleichermaßen imstande, den Daten Rechnung zu tragen. Diese Eigenart schließt die eindeutige empirische Ermittlung der beiden beteiligten Größen aus, macht damit insbesondere die Messung von Atomgewichten unmöglich und verhindert folglich dem Anschein nach auch die empirische Prüfung der Atomtheorie.

Tatsächlich ist jedoch eine Prüfung der Fundamentalhypothese ohne Realisierung von Einzelfällen möglich. Eine solche Prüfung stützt sich auf das Gesetz der multiplen Proportionen. Dieses Gesetz besagt, daß bei mehreren Verbindungen der gleichen Elemente A und B, also bei Verbindungen der Art: AB, AB_2, AB_3 etc., die Reaktionsgewichte im Verhältnis kleiner ganzer Zahlen stehen. Dieses Gesetz ist in der Tat eine direkte Konsequenz von Daltons Atomtheorie; es folgt aus der Annahme, daß das Gewicht eine Größe ist, die für die Atome eines bestimmten Elements kennzeichnend ist. Danach besitzen Atome des gleichen Elements gleiches Gewicht, Atome unterschiedlicher Elemente hingegen unterschiedliches Gewicht. Dalton selbst wies bereits darauf hin, daß das Reaktionsgewicht von Sauerstoff im Kohlendioxid (CO_2) genau das Doppelte dieses Gewichts im Kohlenmonoxid (CO) beträgt und daß das gleiche für das Reaktionsgewicht des Wasserstoffs im Methan (CH_4) und im Äthylen (CH_2) gilt.

Bei der Ableitung der multiplen Proportionen legte Dalton neben der Fundamentalhypothese insbesondere die Annahme zugrunde, daß das Atomgewicht des gleichen Elements in unterschiedlichen Verbindungen gleich ist. Das Atomgewicht von *A* ist unabhängig davon, ob *A* eine Verbindung der Art *AB* oder AB_2 eingeht. Aus der Fundamentalhypothese zusammen mit dieser Invarianzbedingung folgt das Gesetz der multiplen Proportionen. Dieses Gesetz bezieht sich allein auf Reaktionsgewichte und enthält nicht mehr die Atomgewichte. Diese Vorgehensweise läuft darauf hinaus, aus der Fundamentalhypothese mit ihrer problematischen wechselseitigen Abhängigkeit unter Rückgriff auf eine Invarianzbedingung eine Konsequenz abzuleiten, die wesentlich auf der Fundamentalhypothese beruht und insofern für diese charakteristisch ist, die aber keine Prüfzirkularität mehr enthält und daher selbst ohne Schwierigkeiten empirisch prüfbar ist.

Hervorzuheben ist, daß auch auf der Grundlage dieser erfolgreichen Prüfung immer noch keine eindeutigen Werte für einzelne Atomgewichte angebbar sind. Ohne Kenntnis der Molekularformel läßt sich nämlich nicht ausschließen, daß die Verhältnisse der Reaktionsgewichte jeweils ein Vielfaches des zugehörigen Atomgewichts anzeigen statt dieses Atomgewicht selbst. Diese Möglichkeit ist gerade im angegebenen Methan-Äthylen-Beispiel realisiert. Die Meßzirkularität der grundlegenden Hypothese ist also keineswegs beseitigt; allein ihre Bedrohlichkeit wird durch das skizzierte Verfahren eingegrenzt.

5. Die Signifikanz nicht-instantiativer Prüfungen

Das angegebene Verfahren stellt eine Option für die Prüfung einer Hypothese ohne Realisierung von Einzelfällen dieser Hypothese dar; es handelt sich um eine nicht-instantiative Prüfmethode. Bei Auftreten von Sneed-Flaschenhälsen oder Reichenbach-Schleifen gelingt eine aussagekräftige Prüfung durch Einzelfallrealisierung nicht, da keine dieser Realisierungen einem Fehlschlagsrisiko unterliegt. Die nicht-instantiative Strategie besteht in beiden Fällen darin, aus der zu prüfenden Hypothese zusammen mit einer Zwangsbedingung eine Beziehung herzuleiten, die einerseits für diese Hypothese kennzeichnend ist, die aber andererseits die problematische Größe nicht mehr enthält. Der Impulssatz führt unter Rückgriff auf die Erhaltung der Masse der Körper auf einen Zusammenhang zwischen den Geschwindigkeitsänderungen bei Stoßprozessen, der nicht mehr von den Massenwerten abhängt. Und Daltons Atomhypothese beinhaltet zusammen mit der Invarianz der Atomgewichte eine Beziehung zwischen Reaktionsgewichten, in der keine Atomgewichte mehr auftreten.

Diese abgeleiteten Beziehungen können ihrerseits ohne Schwierigkeiten empirisch geprüft werden. Ihre Herleitbarkeit beruht zudem wesentlich auf den jeweils zugrundegelegten Hypothesen. Ohne Voraussetzung der Impulserhaltung wäre der angegebene Zusammenhang zwischen den Geschwindigkeitsänderungen bei Stößen keineswegs zu erwarten. Gleiches gilt analog im atomtheoretischen Fall. Die vor-Daltonschen Atomtheorien sahen Zusammenlagerungen einer großen Zahl von Atomen vor, und die chemische Wirksamkeit der resultierenden Gebilde sollte (ähnlich wie in der modernen Biochemie) von deren räumlicher Struktur bestimmt sein. Vor diesem Hintergrund wären Reaktionsgewichte im Verhältnis kleiner ganzer Zahlen nicht zu erwarten. In beiden Fällen hängt die Herleitbarkeit der Konsequenzbeziehung entsprechend entscheidend von der betreffenden Hypothese ab. Und deshalb stellt der empirische Aufweis dieser Konsequenz eine aussagekräftige Bestätigung dieser Hypothese dar.

Die skizzierte Zugangsweise ist wesentlich hypothetisch-deduktiv orientiert. Sie beruht auf der Ableitung von Beobachtungskonsequenzen, nicht auf der Realisierung von Einzelfällen. Der Erfolg dieser nicht-instantiativen Strategie verweist auf die Möglichkeit der empirischen Bestätigung von Gesetzen ohne Ermittlung von Werten für sämtliche beteiligten Größen. Da es aber die Wertebestimmungen sind, die den Grund der auftretenden Schwierigkeiten bilden, werden diese Prüfprobleme durch eine nicht-instantiative Zugangsweise vermieden. Man kann empirische Gründe für oder gegen ein Gesetz erhalten, ohne dazu explizite Werte für alle Größen in diesem Gesetz angeben zu müssen.

Allerdings ist die Prüfzirkularität isolierter Gesetze dieser Art in der Tat fatal. Bei einem einzelnen Sneed-Flaschenhals oder einer einsamen Reichenbach-Schleife entsteht eine unaufhebbare Prüfzirkularität. Der Grund ist, daß die nicht-instantiative Prüfung stets an einer Verknüpfung mehrerer Anwendungsfälle ansetzt, so daß eine Verbindung zwischen diesen herstellbar sein muß. In den Beispielen beruhte diese

Verbindung jeweils auf einer Invarianzbedingung für eine der beteiligten Größen. Tatsächlich ist in den wissenschaftlich signifikanten Fällen dieser Art die problematische Hypothese in einen theoretischen Zusammenhang eingebunden, der eine Verknüpfung zwischen ihren verschiedenen Anwendungsfällen herstellt. Auf dieser Grundlage ist dann eine nicht-instantiative Prüfung der Hypothese möglich.

Bei Sneed-Flaschenhälsen gelingt eine Einzelfallrealisierung immerhin nach erfolgreicher Prüfung. Wenn der Impulssatz auf nicht-instantiative Weise bestätigt wurde, dann kann man ihn zu Recht für eine Ermittlung von Massenwerten nach dem angegebenen Verfahren benutzen. Dies ist bei Reichenbach-Schleifen anders. Bei erfolgreich geprüften Hypothesen mit wechselseitigen Abhängigkeiten ist immer noch keine Wertebestimmung der beteiligten Größen möglich. Die nicht-instantiativ geprüfte Atomtheorie erlaubt immer noch keine Einzelfallrealisierung, also keine eindeutige Ermittlung der Atomgewichte aus den Reaktionsgewichten (s.o. Abs. 4). Nicht-instantiative Prüfungen laufen demnach insbesondere nicht auf die triviale Auflösung von wechselseitigen Abhängigkeiten durch Heranziehen eines weiteren Gesetzes zur Bestimmung einer der beiden Größen hinaus. Eine solche triviale Auflösung bestünde darin, daß man im Beispiel des Impulssatzes die Massen durch die Gewichte, also durch Wägungen bestimmt; sie bestünde im Daltonschen Beispiel darin, entweder das Atomgewicht oder die Molekularformel ohne Rückgriff auf die Fundamentalhypothese, also durch zusätzliche, unabhängige Verfahren zu ermitteln. Der Vorzug der nicht-instantiativen Strategie liegt darin, daß die Neutralisierung der Zirkularität eine logisch schwächere Hilfsannahme erfordert. Eine Invarianzbedingung drückt eine weniger starke Behauptung aus als ein weiteres, unabhängiges Gesetz. Die Zirkelneutralisierung verläßt sich stärker auf die Möglichkeiten, die die ursprüngliche Hypothese selbst eröffnet. Der Schluß ist, daß auch bei Verletzung der Unabhängigkeitsbedingung (s.o. Abs. 1, Abs. 2) eine empirische Prüfung möglich ist.

6. Die Vollständigkeit von Theorien

Wenn die zu prüfende Hypothese in die Gewinnung der einschlägigen Daten eingeht, soll von einer „vollständigen Hypothese" die Rede sein. Vollständige Hypothesen sind entsprechend dadurch gekennzeichnet, daß bei ihnen die Unabhängigkeitsbedingung für empirische Prüfungen verletzt ist. Ergebnis der hier durchgeführten Diskussion ist, daß bei vollständigen Hypothesen nicht zwangsläufig Prüfzirkularitäten auftreten. Zwar ergeben sich charakteristische Prüfprobleme, aber diese sind durch geeignete Prüfverfahren lösbar. Diese Verfahren operieren auf hypothetisch-deduktiver Grundlage und beinhalten keine Einzelfallrealisierung. Resultat ist, daß es in der Tat gelingen kann, eine unsichere Hypothese unter Rückgriff auf eben diese Hypothese empirisch zu erhärten, was die eingangs erwähnte Annäherung an die Kunstfertigkeit des Barons von Münchhausen darstellt.

Daraus ergibt sich ein Vorrang für das hypothetisch-deduktive Prüfverfahren. Dieses ist für aussagekräftige Prüfungen unter Bedingungen geeignet, unter denen die Realisierung von Einzelfällen scheitert. Insbesondere erlaubt dieses Verfahren im Grundsatz eine Beherrschung der bei Verletzung der Unabhängigkeitsbedingung auftretenden Prüfzirkel. Aus diesem Grund übersteigt die Tragweite der hier durchgeführten Untersuchungen den engeren Gesichtskreis der Bestätigungstheorie. Es zeigt sich nämlich, daß die Anforderungen an aussagekräftige Prüfungen geringer sind als zuvor weithin vermutet. Der gleiche Gewinn an Geltungssicherung läßt sich mit reduziertem Einsatz erreichen.

Wenn aber die betreffenden Prüfzirkel beherrschbar sind, dann stellt es sogar einen methodologischen Vorzug dar, wenn die fragliche Hypothese in die für ihre eigene Überprüfung einschlägigen Verfahren eingeht. Bei derart vollständigen Hypothesen sinkt nämlich *ceteris paribus* die Zahl zusätzlich benötigter, unabhängiger Hilfshypothesen zur Ableitung von Beobachtungsbefunden ab. Wenn eine Hypothese als Hilfshypothese bei ihrer eigenen Prüfung zu operieren vermag, dann ist der Tendenz nach ein weniger ausgreifender Rückgriff auf unabhängige Annahmen erforderlich.

Ich möchte die Intuition, die sich mit dem so charakterisierten Begriff der Vollständigkeit verbindet, anhand einer Erweiterung des Blickwinkels von einzelnen Hypothesen auf ganze Theorien verdeutlichen. Der zugrundeliegende Gedanke geht unter anderem auf Herbert Feigl zurück. Feigl betrachtet es als Ausdruck besonderer methodologischer Qualifikation, wenn eine Theorie die einschlägigen Nachweisprozesse mit eigenen begrifflichen Mitteln behandeln kann. In der Chemie sollte etwa die Angemessenheit des Lackmustests für Säuren und Basen aus der chemischen Theorie selbst folgen (Feigl 1950, 40-41). Ein anderes Beispiel ist die Messung der elektrischen Stromstärke mit dem Drehspulgalvanometer. Dabei durchläuft der zu messende Strom eine Spule, die drehbar an einer elastischen Feder befestigt ist. Die Spule befindet sich im Magnetfeld eines geeignet geformten Dauermagneten.

Der Strom in der Spule erzeugt ein magnetisches Dipolmoment, das mit dem Magnetfeld des Dauermagneten in Wechselwirkung tritt und dadurch insgesamt ein Drehmoment hervorbringt. Durch dieses Drehmoment wird die Spule gedreht und die Feder verdrillt. Am Ende stellt sich eine Gleichgewichtsposition ein, in der dem magnetischen Drehmoment durch die elastische Rückstellkraft der Feder die Waage gehalten wird. Der im Gleichgewicht angenommene Rotationswinkel der Spule ist ein Maß der Stromstärke.

Die Stromstärke stellt eine für die Elektrodynamik charakteristische Größe dar; sie wird in dieser Theorie eingeführt und näher spezifiziert. Aus der angegebenen Beschreibung der Funktionsweise des Galvanometers ergibt sich, daß die Beziehung zwischen dieser elektrodynamischen Größe und ihrem Beobachtungsindikator „Rotationswinkel" großteils durch die Elektrodynamik selbst hergestellt wird. Schließlich werden die meisten der in dieser Beschreibung benutzten Größen (wie magnetisches Feld oder magnetisches Dipolmoment) ebenfalls in der Elektrodynamik spezifiziert. Die Natur und die Wechselwirkungen dieser Größen werden durch Gesetze beschrieben, die selbst Teil der Elektrodynamik sind. Mit Hilfe dieser Gesetze wird die Wirkungsweise eines Geräts analysiert, das der Messung einer Größe dient, die selbst in diesen Gesetzen auftritt. Die Elektrodynamik erklärt damit, warum dieses Instrument eine der in der Elektrodynamik eingeführten Größen mißt. Indem die Theorie das Gerät in ihren eigenen Begriffen zu analysieren versteht, rechtfertigt sie seinen Einsatz als Meßgerät.

Dieses Beispiel führt vor Augen, daß eine Theorie nicht allein zur Erklärung empirischer Befunde, sondern auch zur Analyse der für die Gewinnung dieser Befunde eingesetzten Meßverfahren herangezogen werden kann. Eine solche vollständige Theorie leistet demnach diejenige Arbeit, die ansonsten weitere, unabhängige Theorien erbringen müßten. Wenn dies tatsächlich ohne nachteilige Folgen gelingt, dann verringert dies tendenziell den für eine umfassende begriffliche Analyse eines Experiments oder einer Messung erforderlichen begrifflichen Aufwand. Vollständigkeit stellt daher eine Option für eine begrifflich sparsamere Umsetzung einer empirischen Prüfung dar. Und ein Ansatz zur Einsparung ohne schädliche Nebenwirkungen ist in den gegenwärtigen Zeiten sicher nicht ohne Relevanz.

Literatur

M. Carrier (1994), *The Completeness of Scientific Theories. On the Derivation of Empirical Indicators Within a Theoretical Framework: The Case of Physical Geometry*, Dordrecht: Kluwer, 1994.

P. Duhem (1906), *Ziel und Struktur der physikalischen Theorien*, Hamburg: Meiner, 1978.

H. Feigl (1950), „Existential Hypotheses. Realistic versus Phenomenalistic Interpretations", *Philosophy of Science 17* (1950), 35-62.

C. Glymour (1980), *Theory and Evidence*, Princeton: Princeton University Press, 1980.

C.G. Hempel (1945), „Studies in the Logic of Confirmation/Postscript 1964", in: ders., *Aspects of Scientific Explanation and Other Essays in the Philosophy of Science*, New York: Free Press, London: Collier-Macmillan, 1965, 3-51.

P. Kosso (1992), *Reading the Book of Nature. An Introduction to the Philosophy of Science*, Cambridge: Cambridge University Press, 1992.

J.D. Sneed (1979), *The Logical Structure of Mathematical Physics*, Reidel: Dordrecht, ^{2}1979.

Anmerkungen

1. Bei gegebenen Massenverhältnissen kann man durch Wahl einer beliebigen Masse als Einheit absolute Massenwerte angeben. Der als konstant bekannte Wert des Gesamtimpulses repräsentiert im übrigen die Größe Z im angegebenen schematischen Beispiel. Die Geschwindigkeiten entsprechen der Größe X und die Impulse der zu ermittelnden Größe Y.

CHRISTIAN THIEL

GIBT ES NOCH EINE GRUNDLAGENKRISE DER MATHEMATIK?
MANFRED RIEDEL ZUM 60. GEBURTSTAG

Von einer „Grundlagenkrise" hat wohl erstmals der Mathematiker Hermann Weyl um 1920 in seiner philosophisch motivierten Besinnung auf die Grundlagen der von ihm vertretenen Disziplin gesprochen. Nachdem auch in anderen Wissenschaften fundamentale Probleme ihrer Grundlagen zum Thema kontroverser Diskussionen geworden waren, hat sich das Wort als metawissenschaftlicher Terminus etabliert, allerdings unter wachsender Unschärfe seiner Bedeutung, so daß Anfang der siebziger Jahre ein Bedürfnis nach Präzisierung entstand. Einen von mir unternommenen Definitionsversuch (vgl. unten Anm. 15) aufgreifend, hat dann Manfred Riedel 1973 in einer kurzen, aber tiefdringenden Analyse eine Krise auch in den Grundlagen der „Wissenschaften vom Menschen" und eine dadurch ausgelöste Grundlagenkrise der Geisteswissenschaften diagnostiziert.[1] Ich nehme die von ihm gewählte Perspektive zum Anlaß, die Frage nach dem Grundlagenstreit der Mathematiker und seiner möglichen Aktualität noch einmal zu stellen.

Bevor ich das Ergebnis meiner Überlegungen dazu mitteile, muß ich das Thema selbst genauer erläutern. Hätte ich die Frage gestellt, „Gibt es noch einen Grundlagen*streit* in der Mathematik?", so hätte ich ohne Probleme mit einem „Nein" antworten können. Streitigkeiten sind zweifellos soziale Phänomene, „Grundlagenstreit" ist ein wissenschaftssoziologischer Begriff, und die Suche nach einem offenen Streit unter Mathematikern über die Grundlagen ihrer Disziplin verläuft heute negativ – daher die negative Antwort auf die Frage. Dirk van Dalen hat vor kurzem sogar festgestellt, daß man schon 1930 ebenso hätte antworten müssen; mit Bezug auf die Königsberger Konferenz 1930 schreibt er:[2]

> By then the *Grundlagenstreit* was, for all practical purposes, over. The foundational points had not been settled, but the participants had withdrawn from the battlefield.

Aber eine Grundlagen*krise* ist etwas anderes als ein Grundlagen*streit*, und überhaupt geht es mir in diesem Vortrag eher um die Sachverhalte, denen man die Schuld an der Grundlagenkrise der Mathematik zugeschrieben hat, wann immer diese nun stattgefunden hat.

Daß irgendetwas Wichtiges vor 1930 stattgefunden hatte, zeigt die Aufregung, die allein schon die Behauptung vom Vorliegen einer Grundlagenkrise der Mathematik hervorrief. Ob das Stichwort schon vor 1921 gefallen war, weiß ich nicht, Gegenstand der ersten Aufregung war jedoch der 1921 in der *Mathematischen Zeitschrift* erschienene Aufsatz von Hermann Weyl mit dem Titel „Über die neue Grundlagenkrise der Mathematik".[3] Gleich auf der ersten Seite spricht Weyl von den „Unzuträglichkeiten in den Grenzbezirken der Mathematik", die nur Symptome seien und an denen zu Tage komme,[4] „was der äußerlich glänzende und reibungslose Betrieb im Zentrum verbirgt: die innere Haltlosigkeit der Grundlagen, auf denen der Aufbau des [mathematischen] Reiches ruht." Und auf Seite 59 stellt er unter Bezug auf seinen eigenen konstruktiven Begründungsversuch der Analysis (in der Schrift *Das Kontinuum* von 1918)[5] fest, die Ordnung des „Staatswesens der Analysis" sei „nicht haltbar in sich", und er – Weyl – schließe sich jetzt Brouwer an, denn „Brouwer – das ist die Revolution!" Der erhitzte Ton und die politischen Metaphern sind nicht speziell diejenigen Weyls, sie gehören zu der Zeit nach einem verlorenen Krieg, zu Inflation, Arbeitslosigkeit und Wirtschaftsmisere, aber sie sind nur die Einkleidung für eine interne Kritik an Begriffsbildungen und Methoden der klassischen Mathematik, für die sich nun Mathematiker wie David Hilbert, Frank Plumpton Ramsey (mit ebensolcher politischer Metaphorik) und Otto Hölder energisch in die Bresche schlugen. Hilbert reagierte äußerst gereizt: wenn Weyl[6]

> eine „innere Haltlosigkeit der Grundlagen, auf denen der Aufbau des Reiches ruht", bemerkt und sich wegen „der drohenden Auflösung des Staatswesens der Analysis" Sorge macht, so sieht er Gespenster. Vielmehr herrscht in der Analysis trotz der kühnsten und mannigfaltigsten Kombinationen unter Anwendung der raffiniertesten Mittel eine vollkommene Sicherheit des Schließens und eine offenkundige Einhelligkeit aller Ergebnisse. Jene Axiome, auf Grund deren diese Sicherheit und Einhelligkeit da ist, anzunehmen, ist daher berechtigt; diese Berechtigung streitig machen hieße von vornherein aller Wissenschaft die Möglichkeit ihres Betriebes nehmen [...].

Freilich müsse man die Widerspruchsfreiheit nachweisen, und davon handle sein Aufsatz, aber (14f.):

> Was Weyl und Brouwer tun, kommt im Prinzip darauf hinaus, daß sie die einstigen Pfade von Kronecker wandeln: sie suchen die Mathematik dadurch zu begründen, daß sie alles ihnen unbequem Erscheinende über Bord werfen und eine Verbotsdiktatur à la Kronecker errichten. Dies heißt aber, unsere Wissenschaft zerstückeln und verstümmeln, und wir laufen Gefahr, einen großen Teil unserer wertvollsten Schätze zu verlieren, wenn wir solchen Reformatoren folgen. [...] Brouwer ist nicht, wie Weyl meint, die Revolution, sondern nur die Wiederholung eines Putschversuches mit alten Mitteln [...].

Ramsey rief 1925 zur Rettung der Mathematik „from the Bolshevik menace of Brouwer and Weyl" auf, und Otto Hölder publizierte 1926 einen – nüchterneren – Akademievortrag „Der *angebliche* circulus vitiosus und die *sogenannte* Grundlagenkrise in der Analysis".[7] So viel zu dem Feuerzauber der nach der Zählung mancher Experten dritten, jedenfalls aber heute schon weit zurückliegenden Grundlagenkrise der Mathematik. Ob sich dem alten Spektakel immer noch die Emotionalisierung verdankt, die sich beim Thema Grundlagenstreit oder Grundlagenkritik auch heute meist einstellt, oder ob sich in ihr doch die Bedrängnis von Mathematikern Luft schafft, die sich aus ihrer Tätigkeit ein Gewissen machen, dürfte schwer zu entscheiden sein; aber ich will mich bemühen, bis zum Ende meiner Ausführungen eine etwas festere Basis für eine solche Entscheidung zu schaffen.

Was war denn die Zielscheibe der Brouwerschen Kritik gewesen? Diese Kritik hatte sich, auf dem Boden einer eigenwilligen „intuitionistischen" Auffassung der Mathematik, die diese mit sprachunabhängigen mentalen Konstruktionen beschäftigt sah, gegen imprädikative Begriffsbildungen gerichtet und damit unter anderem gegen darauf gestützte Pseudokonstruktionen, gegen die logizistische Zahldefinition, gegen die uneingeschränkte Komprehension und gegen nichteffektive klassische Schlußweisen der Logik, wobei Brouwers Ablehnung des Tertium non datur die umfänglichsten Diskussionen auslöste. Diese Themen sind in der Philosophie der Mathematik nach wie vor umstritten, so daß ich dazu einiges sagen muß. Da die Kritik an den ersten beiden Punkten – Imprädikativität und Logizismus – schon vor und gleichzeitig mit Brouwer von Henri Poincaré vorgebracht wurde, erläutere ich kurz dessen Kritik an der Verwendung, die Georg Cantor von dem nach ihm benannten („zweiten") Diagonalverfahren zur Einführung höherer Mächtigkeiten gemacht hatte – und entschuldige mich bei denen, für die diese Dinge längst zu den Trivialitäten gehören. Es geht um die klassische Cantorsche Diagonalkonstruktion, wie er sie in seiner Abhandlung „Über eine elementare Frage der Mannigfaltigkeitslehre" in *Crelles Journal* 1890 dargestellt hat.[8] Üblicherweise präsentiert man sie als Nachweis der Überabzählbarkeit der Menge aller reellen Zahlen, aber da jede reelle Zahl durch einen unendlichen Dualbruch darstellbar ist, betrachte ich gleich die Gesamtheit M^* aller unendlichen Folgen von je zwei unterschiedlichen Zeichen, sagen wir, 0 und 1. Ist b_1, b_2, ..., b_v, ... irgendeine einfach unendliche Folge M von Elementen von M^*, so gibt es immer ein Element d von M^*, das mit keinem der b_v zusammenfällt. Um dies zu zeigen, ordnen wir die Folge so:

b_1	b_{11}	b_{12}	b_{13}	b_{14}	.....
b_2	b_{21}	b_{22}	b_{23}	b_{24}	.....
b_3	b_{31}	b_{32}	b_{33}	b_{34}	.....
b_4	b_{41}	b_{42}	b_{43}	b_{44}	.....
⋮	⋮	⋮	⋮	⋮	

Wir definieren eine neue Dualfolge $d := d_1 d_2 d_3 ...$ durch
$$d_i = 1 - b_{ii}$$
d kann nicht zu M gehören, denn es ist von jedem einzelnen b_v verschieden:

$$\bigwedge_n (d \neq b_n)$$

Wäre nämlich $d = b_k$ für irgendein k, so wäre die k-te Ziffer von b_k, und das heißt b_{kk}, gleich der k-ten Ziffer von d, die nach Definition $d_k = 1 - b_{kk}$ ist, und wir haben entweder $0 = 1$ oder $1 = 0$. Also kann d nicht zur Folge b_1, b_2, ... gehören. Die Überlegung gilt auch, wenn wir als M die Gesamtheit M^* *aller* Dualbrüche nehmen (womit wir die Annahme machen, daß M^* eine Folge, also abzählbar sei); sie ergibt dann, daß d nicht zu M^* gehören kann, obwohl es nach Konstruktion ein Dualbruch ist und also zu M^* gehören muß. M^* kann also nicht als Folge M unserer Überlegung genommen werden, d.h. nicht in die Form einer Folge gebracht werden: M^* ist *nicht* abzählbar.

Cantor deutete dieses Ergebnis als Nachweis der „Überabzählbarkeit" von M^* in dem Sinne, daß M nicht die Mächtigkeit der natürlichen Zahlenreihe, sondern eine „höhere" Mächtigkeit zukomme. Und da die Diagonalkonstruktion, passend modifiziert, auch auf Mengen höherer Mächtigkeit angewandt werden kann und dann jeweils noch höhere Mächtigkeiten liefert, glaubte Cantor, eine Folge transfiniter Mächtigkeiten, transfiniter Kardinalzahlen aufgewiesen zu haben, und entwickelte für sie eine transfinite Kardinalzahlarithmetik. Für Poincaré und auch für Brouwer ist der Schritt vom negativen Ergebnis der *Nicht*abzählbarkeit zur positiven *Über*abzählbarkeit aber eine Pseudokonstruktion. Sie setzt ja voraus, daß jeder Menge überhaupt genau eine Mächtigkeit „absolut" zukomme. Dies ist vorausgesetzt, es ist nicht bewiesen worden, und in der Tat stellen spätere mengentheoretische Einsichten, auf die ich noch zu sprechen komme, diese Voraussetzung in Frage. Poincaré verwirft die transfinite Kardinalzahlarithmetik mit der ihr offensichtlich zu Grunde liegenden Vorstellung von einem Aktual-Unendlichen, Brouwer behauptet als 13. These seiner Dissertation 1907: „De tweede getalklasse van Cantor bestaat niet", also „Die zweite Cantorsche Zahlklasse existiert nicht". Daß das Diagonalverfahren in der Tat höhere Mächtigkeiten als $\aleph_0$ nicht effektiv liefert, hat beispielsweise Adolf Fraenkel – der beileibe kein Intuitionist oder auch nur Konstruktivist war – durchaus anerkannt.[9] Was Cantor als „Konstruktion" bezeichnet, ist bei der von ihm beanspruchten Reichweite eine Pseudokonstruktion.

Es war ebenfalls eine Analyse des Diagonalverfahrens, die einen anderen Forscher zu einem Ergebnis geführt hatte, das noch größeres Aufsehen erregte. Bertrand Russell hatte nach seiner logischen Analyse der Diagonalkonstruktionen sein Augenmerk auf das von Gottlob Frege in seinen *Grundgesetzen der Arithmetik* entwickelte System gerichtet, in dem dieser die Cantorsche allgemeine Mengenlehre in streng axiomatisierter Form, wenngleich im Rahmen einer eigenartigen Termlogik, hatte aufbauen wollen. Dabei sollte jedem Funktionsnamen (insbesondere jeder Aussageform) ein Wertverlaufsname (im genannten Spezialfall: ein Mengenterm) entsprechen. Russell konstruierte aber eine Aussageform, für welche die Annahme, daß ihr ein Mengenterm entspreche (daß sie also eine Menge definiere) zu einem formalen Widerspruch führt: zu der heute nach Russell oder nach Russell und Zermelo gemeinsam benannten Antinomie. Sie ist Ihnen allen bekannt, und ich muß abermals um Verzeihung bitten, wenn ich sie jetzt in einer speziellen Form noch einmal in Erinnerung rufe:[10]

Niemand wird der Behauptung widersprechen, daß die Menge aller Vögel selbst kein Vogel ist, also kein Ding der Art, die sie als Elemente unter sich befaßt. Dagegen ist die Menge aller Mengen offenbar eine Menge, d.h. ein Ding gerade von der Art, die sie selbst als Elemente enthält. Da dies ersichtlich ein Ausnahmefall ist, der andere aber der Normalfall, wollen wir Mengen, die sich *nicht* selbst als Element enthalten, als „*normale* Mengen" bezeichnen. Eine Menge A kann also normal sein oder nicht, es kann $N(A)$ oder $\neg N(A)$, d.h. $A \in A$ oder $\neg A \in A$ gelten. Daher können wir insbesondere fragen, ob die Menge $R = \{M \mid \neg M \in M\}$ aller normalen Mengen selbst normal ist oder nicht.

Beachten wir die Erklärung der Elementbeziehung durch $x \in \{y \mid B(y)\} \leftrightarrow B(x)$, so folgt aus der Annahme, R sei *nicht* normal (weil dies ja nach der Definition von R heißt, daß R sich selbst angehört: $R \in R$), daß R Element der Menge R der normalen Mengen, also normal ist. Andererseits besagt die Normalität von R nach der R definierenden Bedingung, daß $\neg R \in R$ gilt, daß also R nicht Element der Menge aller normalen Mengen, m.a.W. *nicht* normal ist. Aus $R \in R$ folgt also $\neg R \in R$ und aus $\neg R \in R$ folgt $\neg \neg R \in R$. Da wir wegen der Allgemeingültigkeit des junktorenlogischen Aussagenschemas $(A \rightarrow \neg A) \rightarrow \neg A$ aus dem ersten Ergebnis auf die Aussage $\neg R \in R$ und aus dem zweiten auf ihr Negat $\neg \neg R \in R$ schließen können, haben wir einen formalen Widerspruch erhalten.

Die hier gewählte Form der Herleitung der Antinomie scheint mir zunächst einmal zu zeigen, daß von dem nur klassisch gültigen Claviusschen Gesetz oder dem Tertium non datur dabei *kein* Gebrauch gemacht wird. Ich erlaube mir also, die von Brouwer so hochgespielte Frage des Tertium non datur aus der Erörterung der Grundlagenkrise auszuklammern. Dies trifft sich nicht zufällig mit der Feststellung, daß seine Hinzunahme zu den effektiven Schlußregeln oder Axiomen nachweislich widerspruchsfrei ist – während ein Widerspruchsfreiheitsbeweis für die allgemeine Mengenlehre und damit für die klassische Analysis m.W. bisher noch aussteht.

Die bei unserer Herleitung der Zermelo-Russellschen Antinomie vorgenommenen gedanklichen Operationen waren (1) rein logische Operationen, (2) die Zusammenfassung aller Dinge, die eine genau angegebene Bedingung erfüllen, zu der Menge der Dinge, welche die durch die Bedingung definierte Eigenschaft haben, und (3) der Übergang von der Aussage, daß ein Ding eine Eigenschaft habe, zu der Aussage, daß es der Menge aller Dinge mit dieser Eigenschaft als Element angehöre. Diese Operationen erscheinen nicht nur so fundamental, sondern in den gewöhnlichen Fällen ihrer Anwendung so selbstverständlich, daß man zunächst einmal ratlos ist, wie man die unerwünschte Zermelo-Russellsche Antinomie loswerden kann, ohne harmlose Fälle gleich mit zu opfern und außer der Vermeidung des Widerspruches doch keinen Grund angeben zu können, weshalb das nötig und in irgendeinem Sinne sachgerecht ist.

Ob wir heute diese Situation schon überwunden haben, scheint mir fraglich. Zunächst mag es ja überraschen, daß im Bereich der Begriffsbildungen ausgerechnet die Mathematik eine Schwäche haben sollte, denn methodologisch gesehen könnten die meisten wissenschaftlichen Disziplinen, die Jurisprudenz vielleicht ausgenommen, heilfroh sein, wenn sie eine so durchdachte und wohlerprobte Definitionslehre hätten wie die Mathematik. Aber diese enthält eben einen problematischen Definitionstyp, der anderswo kaum vorkommt. Während explizite, induktive und durch Abstraktionsschritte vorgenommene Definitionen die klasssische Forderung nach Eliminierbarkeit der definierten Ausdrücke aus allen rechtmäßig gebildeten Kontexten erfüllen, ist dies bei Definitionen nicht mehr der Fall, die das Definiendum unter Rückgriff oder besser Vorgriff auf Gesamtheiten einzuführen versuchen, die – wie sich dann herausstellt – das definierte Objekt selbst schon enthalten. Gerade dies tun die sog. imprädikativen Definitionen, insbesondere in der Form, bei der das Definiens einen unbeschränkten Quantor über *alle* Mengen, *alle* Funktionen oder ähnliches enthält, wobei dieser Variabilitätsbereich nicht durch Konstruktionsmittel oder durch Angabe einer Liste abgegrenzt, sondern „indefinit" ist. Platonisten und Platonistinnen haben damit keine Schwierigkeiten, da sie Definitionen überhaupt nicht als Neueinführungen eines Objektes durch ein Zeichen, sondern als Abgrenzungen, Identifizierungen eines Objektes in einer zeit- und wissenschaftsunabhängig existierenden „idealen Sphäre" verstehen.

Das ist natürlich eine philosophisch-metaphysische Voraussetzung, und ihre Erörterung ein philosophisch-wissenschaftstheoretisches Thema. Aber der Fall der „Definition" der Russellschen Menge zeigt, daß Annahme oder Ablehnung solcher Voraussetzungen nicht einfach freigestellt werden können und bloße Geschmackssache sind. Die Russellsche Menge ist

$$R = \{X \mid \neg X \in X\}$$

und die Bedingung dafür, daß eine Menge Y dieser Menge R angehört, läßt sich als

$$Y \in R \leftrightarrow \neg\, Y \in Y$$

formulieren, woraus durch Einsetzung von R für Y

$$R \in R \leftrightarrow \neg\, R \in R$$

entsteht, eine der Fassungen der Zermelo-Russellsche Antinomie. Daß wir „R" für „Y" einsetzen durften, zeigt, daß „Y" als Variable gebraucht wurde, so daß die vollständige Fassung lauten muß:

$$\bigwedge\nolimits_Y (Y \in R \leftrightarrow \neg\, Y \in Y).$$

In dieser Formel hat nun aber der (indefinite) Quantor als Variabilitätsbereich die Gesamtheit *aller* Mengen, die insbesondere die oben „eingeführte" Menge R schon enthält. Das ist natürlich ein Zirkel, und zwar nach den schlechten Erfahrungen, die wir damit gemacht haben, ein *circulus vitiosus*.

Die Eliminierbarkeitsforderung schaltet solche Pseudodefinitionen aus, und zwar auf eine Weise, die sich nicht durch den technischen Erfolg rechtfertigt (die faktische *Vermeidung* einer Antinomie), sondern durch Angabe von Gründen (was zu der Hoffnung Anlaß gibt, sogar eine *Erklärung* und in diesem Sinne auch eine *Lösung* der Antinomien gefunden zu haben). Wir wollen nicht nur aus der Sackgasse herauskommen (auch wenn dies unser nächstliegendes Ziel ist), sondern auch begreifen, wie wir in sie hineingeraten sind. Die konstruktive Wissenschaftstheorie macht dafür einen Vorschlag: sie verlangt für jede Menge die *Darstellbarkeit* durch eine vollständig, nämlich für alle Kontexte zirkelfrei erklärte Aussageform. Dies ist sozusagen eine technische Norm, die nicht nur die Zirkelfreiheit einschließt (ohne welche die Aussageform überhaupt nicht als erklärt gelten könnte), sondern auch die vollständige Erklärung aller Ergebnisse einer zulässigen Einsetzung in die Leerstelle der Aussageform. Die Formel $\neg X \in X$ genügt dieser Norm *nicht*, denn sie ist im Kontext der allgemeinen Elementschaftsbeziehung nicht zirkelfrei erklärt. Dieser Kontext ist nämlich durch die Einführung der Elementschaftsbeziehung mittels

$$\bigwedge\nolimits_Y (A(Y) \leftrightarrow Y \in \{X \mid A(X)\}) \qquad (**)$$

bestimmt. Läßt man hier aber zur Einsetzung für „$A(X)$" das zu untersuchende „$\neg X \in X$" zu, so führt die Einsetzung des dann ebenfalls zulässigen Mengenterms „R" für „Y" in dem auf den Quantor folgenden Formelteil von (**) zur zirkelhaften Erklärung von $R \in R$ durch $\neg R \in R$ (und damit zugleich zu einem offenen Widerspruch).

Eine prinzipiell gleiche Situation liegt bei der Definition der oberen Grenze einer beschränkten nichtleeren Menge reeller Zahlen, also beim Satz von der oberen Grenze oder dem Satz von Bolzano-Weierstraß vor, an den Hermann Weyl bei seinem Zirkelvorwurf gedacht hat. Diese Problematik wird *nicht* durch einen axiomatischen Aufbau der Mengenlehre aufgelöst, wie ihn Zermelo vorgeschlagen hat. Zermelo selbst hatte das Problem noch gesehen und auf die Notwendigkeit eines Widerspruchsfreiheitsbeweises hingewiesen. Auch Hilbert hatte die Antinomien zunächst unterschätzt und erst 1904 einen „gemeinsamen Aufbau von Logik und Mengenlehre" in Angriff genommen, ebenfalls mit dem Ziel eines Widerspruchsfreiheitsbeweises. Seit mehr als 50 Jahren war man ja gewohnt gewesen, von „willkürlichen Funktionen" zu reden; warum sollte man nicht analog von „willkürlichen Mengen" reden dürfen? So schien die indefinite Quantifikation geradezu als natürlich. In der Axiomatik spiegelt sie sich freilich als unbeschränkte Komprehension, deren Zulässigkeit schien aber durch die Zermelo-Russellsche Antinomie widerlegt.

Da die unbeschränkte Komprehension nicht nur in der abstrakten Mengenlehre Verwendung findet, sondern ebenso in den speziellen mathematischen Disziplinen (vor allem bei deren axiomatischem Aufbau auf mengentheoretischer Basis), war also die Aufregung um eine „Krise" wohl doch nicht so unbegründet, auch wenn sich nirgendwo ein Zusammenbruch des Staatswesens der Analysis abzeichnete. Und so wurde es von aufmerkseren Zeitgenossen auch empfunden. 1925 sagt sogar Hilbert selbst, es sei „ein von Zermelo und Russell gefundener Widerspruch [gewesen], dessen Bekanntwerden in der mathematischen Welt geradezu von katastrophaler Wirkung war", und er gibt zu, „daß der Zustand, in dem wir uns gegenwärtig [sc. 1925] angesichts der Paradoxien befinden, auf die Dauer unerträglich ist".[11] Und Fraenkel schreibt 1928 in der 3. Auflage seiner *Einleitung in die Mengenlehre*:[12] „Die Antinomien schlugen wie ein Gewitter in die eben erst beruhigte mathematische Atmosphäre der Jahrhundertwende hinein und ihre Wirkung war vielfach geradezu niederschmetternd". Angesichts solcher Äußerungen von gewissermaßen Zeitzeugen scheint mir die gegenwärtige Mode absurd, das Vorliegen einer Krise zum damaligen Zeitpunkt zu leugnen oder zu behaupten, der Grundlagenstreit habe sich nicht wirklich auf die Antinomien, sondern auf technische Details wie Wohlordnungssatz oder Auswahlaxiom bezogen. Merkwürdig ist, daß über diesen ihres elementaren Charakters wegen so schwer analysierbaren Problemen andere durchaus krisenträchtige Ergebnisse ganz übersehen wurden, wie z.b. der 1915 von Löwenheim veröffentlichte und heute nach ihm und Thoralf Skolem benannte Satz, daß jedes überhaupt erfüllbare Axiomensystem der 1. Stufe (mit oder ohne Gleichheit) bereits über einem abzählbaren Individuenbereich erfüllbar ist. Es widerlegt ja, wie Skolem jahrzehntelang gepredigt hat (aber wie der Prediger in der Wüste) die Vorstellung von einem *absoluten*, von den sprachlichen Ausdrucksmitteln unabhängigen Reich der Mengen. Auch Weyl hat, soweit ich weiß, vom Satz von Löwenheim und Skolem nirgends Gebrauch gemacht oder ihn auch nur erwähnt. Vielleicht kannte er die noch in der Notation und Sprache der Algebra der Logik abgefaßten Abhandlungen wirklich nicht – in der Literatur taucht der Satz als wirklich rezipiert m.W. erstmals im Hilbert/Ackermann auf.[13] Weyl ging es aber auch nicht um die negative Kritik, er wollte auch keine bloße *Vermeidung* der Antinomien, sondern (wie auf philosophischer Seite Leonard Nelson) eine *Lösung*, die zeigen würde, wo der bisher gemachte Fehler stecke. Vor allem aber wollte er eine *positive* Lösung, auf deren Basis man die zulässigen Mengen (oder was immer für definierte Objekte) nun auch effektiv charakterisieren könnte.

Ich muß nun noch einen Aspekt erwähnen, der sich aus Hilberts zunächst ganz erfolgreich fortentwickeltem Programm zu einem Widerspruchsfreiheitsbeweis für Arithmetik und Analysis ergab. Da der Beweis selbst „sicher" sein sollte, verwendete Hilberts Beweistheorie sogar nur effektive, von Brouwers Kritik nicht betroffene Schlußweisen. Aber das Hilbertprogramm geriet dadurch in eine eigene, sozusagen private Krise, daß Kurt Gödel 1931 die prinzipielle Unvollständigkeit von Vollformalismen bewies, also von Kalkülen im strengen Sinne, welche eine interne Formulierung der Arithmetik zuließen. Als Korollar folgte daraus nämlich, daß die Widerspruchsfreiheit eines solchen Vollformalismus nicht allein mit in ihm selbst formalisierbaren Mitteln bewiesen werden kann. Hilbert reagierte zunächst selbstbewußt mit der Behauptung, seine Anwendungen der ω-Regel verwendeten ausschließlich schematische Schritte, er blieb den Beweis dafür aber schuldig. Auf die Situation bezieht sich die Äußerung Paul Bernays' im Vorwort zu Band II der Hilbert-Bernaysschen *Grundlagen der Mathematik* von einem „zeitweiligen Fiasko der Beweistheorie".[14]

Versucht man retrospektiv eine Diagnose, so muß man sagen, daß ja nun von einer Lösung der Grundlagenprobleme erst recht keine Rede mehr sein konnte und die Hoffnung auf Rettung durch die Beweistheorie wenn nicht zunichte gemacht, so doch deutlich geringer geworden war. Es scheint mir historisch nicht angemessen, von einer in den 20er und frühen 30er Jahren bestehenden Krise der Mathematik nur in Gestalt einer „Erschütterung der Begriffe von Wahrheit, Sinn, Gegenstand, Existenz in der Mathematik" zu sprechen[15] oder ironisierend festzustellen: „Die ‚Grundlagenkrise' der Mathematik war vor allem ein Ereignis, das etwa 1920 bis 1925 in Deutschland stattfand" (ibid. 295). Daß es eine solche Krise des Selbstvertrauens gab, und natürlich die eingangs schon erwähnte allgemeine Zeitstimmung, daß alles „in die Krise geraten sei" (Jaspers, Fraenkel) – unbestritten! Aber behauptet war ja eine andere, Inhalt und Methoden der Mathematik betreffende Krise grundlegender mathematischer Verfahren. Gab es *diese* Krise, wurde sie behoben, oder besteht sie heute nach wie vor? Wie die Anspielung am Beginn meines Vortrags bezüglich „Grundlagenstreit" erkennen läßt, können diese Fragen nur mit einer Entscheidung darüber beantwortet werden, ob „Krise" als soziologischer Begriff gebraucht werden soll oder nicht.

Da es hier nicht um „abstrakte" Mathematik geht, sondern um das konkrete Handeln der Mathematiker, verwundert es nicht, daß „Grundlagenkrise" und „Grundlagenstreit", eben als Beispiele von Krise und Streit, ohne einen starken soziologischen Einschlag begrifflich nicht angemessen gefaßt werden können. So gibt zum Beispiel die Definition von „Grundlagenstreit" im *Historischen Wörterbuch der Philosophie*[16] dem Begriff eine deutlich wissenschaftssoziologische Akzentuierung:

> Eine Wissenschaft gerät in eine *Grundlagenkrise*, wenn gewisse über Einfluß auf die Wissenschaftsorganisation verfügende Gruppen (im allgemeinen von Fachvertretern, aber auch der Öffentlichkeit) auf den Wissenschaftsbetrieb des betreffenden Bereiches reflektieren, an der Gültigkeit gewisser dort erarbeiteter Ergebnisse (theoretischer Sätze, technischer Empfehlungen) oder der zu ihrer Gewinnung angewandten Verfahren begründete Zweifel anmelden und Änderungen im Wissenschaftsbetrieb dieses Bereiches verlangen. Ein G[rundlagenstreit] ist im Gange, wo einflußreiche Gruppen von Wissenschaftlern miteinander unverträgliche Vorschläge zur Behebung einer Grundlagenkrise ihrer Wissenschaft durchzusetzen versuchen.

Diese Abgrenzung bezieht sich ersichtlich nicht nur auf den mathematischen Grundlagenstreit, sondern im Prinzip auch auf Krisenerscheinungen und Kontroversen in anderen Wissenschaften. Sie kann aber, wenn man sie akzeptiert, zur Überprüfung mathematikhistorischer Thesen über Krisen und Grundlagenkrisen dienen. Bei der Kritik, die diese Definition mehrfach erfahren hat, ist durchwegs übersehen worden, daß in ihr von der Anmeldung „*begründeter* Zweifel" die Rede ist. Wie läßt sich darüber befinden?

Was überhaupt als begründet gelten darf und was nicht, darüber herrscht in der Wissenschaftstheorie Streit, fast seit es diese Teildisziplin der Philosophie gibt. Ich selbst finde für die uns hier interessierende Frage den Standpunkt am überzeugendsten, den in neuerer Zeit Paul Lorenzen vertreten hat. Was in der Mathematik „begründen" heißt, zeigt eine Besinnung darauf, wie wir (in *inhaltlichen Beweisen*!) die Begründung komplexer mathematischer Aussagen auf die Begründung einfacher gebauter Aussagen zurückführen. Wir gelangen, nachdem wir durch „Abbau" der logischen Verknüpfungen zu den Primaussagen der betreffenden mathematischen Disziplin gekommen sind, zu Herstellungsvorschriften für mathematische Objekte, genauer, zu Herstellungsvorschriften für einfache oder komplexe Zeichen, zwischen denen Äquivalenzrelationen so erklärt werden können, daß wir die Prädikation bezüglich dieser Relationen invarianter Eigenschaften von unseren Zeichen als Prädikation von (dann meist anders benannten) Eigenschaften von durch sie „dargestellten", „abstrakten" Gegenständen ausdrücken können. Herstellungsvorschriften sind etwa die Zählzeichenregeln

$$\Rightarrow |\, , \, n \Rightarrow n|$$

und die Regeln zur Herstellung arithmetischer Gleichungen

$$\Rightarrow |=|\, , \, m = n \Rightarrow m| = n|.$$

Primaussagen dieser Art können wir dann wieder logisch zusammensetzen – wir brauchen dazu natürlich eine Begründung der Logik, die dann auch eine Begründung z.B. des arithmetischen Induktionsprinzips erlaubt und durch weitere Abstraktionsschritte die Einführung von Brüchen, Funktionen, Mengen (!) usw. Entscheidend ist bei all diesen Schritten die Darstellbarkeit aller Abstrakta durch Terme. Man sollte nicht verschweigen, daß bei Befolgung dieser Forderung nicht mehr alle Begriffsbildungen und damit auch nicht alle Sätze der all-

Gibt es noch eine Grundlagenkrise der Mathematik? 69

gemeinen Mengenlehre Cantorschen Stils begründbar sind, z.B. nicht mehr die üblichen Sätze über Potenzmengen unendlicher Mengen. Was man unter Befolgung der Darstellbarkeitsforderung dennoch an Mathematik aufbauen kann, hat in zwei unterschiedlichen Ansätzen Paul Lorenzen gezeigt. In einem Aufbau der „operativen" Logik und Mathematik[17] wird auf die oben genannten Herstellungsregeln zurückgegangen und es werden Sätze aus ihren Eigenschaften gewonnen. Ich will Ihnen eine Äußerung Hermann Weyls nicht vorenthalten, die aus einem nur teilweise und an verstecktem Ort publizierten Brief an Lorenzen stammen. Weyl schreibt am 23. September 1955 an Lorenzen:[18]

> Lieber Herr Lorenzen, [...] In der Zwischenzeit habe ich mich eingehend mit Ihrem Buch beschäftigt, und bin aufs Tiefste davon beeindruckt. Ihr „operativer" Standpunkt scheint wirklich auf die natürlichste und glücklichste Weise formale Konstruktion innerhalb des Kalküls mit inhaltlichen Überlegungen, die zur Einsicht in Ableitbarkeit, Zulässigkeit etc. führen, zu kombinieren. [...] [Hilbert] betonte den Formalismus des Kalküls; sein Programm eines Beweises der Widerspruchslosigkeit war einleuchtend und in den ersten Stadien versprechend; man mußte erst die Erfahrung der Schwierigkeiten machen, die diesen Angriff so gut wie hoffnungslos erscheinen lassen, bevor man bereit war, andere Wege – Ihren Weg zu gehen. Mir geht es so, daß ich nach langen Jahren der Resignation endlich wieder offenen Himmel sehe. Ich bin froh, daß ich das noch erlebt habe. Nehmen Sie noch einmal meine herzlichsten Glückwünsche entgegen für das von Ihnen vollbrachte Werk!

Etwa zehn Jahre später hat Lorenzen dann eine zweite, vereinfachte Art des Aufbaus der wesentlichen Teile der klassischen Analysis vorgenommen und wiederum in einer Monographie vorgelegt.[19] Diese ist „dem Andenken an Hermann Weyl gewidmet", und das Vorwort sagt, weshalb. Nunmehr liege eine Begründung der Analysis vor, die nicht mehr auf die Konstruktion „höherer Sprachschichten" zurückzugreifen braucht. Da dies eine Wiederaufnahme der Vorstellungen Weyls in dessen früher Schrift *Das Kontinuum. Kritische Untersuchungen über die Grundlagen der Analysis* von 1918 ist, hat Lorenzen sein Buch dem Andenken Weyls gewidmet. Das Tertium non datur wird, da nachweislich widerspruchsfrei verwendbar, als „fiktiv" zugelassen, die Darstellbarkeitsforderung aber wird konsequent befolgt. Die dadurch nötigen Modifikationen klassischer Sätze (z.B. des Satzes von der oberen Grenze) berühren den Inhalt der Analysis nicht und erscheinen mir in mehreren Fällen sogar als Präzisierungen und Erhellungen des von den klassischen „Entdeckern" dieser Sätze intendierten Sinnes. Dennoch verzichtet man bei diesem Weg auf manches, was heute in der Mathematik als „wesentlich" gilt – der Preis dafür, daß das, was man behält, nun wirklich Anspruch darauf machen kann, begründetes mathematisches Wissen zu sein. Damit will ich keinen dogmatischen Standpunkt propagieren, sondern nur klarstellen, was *ich* unter „Begründung" und damit unter „begründeter Kritik" in meiner Definition von „Grundlagenstreit" verstehe.

Dies erlaubt mir nun ein Fazit. Soziologisch betrachtet, ist heute nicht nur nirgends ein mathematischer Grundlagen*streit* zu sehen, es fehlt auch gänzlich ein Phänomen einer Grundlagen*krise* der Mathematik. Insofern ist meine Titelfrage negativ zu beantworten. Die Antwort würde aber völlig mißverstehen, wer sie so deuten wollte, als gebe es keine Mängel in den Grundlagen der Mathematik mehr. Es gibt sehr wohl ungelöste Grundlagen*probleme*. Einerseits sind imprädikative Begriffsbildungen nach wie vor gang und gäbe, andererseits fehlt ein Widerspruchsfreiheitsbeweis noch immer. Erscheinungen wie die Proklamation, Mathematik *habe* gar keine Grundlagen, oder eine „mathematische Erfahrung" erübrige jeden Widerspruchsfreiheitsbeweis, scheinen mir eher für ein Bewußtsein weiterbestehender Defizite zu sprechen, die man ebenso bewußt ignoriert. Eine Krise oder gar Grundlagenkrise ist das auch nach meinem Sprachgebrauch nicht, und insofern gebe ich auf die Frage im Titel meines Vortrags tatsächlich eine negative Antwort. Das mir wichtigere Fazit meiner Überlegungen allerdings lautet: es besteht dennoch kein Grund zur Beruhigung.

Anmerkungen

1. Manfred Riedel: „Geisteswissenschaften. Grundlagenkrise und Grundlagenstreit". Sonderbeitrag zu *Meyers Enzyklopädisches Lexikon*, Band 9 (Mannheim/Wien/Zürich 1973), 838–843; wieder in: *Forum heute. 50 maßgebende Persönlichkeiten zu 50 grundlegenden Themen unserer Zeit* (Bibliographisches Institut: Mannheim/Wien/Zürich 1975), 293–298.
2. Dirk van Dalen: „Why Constructive Mathematics?". In: W. DePauli-Schimanovich/E. Köhler/F. Stadler (eds.), *The Foundational Debate. Complexity and Constructivity in Mathematics and Physics* (Kluwer: Dordrecht/Boston/London 1995; *Vienna Circle Institute Yearbook*, 3), 141–157, Zitat S. 141. Bei der „Königsberger Konferenz" handelt es sich um die „Zweite Tagung für Erkenntnislehre der exakten

Gibt es noch eine Grundlagenkrise der Mathematik? 71

Wissenschaften", vgl. den Bericht in *Erkenntnis* 2 (1931).
3. Hermann Weyl: „Über die neue Grundlagenkrise der Mathematik", *Mathematische Zeitschrift* 10 (1921), 39-79. Wiederabgedruckt in: *Selecta Hermann Weyl*, Basel/Stuttgart 1956, 211-247, mit einem „Nachtrag Juni 1955" auf S. 247-248, sowie separat Darmstadt 1965; ferner in Band 2 der *Gesammelten Abhandlungen*, ed. K. Chandrasekharan, Berlin-Heidelberg-New York 1968, 143-179 (der „Nachtrag Juni 1955" dort auf S. 179-180).
4. A.a.O., 39.
5. Hermann Weyl: *Das Kontinuum. Kritische Untersuchungen über die Grundlagen der Analysis*, Leipzig 1918, repr. 1932 und New York o.J. [1960].
6. David Hilbert, „Neubegründung der Mathematik. Erste Mitteilung", *Abhandlungen aus dem Mathematischen Seminar der Hamburger Universität* 1 (1922), 157-177. Wiederabgedruckt in: *Hilbertiana. Fünf Aufsätze von David Hilbert*, Darmstadt 1964, 12-32, Zitat S. 14.
7. Otto Hölder, „Der angebliche circulus vitiosus und die sogenannte Grundlagenkrise in der Analysis", *Berichte über die Verhandlungen der Sächs. Akademie der Wissenschaften zu Leipzig, Math.-phys. Klasse* 78 (1926), 243-250. (Die im Haupttext vorgenommenen Hervorhebungen im Titel stammen von mir, C.T.).
8. Georg Cantor, „Über eine elementare Frage der Mannigfaltigkeitslehre", *Journal für die reine und angewandte Mathematik* 79 (1890/91), 75-78.
9. Adolf [Abraham] Fraenkel, „Zum Diagonalverfahren Cantors", *Fundamenta Mathematicae* 25 (1935), 45-50.
10. Ich folge dabei meiner Darstellung in *Philosophie und Mathematik. Eine Einführung in ihre Wechselwirkungen und in die Philosophie der Mathematik* (Wissenschaftliche Buchgesellschaft: Darmstadt 1995), 315f.
11. David Hilbert, „Über das Unendliche", *Mathematische Annalen* 95 (1926), 161-190.Wiederabgedruckt in: *Hilbertiana. Fünf Aufsätze von David Hilbert,* Darmstadt 1964, 79-108, die Zitate dort auf S. 88 bzw. 87.
12. Adolf Fraenkel: *Einleitung in die Mengenlehre* (Julius Springer: Berlin [3]1928), 210.
13. Vgl. David Hilbert / Wilhelm Ackermann, *Grundzüge der theoretischen Logik* (Julius Springer: Berlin 1928), 80.
14. David Hilbert / Paul Bernays: *Grundlagen der Mathematik* II (Julius Springer: Berlin 1939, Berlin/Heidelberg/New York [2]1970), VII.
15. Herbert Mehrtens: *Moderne Sprache Mathematik. Eine Geschichte des Streits um die Grundlagen der Disziplin und des Subjekts formaler Systeme* (Suhrkamp: Frankfurt am Main 1990), 8.
16. Christian Thiel: „Grundlagenstreit", *Historisches Wörterbuch der Philosophie* 3 (G-H), Schwabe & Co.: Basel/Stuttgart und Wissenschaftliche Buchgesellschaft: Darmstadt, 1974, Sp. 910-918.
17. Am ausführlichsten dargestellt in Lorenzens *Einführung in die operative Logik und Mathematik*, Springer: Berlin/Göttingen/Heidelberg 1955, Berlin/Heidelberg/New York [2]1969.
18. Zitiert nach Rudolf Leupold: *Die Grundlagenforschung bei Hermann Weyl*, Phil. Diss. Mainz o.T. [1961], 237f.
19. Paul Lorenzen: *Differential und Integral. Eine konstruktive Einführung in die klassische Analysis*, Akademische Verlagsgesellschaft: Frankfurt a.M. 1965 (engl. *Differential and Integral. A Constructive Introduction to Classical Analysis*, University of Texas Press: Austin/London 1971).

GISELHER GUTTMANN

DIE MESSBARKEIT DES ERLEBENS UND DER IRRTUM MIT DEM ICH

Was ist das: Psychologie?

„So viele Psychologien nebeneinander wie heute, so viele Ansätze auf eigene Faust, sind wohl noch nie gleichzeitig beisammen gewesen. Man wird mitunter an die Geschichte vom Turmbau zu Babel erinnert", stellt Karl Bühler[1] fest. Man kann auch heute dieser resignierenden Feststellung nur vorbehaltlos zustimmen und sie als eine prophetische Aussage bezeichnen. Betrachten wir etwa die Psychotherapie, so begegnet uns eine unüberschaubare Vielzahl von heterogenen Schulen, die in immer kürzeren Intervallen neue Spielformen (oder zumindest Bezeichnungen für solche) hervorbringen. Bühlers Aussage hat offenbar heute noch höhere Aktualität als vor 70 Jahren – leider aber nicht der Schlußsatz, mit dem er den genannten Artikel ausklingen lässt:

> Heute denke ich nicht an Krise und Kritik, sondern an das Positive, das verstreut überall enthalten ist und an die Zukunft. Es ist, so wage ich zu hoffen, die Zeit nicht fern, wo man die noch bestehenden Schulschranken überwindet und gemeinsam an einer neuen Axiomatik der Psychologie arbeitet.

Stellt sich jedoch nicht eher, wie Benetka in seinen Reflexionen über den Kuhnschen Ansatz feststellt, die Frage,

> [...] ob ein Fach, das in konkurrierende Schulen mit völlig unterschiedlichen „wissenschaftlichen Konzeptionen" zerfällt, überhaupt noch die Bezeichnung „einzelwissenschaftliche Disziplin" verdient?[2]

Warum sind wir heute weiter als je zuvor von der erhofften „neuen Axiomatik" entfernt, die „Schulschranken überwindet"?

Greifen wir eines der zahllosen Probleme heraus, dessen nähere Betrachtung uns eine Antwort auf Benetkas Frage liefern könnte: Fast unser ganzes Jahrhundert hindurch blieb es eine viel diskutierte Streitfrage, auf welche Weise man entdecken kann, wie die „Anatomie der Intelligenz" beschaffen sei. Einige Forscher fanden sieben, andere gar 120 Dimensionen, obgleich daneben auch heute noch sogar über die These aus der Frühzeit diskutiert werden darf, daß man im Grunde doch nur von einer einzigen Begabungsdimension ausgehen sollte.

Was sollen wir also etwa von der Frage halten, ob Raumvorstellung „wirklich" eine andere Intelligenzdimension als Sprachbeherrschung ist? Ist sie Musterbeispiel dafür, daß die Psychologie (oder zumindest einige ihrer Vertreter) die eigenen Erfindungen für Entdekkungen halten, also eine andauernde Ontologisierung von Konzepten vornehmen? Im Hinblick auf die Frage nach der Sinnhaftigkeit von Kontroversen der genannten Art scheint es unerläßlich, nach einer klaren Antwort zu suchen – wofür offenbar lange Zeit hindurch keine große Bereitschaft bestand.

Der Grund hiefür mag vielleicht die Sorge gewesen sein, daß aus dem Einnehmen einer konstruktivistischen Position ein „anything goes" folgen würde und man die Errungenschaften eines Faches in Frage stellen würde, dem man endlich einen Platz unter den objektiv messenden, empirischen (Natur?)Wissenschaften eingeräumt hat.

> Die Empfindung ist flüchtig; und die Unterschiede zwischen zwei aufeinanderfolgenden, von gleichen Reizen ausgehenden Empfindungen sind so subtil und so schwer in präzisen Ausrücken zu beschreiben [...]

stellt Hubert Rohracher[3] noch 1937 fest. Wurde die Psychologie nicht gerade dadurch zu einem angesehenen Fach, daß sie Methoden entwickelte, mit deren Hilfe eben diese flüchtigen Phänomene quantifiziert und gemessen werden können?

Beschränken wir uns zur genaueren Beleuchtung dieser Frage auf ein einfaches Beispiel für psychologische Messungen und überlegen wir, auf welche Weise man das scheinbar simple Phänomen „erlebte Lautstärke" zu messen versuchte. Denn an diesem Problem, das an der Wiege der Experimentalpsychologie stand, läßt sich im historischen Rückblick eine entscheidende Ursache für die seltsame Entwicklung unseres Faches mit grosser Klarheit aufzeigen: Nämlich die Tatsache, daß sich in der Psychologie, sobald sie sich im vorigen Jahrhundert als Einzelwissenschaft abzugrenzen begann, ein starker, tonangebender Flügel an der damaligen Führungswissenschaft „Physik" orientiert hatte. Leitidee war für sie das dem naturwissenschaftlichen Paradigma nachempfundene Experimentieren, Messen und Objektivieren. Werfen wir zur Illustration dieser Grundhaltung einen genaueren Blick auf einen der Grundpfeiler moderner Experimentalpsychologie, auf Gustav Theodor Fechners „Psychophysik"[4], in der das zentrale Forschungsziel prägnant umrissen wird, nämlich „[...] eine exakte Lehre von den funktionellen oder Abhängigkeitsbeziehungen zwischen Körper und Seele, allgemeiner zwischen körperlicher und geistiger, physischer und psychischer Welt [...]" [*Elemente* I, S. 8] zu begründen.

Hiezu muß er natürlich zunächst ein „Maß des Psychischen", sowie eine „Maßeinheit" und „Maßmittel und das Maßverfahren" festlegen, wobei ihm die dabei auftretende Problematik zweifellos bewußt war. Denn er stellt fest: „Es wird niemals möglich sein, eine Empfindung unmittelbar so über die andere zu legen, daß ein Maß der einen durch die andere erwüchse" [*Elemente* I, S. 57]. Gleichwohl bietet er kurz danach den entscheidenden Kunstgriff an: Mithilfe von geeigneten Reizen, von denen die Versuchsperson angibt, einen eben merklichen Unterschied wahrzunehmen, wird durch einen Münchhausen-Kunstgriff die Objektivierung des subjektiven Erlebens zuwege gebracht, indem die relative Unterschiedsschwelle zur Elle der Erlebnisintensität erklärt wird. Dabei war Fechner wohl bewußt, daß damit die gesamte Verantwortung auf der Annahme der Gleichheit jener „eben merklichen Unterschiede" (just noticeable differences, j.n.d.'s) liegt. Denn er stellt etwas weiter unten fest:

> Die Ausführung des Maßes auf Grund dieser Bestimmungen setzt voraus, daß wir die Gleichheit von Empfindungen und Empfindungsunterschieden unter verschiedenen Umständen wirklich genau zu beurtheilen und zu constatiren vermögen, was für den ersten Augenblick nicht ganz leicht scheint. [*Elemente* I, S. 70].

Und die Lösung dieses Problems wird auch nach längerer Betrachtung nicht leichter. Als sich S.S. Stevens[5] fast 80 Jahre später in der ersten geschlossenen Darstellung seiner Skalierungstheorie mit dieser Frage auseinandersetzt, sucht er den empirischen Nachweis zu führen, daß

> [...] summating the same number of DL's for two tones of different frequency does not yield equal loudnesses. Work on equal sense-distances also failed to confirm Fechner's assumption, but suggested that the DL's at high intensities are subjectively larger than those at low intensities, although it could not be said how much larger. [Stevens 1936, S. 412].

Fast genau ein Jahrhundert nach der Erstauflage von Fechners „Elementen" stellt Stevens[6] schließlich in einer umfassenden Übersicht über die „direkten Methoden" in der Psychophysik fest, daß die Größe der j.n.d's nicht konstant ist und sogar in einer Gleichung ausgedrückt werden kann, von der er feststellt: „The equation tells us that instead of being constant as Fechner assumed, the subjective size of the j.n.d. grows as an exponential function of the number of j.n.d.'s above threshold." (Stevens 1957, S. 172).

In all diesen Überlegungen, die man ein Jahrhundert lang über die Grösse von subjektiven Erlebniseinheiten angestellt hatte, wurde offenbar die Problematik eines Größenvergleichs von eben merklichen Erlebnisinkrementen beiseitegeschoben. Die Kontroverse zwischen „klassischer" und „moderner" Psychophysik wird reduzierbar auf die Feststellung der jeweils bevorzugten Annahme über die Konstanz der j.n.d's und verliert ihren Problemcharakter, sobald wir erkennen, daß wir nicht Objekte der Lebenswelt vor uns haben, über deren Größe man mithilfe physikalischer Meßmethoden verbindliche Aussagen machen kann, sondern daß wir über Erlebniseigenheiten sprechen, auf die eine solche Metrik nicht unmittelbar anwendbar ist. Verdeutlichen wir uns das Problem durch die Vorstellung, daß wir ein Päckchen von wenigen Gramm und einen schweren Koffer, den wir eben noch zu heben vermögen, jeweils mit einer eben merklichen Zusatzlast versehen – mit welcher Elle wollen wir diese beiden „eben merklichen" Erlebnisunterschiede messen?

Wir können natürlich Annahmen treffen, zum Beispiel, daß diese Unterschiede immer als gleich groß anzusehen sind. Ist diese Setzung vorgenommen, lassen sich, auf ihr aufbauend, Intensitätsskalen konstruieren, durch welche verbindliche Aussagen darüber möglich werden, was Personen im Durchschnitt höchst wahrscheinlich über die Lautstärke von bestimmten Tönen angeben werden, sodaß daraus eine Reihe von praktischen Nutzanwendungen abgeleitet werden kann. Doch ebenso legitim wäre es, zu einem anderen Reißbrett zu gehen und etwa zu postulieren, daß diese eben merklichen Unterschiede gesetzmäßig von der jeweiligen Reizstärke abhängen. Die auf einem solchen Konzept aufgebauten Skalen werden – mehr oder weniger deutlich – von den erstgenannten abweichen, aber gleichfalls als Grundlage zur Einschätzung der Intensitätswahrnehmung von Tönen dienen können. Der Alltag der gegenwärtigen Schallmessung bestätigt diese Feststellung, in welchem uns nach wie vor ebenso Phon als ein Fechnerscher Gruß begegnet wie die Stevenssche Sone-Metrik.

Die Bedeutung und Sinnhaftigkeit quantitativer Methoden soll damit keineswegs grundsätzlich in Frage gestellt werden. Viele wertvolle Anwendungen beruhen auf ihnen und haben der Psychologie einen festen Platz in der Reihe der praxisrelevanten Wissenschaften gesichert. Doch ist durch ihre einseitige hohe Wertschätzung in zunehmendem Maß ein anderer Zweig der Psychologie in Mißkredit geraten, der nicht auf Experiment und Quantifizierung setzte, sondern auf einfühlendes Beobachten und verstehendes Interpretieren. Immer ausschließlicher wurde zur einzig legitimen wissenschaftlichen Fragestellung erklärt, was der experimentell-empirischen Methodik zugänglich war.

Das Mißliche an dieser Entwicklung ist, daß es sich dabei nicht lediglich um einen theoretischen Paradigmenstreit handelt, sondern daß durch diese Monopolisierung der quantitativen Techniken in zunehmendem Maße aktuellste Probleme der Lebenswelt aus der Forschungsaktivität ausgeblendet wurden, während man sich mit grossem experimentellen Aufwand und dem methodischen Regelwerk folgend Fragen von gelegentlich bemerkenswerter Banalität widmete. Eingedenk der grundsätzlichen Problematik des Messens von psychischen Größen sollte diese Aufspaltung der Psychologie in einen geisteswissenschaftlichen und einen naturwissenschaftlichen Zweig ehestens wieder aufgehoben und jedenfalls das Dikat des Quantifizierens aufgegeben werden. Denn wir bestimmen, bei aller methodischen Kunstfertigkeit, letztlich immer nur auf Verhaltensniveau verankerte Kenngrößen, welche den Vergleich eines Individuums mit einem geeigneten Bezugskollektiv ermöglichen. Dem subjektiven Erleben kommen wir auf diese Weise nicht näher, der „objektive Zugang zum Fremdpsychischen", wie Hubert Rohracher dieses eigentliche Ziel poetisch zu umschreiben pflegte, bleibt uns verwehrt.

Der „objektive Blick ins Erleben"

Von einer ganz wunderbaren Möglichkeit hatte freilich schon Gustav Theodor Fechner geträumt, indem er meinte, daß es einmal möglich sein werde, über die biologischen Grundlagen des Erlebens einen Zugang zum Psychischen zu erschließen. Dieser kühnen Idee, die im 19. Jahrhundert als ein utopisches Konzept erscheinen mußte, schien man tatsächlich in den 20er-Jahren unseres Jahrhunderts näherzukommen:

Am 6. Juli 1924 beobachtete der Psychiater Hans Berger, daß das menschliche Gehirn schwache elektrische Spannungsschwankungen von wenigen Millionstel Volt produziert. Registriert man sie mit geeigneten Verstärkern, so erhält man das „Hirnstrombild" (Elektroenzephalogramm, EEG) eines Menschen. Erst 1929 wagte Berger die erste Publikation seiner Entdeckung, so unsicher war er, ob diese an der Grenze der Meßbarkeit liegenden Potentiale als eine echte bioelektrische Aktivität anzusehen seien. Doch schon wenige Jahre nach dem Erscheinen dieser Arbeit begann sich Hubert Rohracher für dieses Phänomen zu interessieren, baute in Wien gemeinsam mit Ottenthal einen funktionstüchtigen Röhrenverstärker und konnte bereits in den 30er-Jahren den Nachweis führen, daß das EEG in ganz wundersamer Weise kleinste Veränderungen unserer Bewußtseinslage widerspiegelt: Sind wir konzentriert (er ließ seine Versuchspersonen beispielsweise Rechenaufgaben lösen), treten kleine, rasche Wellen auf. Im Zustand gedankenleerer Entspanntheit dominieren hingegen langsamere Schwingungen, die schon Berger wegen ihrer bemerkenswerten Regelmäßigkeit als „alpha-Wellen" bezeichnet hatte.

Schläft eine Person ein, wird dies, wie Rohracher erstmals zeigen konnte, gleichfalls an einer markanten Veränderung des Elektroenzephalogramms durch das Auftreten von noch langsameren und größeren Wellen sichtbar, die sich mit der jeweiligen Schlaftiefe gesetzmäßig ändern. Somit erhalten wir objektive Daten über die jeweilige Bewußtseinslage und können beispielsweise die aktuelle Schlaftiefe erkennen, die naturgemäß der Selbstbeobachtung entzogen bleibt. Ein entscheidender Schritt in Richtung einer neuen „objektiven Psychologie" schien gelungen, und die Problematik einer ausschließlich auf Introspektion begründeten Psychologie lösbar zu werden. Und schon 1937 beginnt Rohracher[7] den bemerkenswerten Versuch, einen Zugang zum Erleben über die hirnelektrische Ebene zu erschließen. Bald kann er feststellen:

> [...] die Ableitungen unter verschiedenen Versuchsbedingungen haben ergeben, daß zwischen dem Verhalten der gehirnelektrischen Potentiale und dem körperlichen und geistigen Geschehen bestimmte Beziehungen bestehen.

Und in einer rückschauenden Zusammenfassung seiner seit 1935 erschienenen Arbeiten zum EEG resumiert Rohracher:[8] „[...] dabei lassen sich auch die Zusammenhänge zwischen den gehirnelektrischen Erscheinungen und den psychischen Vorgängen klar und präzis darstellen."

Es waren seine Gedanken also offensichtlich schon damals von dem Zentralproblem geleitet, für das er in seiner „Selbstdarstellung" die kürzelhafte Formel: „Entstehung bewußter Erlebnisse aus organischen Prozessen" aufstellte und suchte, wie er in derselben Publikation weiter unten formuliert, „[...] die gehirnelektrischen Prozesse, die dem bewußten Erleben zugrunde liegen".

Tatsächlich unternahm er schließlich sogar den Versuch, hirnelektrische Begleiterscheinungen von spezifischen Erlebnisinhalten sichtbar zu machen und nach den Auswirkungen eines Sinnesreizes auf das EEG zu suchen. Die Pionierarbeiten Rohrachers konnten allerdings nicht von Erfolg gekrönt sein, da es, wie wir in der Rückschau feststellen können, zur Erfassung dieser Potentiale der Computerunterstützung bedarf, die erst in den 60er-Jahren zur Verfügung stand. Durch Ausmitteln einer ausreichend großen Zahl von Reizantworten wird ein Potential sichtbar, das in seiner Verlaufsform offensichtlich von den Reizeigenheiten abhängt und sich beispielsweise mit der Intensität so streng gesetzmäßig ändert, daß Rückschlüsse auf das Erleben des Betreffenden, also „objektive Sinnestüchtigkeitsprüfungen" möglich werden. Ich selbst konnte mitarbeiten, als in Wien an der damaligen II. HNO-Klinik von Prof. Burian erstmals die Möglichkeit genützt wurde, mit Hilfe dieser Potentiale die Hörfähigkeit eines Menschen zu überprüfen und man ein Labor zur EEG-Audiometrie (Computer-Audiometrie) einrichtete.

In der Folgezeit wurden zahlreiche andere Nutzanwendungen dieser Wahrnehmungspotentiale erschlossen, mit deren Hilfe auch schwierig zu klassifizierende Empfindungen, wie beispielsweise das Schmerzerleben, objektiv überprüft werden konnten. Mich selbst hat dabei jedoch von Anfang an die Frage beschäftigt, ob diese Potentiale nun einfach ein letztes Abbild des Reizgeschehens sind und wir gewissermaßen auf höchst umständliche Weise aus hirnelektrischen Erscheinungen rekonstruieren, was aus der Umwelt auf unsere Sinnesorgane wirkt, oder ob sie mit dem Erleben korrespondieren, also als ein Korrelat des Psychischen angesprochen werden dürfen.

Ende der 60er-Jahre gelang mir schließlich der Nachweis, daß die durch akustische Reize ausgelösten Hirnrindenpotentiale tatsächlich mit dem aktuellen Erleben eines Menschen übereinstimmen, auch wenn zwischen Reiz und Erleben eine beobachtbare Diskrepanz besteht. Bietet man zum Beispiel eine längere Serie von objektiv gleichen Reizen, so werden gelegentlich einzelne leiser, andere hingegen lauter erlebt. Eine selektive Analyse solcher „Diskrepanzsituationen" ließ erkennen, daß die Potentiale dabei dem Erleben entsprechen: Die hirnelektrischen Reizantworten auf die lauter wahrgenommenen Reize gleichen solchen, die von Tönen mit hoher Lautstärke evoziert werden, die leiser erlebten haben einen Verlauf, als wäre ein Reiz von geringerer Intensität dargeboten worden!

Die Wiener Schule hat sich in den letzten 20 Jahren insbesondere mit einem anderen hirnelektrischen Phänomen beschäftigt, das in der

EEG-Forschung bisher wenig beachtet wurde, weil seine Registrierung ungemein schwierig ist. Unser Gehirn ist nämlich, von den bisher besprochenen Potentialen abgesehen, einer Batterie vergleichbar, unterschiedlich stark elektronegativ aufgeladen, wobei die jeweilige Höhe dieses Gleichspannungspotentials (DC-Potentials) Ausdruck der Erregbarkeit einer bestimmten Hirnrindenzone zu sein scheint und ihre Funktionsbereitschaft anzeigt. In langjährigen Entwicklungsarbeiten ist es bei uns Herbert Bauer gelungen, neue Methoden zur Registrierung und Verstärkung solcher Potentiale zu entwickeln, mit deren Hilfe nun durch Ableitungen von der Kopfhaut die Gleichspannungsänderungen der darunterliegenden Rindenzone erfaßt werden können. Die Ladungsverteilungen liefern ein Bild der aktuellen Erregungsmuster des Gehirns während einer bestimmten geistigen Tätigkeit, und eine bildliche Darstellung macht Zonen einer erhöhten bzw. herabgesetzten Erregbarkeit der betreffenden Region sichtbar.

Als Beispiel für diesen Kennwert sei eine solche „Erregungslandkarte" beim Lösen von Raumvorstellungsaufgaben gezeigt, bei denen zwei Würfel verglichen werden mußten und die Versuchspersonen zu entscheiden hatten, ob der linke nach geeigneter Rotation dieselbe Ansicht bieten könne wie der rechte. Es zeigte sich, daß im Augenblick der Problemlösung neben einer starken Aktivierung der Sehrinde – Ausdruck der Betrachtung der Würfel – in der rechten Hemisphäre in genau dem Bereich eine merkliche Negativierung auftritt, der bekanntermaßen für die Raumorientierung zuständig ist.

Ein ganz anderes Bild bietet sich, wenn dieselben Personen sprachliche Aufgaben lösen mußten. Es war dabei die Richtigkeit von Aussagen folgender Art zu beurteilen: Vogel : Nest = Mensch : Wohnung. In der (ausschließlich an Rechtshändern durchgeführten) Untersuchung zeigte sich bei diesen Aufgaben eine eng begrenzte linkshemisphärische Aufladung in genau der Region, in welcher das Sprachzentrum liegt.

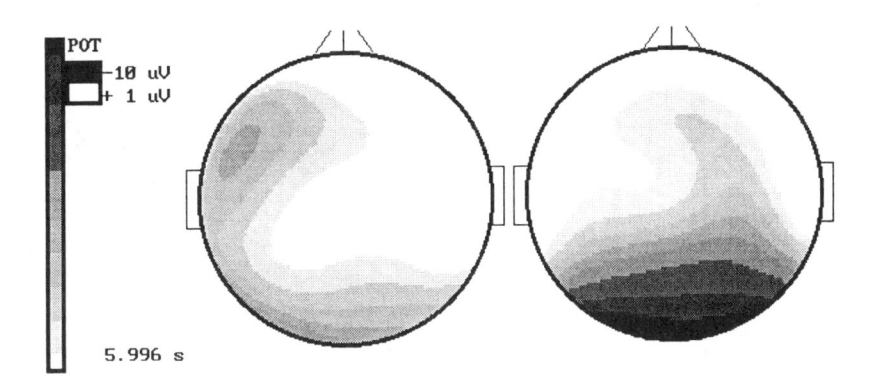

Abbildung 1: Die Verteilung der Gleichspannungspotentiale beim Lösen von sprachlichen Aufgaben (linkes Bild) und beim Bearbeiten von Problemen, die Raumvorstellung erfordern (rechtes Bild). Die dunklen Zonen zeigen Bereiche mit hoher elektronegativer Aufladung an.

Auch sehr rasche Veränderungen der Potentialverteilung, die innerhalb von Sekundenbruchteilen auftreten können, lassen sich mit unserer Technik beobachten, während andere bildgebende Verfahren von unbestritten großer Bedeutung wie die Positronen-Emissions-Tomographie nur den Funktionszustand des Gehirns über einen längeren Zeitraum hinweg (meist im Minutenbereich) erkennen lassen. Auch sind diese DC-Registrierungen nicht, wie andere bildgebende Verfahren, auf das Labor beschränkt. So haben wir beispielsweise im Rahmen einer Feldstudie die Registriergeräte sogar in einem Ralley-Auto installiert und mit bemerkenswerten Resultaten die hirnelektrischen Veränderungen von Lenker und Beifahrer während des Durchfahrens eines Hochgeschwindigkeitskurses studieren können.

„Veränderte Bewußtseinszustände", über die eine Versuchsperson ganz offensichtlich überhaupt keine unmittelbaren Erlebnisberichte abgeben könnte, stellen ein besonders überzeugendes Beispiel für die Einsatzmöglichkeiten dieses „Zugangs zum Psychischen" dar. Als Beispiel sei eine unserer Hypnose-Studien herausgegriffen, in der nachgewiesen werden konnte, daß dieser Zustand keineswegs dem natürlichen Schlaf verwandt ist. Vielmehr kann es in Hypnose zum Aktivieren von eng umgrenzten kortikalen Zonen kommen, während gleichzeitig die Aktivität aller übrigen Regionen gedrosselt wird. Durch eine solche „Spot-Aktivierung" wird auch durchaus verständlich, daß in hypnotisch suggerierter Schmerzunempfindlichkeit sogar respektable chirurgische Eingriffe vorgenommen werden können.

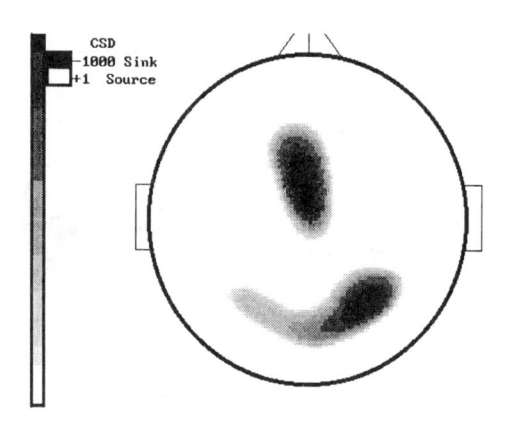

Abbildung 2: Spot-Aktivierung in der motorischen und optischen Region nach Suggestionen, durch die in Hypnose lebhafte Bewegungsvorstellungen angeregt wurden.

Auch die Erregungsverteilungen in anderen veränderten Bewußtseinszuständen wie Trance oder Meditation konnten wir mit dieser Technik untersuchen und an Personen mit langjähriger Erfahrung in Zen-Meditation das eindrucksvolle Ergebnis sichern, daß sogar unter Laborbedingungen kurz nach Beginn der Meditation eine globale und konstant bleibende Desaktivierung der gesamten Endhirnrinde auftrat, wie sie sonst nie in diesem Ausmaß zu beobachten ist und die perfekt dem vom Zen gewünschten Zustand der völligen Gedankenentleerung entspricht.

Haben wir somit endlich die Barriere des Fremdpsychischen überlistet und verhindert, daß die Psychologie die Kunst der einsamen Introspektion bleiben muß? Wahrnehmungspotentiale, die mit dem Erleben einer Person übereinstimmen (im Zweifelsfall sogar, wenn dieses in Diskrepanz zu den Reizeigenschaften steht), die somit als ein Korrelat des Psychischen anzusehen sind – haben wir mit ihrer Hilfe nicht endlich den „Blick ins Fremdpsychische" geschafft? Es bedarf wohl kaum einer eingehenden Erörterung, um daran zu erinnern, daß wir uns auch durch die elegantesten hirnelektrischen Untersuchungen niemals unmittelbar dem Psychischen nähern, sondern ausschließlich physiologische Daten mit Verhaltensbeobachtungen vergleichen. Wir beobachten Potentiale, die von Reizen evoziert werden, über welche Personen – soferne wir sie befragen und sie auch bereit und fähig sind, uns Auskunft zu geben – gemeinhin berichten werden, daß sie Töne mit bestimmten Eigenschaften gehört haben. Wir haben also im Grunde auf methodisch höchst elegante Weise Neuro-Behaviorismus betrieben – das Erleben aber erschließt sich selbstredend nach wie vor nur dem Erlebenden und für den psychischen Bereich gilt unverändert DuBois Reymonds „Ignorabimus"!

Doch halt: Ist es durch die hirnelektrischen Beobachtungen nicht gleichwohl möglich, die Korrektheit von psychologischen Konzepten zu überprüfen, auch wenn wir Abschied nehmen von der utopischen Möglichkeit eines „Zugangs zum Psychischen"? Unser Einstiegsbeispiel war die „wirkliche Intelligenzstruktur", die Zahl ihrer Grunddimensionen und die Frage, ob Raumvorstellung „wirklich" eine andere Intelligenzdimension sei als Sprachbeherrschung. Liefern nicht die eben beschriebenen DC-Potentialverteilungen dadurch eine überzeugende Antwort, daß uns bei entsprechenden Aufgabenstellungen zwei völlig verschiedene Erregungsverteilungen begegnen? Das aus rein psychometrischen Testuntersuchungen abgeleitete Modell der Intelligenz findet eine perfekte Entsprechung auf der physiologischen Ebene. Ist dies nicht ein zwingender Beweis für die These, daß es diese zwei Faktoren „wirklich" gibt? Die Validierung eines psychologischen Konzepts durch die Feststellung von Isomorphien zwischen der kognitiven und der physiologischen Ebene – ein Gedanke, der uns schon als Leitidee in der frühen Gestaltpsychologie begegnet: Zwei auf völlig unterschiedlichen Realitätsebenen beobachtete Phänomene bestätigen durch ihre wechselseitige Übereinstimmung unsere Modellvorstellungen!?

Gegen diese Feststellung ist nichts einzuwenden – bis auf das Wörtchen „bestätigen"! Was bedeutet es? Etwa, daß wir nun endlich erfassen können, wie die psychologischen Phänomene „wirklich" beschaffen sind? Haben wir uns von der Einsicht zu verabschieden, daß sie allesamt von uns geschaffene Abstraktionen sind, mit deren Hilfe wir eine Beschreibbarkeit des Bewußtseinsstroms zu ermöglichen suchen? Ist nun zu vergessen, was etwa Jodl[9] (im Geiste Brentanos) im Anschluß an seine Klassifikation der Bewußtseinstätigkeiten (Empfindungen, Gefühle und Strebungen) sagt, daß es nämlich lediglich „[...] drei verschiedene Formen und Erscheinungsweisen des allgemeinen Vorganges primärer psychischer Reaktion [...]" sind, von denen

„[...] bald die eine, bald die andere Seite mehr ausgeprägt ist oder von uns zum Zwecke wissenschaftlicher Betrachtung und logischer Abstraktion speziell herausgehoben wird".

Der beachtlichste Fortschritt, den ich in der Psychologie zu erkennen glaube, liegt ja wohl gerade in der Einsicht, daß wir all unsere Beschreibungskategorien für psychische Phänomene als mehr oder minder brauchbare Konstrukte anzuerkennen gelernt haben, von uns geschaffen, um zu beschreiben, vorherzusagen, zu ordnen und zu klassifizieren, wo dies für einen bestimmten Zweck notwendig erscheint. Während diese konstruktivistische Einsicht bei einem Teil der Fachvertreter große Begeisterung auslöste (die manchmal wohl auch auf dem Mißverstehen zu beruhen scheint, jegliche ontogenetische Entwicklung als Ausdruck konstruktivistischen Denkens anzusehen), hat sich ein anderer Teil dagegen entschieden verwahrt. In der Psychologie ist die Parole nach wie vor: „entdecken", unsere Einsichten sind keine Erfindungen! Nach einem Jahrhundert intensiver Bemühung, durch ein methodisches Regelwerk Verbindlichkeit herbeiführen zu können, wollen wir nicht in Beliebigkeit untergehen!

Ich denke, in dieser Frage können sich beide Gruppen treffen und einigen: Denn die Einsicht, daß wir konstruieren und davon Abstand nehmen, unseren Konstrukten ontologische Realität zuzusprechen, muß keineswegs dazu führen, daß jeder Vorschlag mit gleichem Gewicht versehen aufgenommen werden muß. Gerade der Zugang über zwei so unterschiedliche Realitätsebenen (Erlebensbeobachtung und Registrierung neurophysiologischer Prozesse) scheint einen bemerkenswerten Lösungsvorschlag zu liefern: Wenn sich für eine Konstruktion, die allein auf Daten der einen Ebene aufgebaut wurde und zunächst ausschließlich auf diese bezogen war, im anderen Bereich eine völlige Entsprechung der Klassen, Beziehungen und Gesetzmäßigkeiten erkennen läßt, dann ist sie offenbar eben dadurch vor allen unzähligen anderen Möglichkeiten ausgezeichnet, von denen keine einzige diese Korrespondenz zeigen wird. Von allen erdenklichen Erfindungen lassen wir uns diejenige patentieren, für die wir eine derartige Isomorphie zweier so unterschiedlicher Realitätsebenen nachweisen können.

Zur Illustration dieses Gedankens, den Begriff der Verbindlichkeit mit dem des Konstrukts zu vereinen, sei an dieser Stelle an das Relativitätspostulat Heinz von Foersters[10] gedacht: „Eine Hypothese, die sowohl für A als auch für B gültig ist, wird verworfen, wenn sie nicht auch für A und B gemeinsam gilt". Die anschaulichste Illustration für diese These ist wohl Heinz von Foersters kosmologisches Beispiel: Ist die Ansicht von Ptolemäus richtig, daß die Erde der Mittelpunkt des

Universums ist, um den die Sonne und alle Planeten kreisen oder hat Kopernikus die Wahrheit erkannt, der die Sonne in den Mittelpunkt rückt? Die Frage ist müßig, und es ist lediglich ein Problem des Rechenaufwandes, den man betreiben muß, um etwa mit Hilfe der einen oder der anderen Modellvorstellungen für praktische Zwecke Vorhersagen zu treffen. Auch dem Marsbewohner kann, ebensowenig wie dem Erdenmenschen, das Recht abgesprochen werden, seinen Planeten zum Mittelpunkt zu erklären. Doch dabei stoßen wir auf eine entscheidende Einschränkung: Erde und Mars können nicht *gleichzeitig* zum Mittelpunkt erklärt werden, sodaß für die Gemeinschaft der Mars- und Erdenbewohner nur die gemeinsame Annahme des heliozentrischen Systems zulässig ist.

Der Irrtum mit dem Ich

Ich denke, daß sich durch derartige Überlegungen die Zahl der Freunde des Konstruktivismus in der Psychologie vergrößern könnte und vielen die Einsicht akzeptabel erscheinen mag, daß Erfinden spannender und befriedigender sein kann als Entdecken. Vielleicht taucht kein Widerspruch gegen den Vorschlag auf, in Zukunft keine psychologische Aussage mit „Es gibt ... " einzuleiten. Doch ist zu vermuten, daß bei aller konstruktivistischen Begeisterung *eine* Ausnahme bestehen bleibt: Die Tatsache nämlich, daß *Ich* jetzt erlebe, und zwar eine Aussenwelt, die mir (wie immer meine erkenntnistheoretische Position – vom naiven Realismus bis zum Idealismus – beschaffen sein mag) als ein Nicht-Ich von physischen Objekten gegenübersteht. Daß an der Existenz dieses Ichs nicht zu zweifeln ist, auch wenn man die Philosophie als Kunst des Zweifelns betreibt und alles in Frage stellen will, wie etwa Descartes, bleibt das „Cogito, ergo sum" als die einzig tragfähige Gewißheit. Auch John Locke[11] sagt uns: „For nothing can be more evident to us, than our own Existence [...] If I doubt of all other Things, that very Doubt makes me perceive my own Existence, and will not suffer me to doubt on that."

Daß dieses Ich-Erleben (einmal rein psychologisch betrachtet) freilich keine Ur-Gegebenheit ist, sondern sich im Laufe der ontogenetischen Entwicklung herausbildet, ist eine Einsicht, die uns bei Autoren mit höchst unterschiedlichen Konzeptionen begegnet. So spricht etwa Sigmund Freud[12] in einem Amöben-Gleichnis von den variablen Grenzen des Ich, das expandieren und sich kontrahieren kann und alles eher ist als eine unveränderliche Selbstverständlichkeit:

Denken Sie an jene einfachsten Lebewesen, die aus einem wenig differenzierten Klümpchen protoplasmatischer Substanz bestehen. Sie strecken Fortsätze aus, Pseudopodien genannt, in welche sie ihre Leibessubstanz hinüberfließen lassen. Sie können diese Fortsätze aber auch wieder einziehen und sich zum Klumpen ballen. Das Ausstrecken der Fortsätze vergleichen wir nun der Aussendung von Libido auf die Objekte, während die Hauptmenge der Libido im Ich verbleiben kann, und wir nehmen an, daß unter normalen Verhältnissen Ichlibido ungehindert in Objektlibido umgesetzt und diese wieder ins Ich aufgenommen werden kann." [Freud 1916/17].

Noch deutlicher wird die Onto-Genese des Ich-Erlebens bei Jean Piaget[13] ausgesprochen, der J. Baldwin zitierend von einem „Adualismus" oder „Nicht-Dualismus" spricht, aus dem wir langsam in das „normale" Weltbild überwechseln. Über die Entwicklung der Kausalität sinnierend meint er an anderer Stelle: „[...] doch gibt es hier weder ein Ich-Bewußtsein noch eine Abgrenzung zwischen diesem Ich-Bewußtsein und der äußeren Welt." Und über die Beziehung zwischen Subjekt und Objekt stellt Piaget fest:

Nach landläufiger Auffassung ist die Außenwelt vom Subjekt völlig getrennt, obwohl sie den Körper des Subjekts mit einschließt [...] Folglich ist die Grenze zwischen Subjekt und Objekt keinesfalls von vornherein festgelegt und ebensowenig unveränderlich – was noch wichtiger ist. [...] Selbst diese einfachen Interaktionen formen ein so engmaschiges und unauflösliches Netz, daß die geistige Haltung des Säuglings wahrscheinlich „adualistisch" ist, wie J.M. Baldwin es genannt hat. Gemeint ist damit, daß der Säugling überhaupt nicht zwischen einer Außenwelt, die aus vom Subjekt unabhängigen Objekten zusammengesetzt ist, und einer Innen- oder subjektiven Welt unterscheidet.

Doch was bringt der Zweifel? Ist es nicht völlig müßig, an diesem so unbestreitbar scheinenden Fundament unserer Weltsicht zu rütteln? Ja, vielleicht schlimmer noch: Wäre es nicht das Spielen mit Bewußtseinszuständen, die in den Bereich des Psychopathologischen zu verweisen sind? Wäre der Zweifel an der Unbezweifelbarkeit des Ich nicht eine fatale Mischung von Nutzlosigkeit und Gefährlichkeit? Die Östliche Philosophie hat die im Westen nur selten in Frage gestellte Dualisierung in „Ich" und „Außenwelt" freilich immer als fundamentalste Fehldeutung angesehen, die uns verblendet und deren Irrigkeit erkannt werden muß, will man zu brauchbaren Einsichten gelangen. Die auf der Grundlage dieser Weisheitslehren beruhenden Regeln des menschlichen Zusammenlebens scheinen keineswegs Generationen von psychisch Stigmatisierten hervorgebracht zu haben. Gleichwohl – die Einsicht, daß auch die Subjekt-Objekt-Dualisierung Ergebnis einer Konstruktion ist, die jeder von uns in einer frühen Lebensphase vollzieht und die für die meisten eine Selbstverständlichkeit bleibt, über die nicht zu diskutieren ist – diese Einsicht zu akzeptieren, scheint gewaltigen Widerstand auszulösen.

Wer an dieser Selbstverständlichkeit rüttelt, findet freilich nicht leicht Zustimmung, wie sich schon an weit zurückliegenden Beispielen illustrieren läßt. So findet sich in David Humes[14] *Treatise of Human Nature* in der ersten Auflage eine bemerkenswerte Passage über diese Problematik. Er sagt:

> There are some philosophers who imagine we are every moment intimately conscious of what we call our SELF; that we feel its existence and its continuance in existence; [...] Unluckily all these positive assertions are contrary to that very experience, which is pleaded for them, nor have we any idea of self, after the manner it is pleaded for them, nor have we any idea of self, after the manner it is here explain'd.

In der zweiten, wie in allen folgenden Auflagen sind diese Sätze gestrichen. War es das Echo des verständnislosen Unwillens, das zu dieser Korrektur geführt hat?

Josef Mitterer[15], der in seinem bemerkenswerten Werk *Das Jenseits der Philosophie. Wider das dualistische Erkenntnisprinzip* den bewundernswerten Versuch unternimmt, eine „nicht-dualisierende Redeweise" zu entwickeln, schreibt im Vorwort seines 1993 erschienenen Werkes: „Diese Abhandlung wurde im wesentlichen in den Jahren 1973 bis 78 geschrieben. Die Reaktionen schwankten zwischen Verständnislosigkeit, freundlicher Ablehnung und ‚Einen Jux will er sich machen.'" Worauf er beschloß, „ [...] einem Vorschlag von Ludwig Wittgenstein aus den *Vermischten Bemerkungen* zu folgen: ‚Der Gruß der Philosophen untereinander sollte sein: Laß Dir Zeit'".

Ich möchte, zumindest was die Psychologie betrifft, diesem Rat respektvoll widersprechen und die Bitte hinzufügen, nicht allzu lange zuzuwarten! Denn gerade in jüngster Zeit begegnet uns eine Flut von Arbeiten zur Bewußtseinsproblematik, die nicht von Silvio Cecattos[16] wunderbarer Einsicht ausgeht, daß wir uns nicht stillschweigend auf das „Teocono-Spiel" (italienisch: Wissenschaftstheorie = theoria conoscitiva) einlassen sollten, nach dem die Subjekt-Objekt-Dualisierung als außerhalb jeder Diskussion stehende Fundamentaltatsache angesetzt wird. Vielmehr sollten wir sorgsam beachten, daß auch diese scheinbare Ur-Selbstverständlichkeit bereits Produkt einer Konstruktion ist und wir, wie bei allen unseren Konstrukten, darauf zu achten haben, von welchen Setzungen wir ausgingen und was als notwendige und triviale Konsequenz aus diesen Setzungen folgt.

Beenden wir das Teocono-Spiel, so erübrigen sich alle Evergreens des Leib-Seele-Problems, wie die Frage nach dem Fremdpsychischen oder die nun so moderne Bemühung, über die Neurowissenschaften das Bewußtsein zu enträtseln. Begegnet uns doch neuerdings gar der Vorschlag, es könnte – zumindest im Gedankenexperiment – jemand im Monitor auf eine kortikale Reizelektrode blicken, die eben an seinem eigenen Gehirn angelegt wurde und mit Einschalten des Stimulators betrachten, wie „aus Materiellem Psychisches wird".

Doch nicht nur als „Scheinproblem-Filter" wird sich diese Position eignen, obgleich sie schon beim Erfüllen dieser Aufgaben eine respektable Zahl von Arbeiten überflüssig machen dürfte. Eine „Bildkorrektur" des fundamentalen Mißverständnisses, die Dualisierung als Basis und unbestreitbare Grundtatsache anzunehmen, scheint, wie erste Erfahrungen zeigen, sogar höchst handfeste praktische Nutzanwendungen in der Psychotherapie zu ermöglichen, wo wir keineswegs mit einem solchen Eingriff in das Ich-Erleben „Psychose spielen", sondern vielmehr bei bestimmten Problemen einen neuen Zugang zur eigenen Lebenswelt zu erschließen vermögen. Jedenfalls sollte sich die Forschungsenergie wieder produktiven Fragestellungen zuwenden, anstatt die Konsequenz von Setzungen zu studieren, von denen nur vergessen wurde, daß wir selbst sie vorgenommen haben. Bislang scheint es nämlich in vielen Bereichen der Psychologie mit Carnaps[17] Worten so gegangen zu sein,

> [...] daß einer, der sich gewöhnt hat, bei jedem Donnerrollen sich einen grollenden Zeus vorzustellen, schließlich die Frage aufwirft, wie es wohl zu erklären sei, daß Zeus' Zorn und der Donner jedesmal zugleich auftreten.

Anmerkungen

1. Karl Bühler, (1927): *Die Krise der Psychologie.* Jena: G. Fischer.
2. Gerhard Benetka, (1995): *Psychologie in Wien. Sozial- und Theoriegeschichte des Wiener Psychologischen Instituts 1922-1938.* Wien: WUV, S. 75.
3. Hubert Rohracher, (1937a): „Die gehirnelektrischen Erscheinungen bei verschiedenen psychischen Vorgängen." *Pontificia Academia Scientiarum „Commentationes",* 1, 89-133.
4. Gustav Theodor Fechner. *Elemente der Psychophysik.* Leipzig: Breitkopf und Härtel.
5. S.S. Stevens, (1936): „A scale for the measurement of a psychological magnitude: loudness." *Psychological Review,* 43, 5, 405-416.
6. S.S. Stevens, (1957): „On the psychophysical law." *Psychological Review,* 64, 3, 153-181.
7. Hubert Rohracher, (1937a): „Die gehirnelektrischen Erscheinungen bei Sinnesreizen." *Zeitschrift für Psychologie,* 140, 274-308.
8. Hubert Rohracher, (1937b): „Die elektrischen Vorgänge im menschlichen Gehirn." *Zeitschrift für Psychologie,* 149, 209-279.
9. Friedrich Jodl, (1903): *Lehrbuch der Psychologie.* Stuttgart und Berlin. J.G. Cotta'sche Buchhandlung.
10. Heinz von Foerster, (1985): *Entdecken oder Erfinden? Wie läßt sich Verstehen verstehen?* München: Oldenburg.
11. John Locke, (1769): *Essay concerning Human Understanding.* London.
12. Sigmund Freud, (1916/17): „Vorlesungen zur Einführung in die Psychoanalyse." In ders., Studienausgabe, Bd. 1, Frankfurt a. M.: Fischer, 1989, S. 402.
13. Jean Piaget, (1985): *Meine Theorie der geistigen Entwicklung.* Frankfurt/Main: Fischer.
14. David Hume, (1886): *A Treatise of Human Nature.* London.
15. Josef Mitterer, (1993): *Das Jenseits der Philosophie. Wider das dualistische Erkenntnisprinzip.* Wien: Edition Passagen.
16. Silvio Cecatto, (1949): „Il Teocono" (Translation: Teocono or Of the Path that Leads to Truth). *Methodos,* Vol. 1, No. 1, Mailand.
17. Rudolf Carnap, (1961): *Der logische Aufbau der Welt. Scheinprobleme in der Philosophie.* Hamburg: Felix Meiner.

MICHAEL HEIDELBERGER

DER PSYCHOPHYSISCHE PARALLELISMUS: VON FECHNER UND MACH ZU DAVIDSON UND WIEDER ZURÜCK

In philosophischen wie nichtphilosophischen Darstellungen wird heutzutage der Ursprung des Leib-Seele-Problems überwiegend mit dem kartesischen Dualismus in Verbindung gebracht. Es wird die Meinung vertreten, daß erst durch Descartes' Aufteilung des Menschen (und damit der Welt) in die beiden einander ausschließenden Substanzen der *res extensa* und der *res cogitans* das philosophische Grundübel in die Leib-Seele-Philosophie gekommen sei.[1] Folgerichtig ist man fest davon überzeugt, daß sich das Problem nur lösen läßt, wenn man es an der Wurzel packt und konsequent Descartes' ontologischen Dualismus verwirft. Ein Herumdoktern an den Symptomen nach Art des Okkasionalismus oder der Leibnizschen Lehre von der prästabilierten Harmonie wird demgegenüber als metaphysisch suspekt und aussichtslos angesehen. Zwar ist inzwischen die Hoffnung, durch bloßen Anti-Cartesianismus ans Ziel zu kommen, etwas geschwunden, nachdem man feststellen mußte, daß die anfänglich so vielversprechende Kritik des Behaviourismus an Descartes nicht zum Ziel führte. Und auch mit der nächsten, von der Identitätstheorie hervorgerufenen großen Welle der Descartes-Kritik sind die Lösungen bis heute nicht so befriedigend ausgefallen, wie man sie gerne hätte. Die Überzeugung ist aber weiterhin stark, daß eine Lösung für das Leib-Seele-Problem zuallererst die Verwerfung des kartesischen Dualismus erfordert.

Die Hoffnung auf Lösung des Leib-Seele-Problems durch die Ablehnung der nichtphysischen Natur mentaler Phänomene verbindet sich mit einer ganz speziellen Sicht der Entwicklung der Leib-Seele-Philosophie. So liegt beispielsweise für Peter Bieri die Identität der die Diskussion seit den 60er Jahren bestimmenden *analytischen* Philosophie des Geistes gegenüber früheren Strömungen in den „Neuen Problemen", die durch die Zurückweisung des kartesischen Dualismus entstehen[2] und nicht, wie es doch naheliegender wäre, im „semantic ascent", in der methodischen Beachtung der sprachlichen Fassung der „traditionellen Probleme". Die Lösung der neuen Probleme erfordert zudem noch für Bieri, daß man die Phänomene naturalisiert.[3] Es wird also so getan, als ob der Anti-Cartesianismus vor allem das Werk der analytischen Philosophie des 20. Jahrhunderts wäre.

Mit diesen Bemerkungen möchte ich nicht eine besonders raffinierte Verteidigung des Cartesianismus einleiten, sondern von der Berichtigung dieses (meiner Meinung nach falschen und irreführenden) Bildes von der Geschichte der Leib-Seele-Theorie im 19. und 20. Jahrhundert ausgehend auch die Meinung vom πρωτον ψευδος (der Grundverwirrung) des Leib-Seele-Problems korrigieren. Es ist nämlich nicht so, daß die analytische Philosophie nur (oder wenigstens in der Hauptsache) traditionelle kartesische Theorien in der philosophischen Leib-Seele-Diskussion vorfand, der sie sich dann (heroisch) widersetzen konnte und mußte. Vielmehr nahm die analytische Diskussion von einer Richtung ihren Ausgang, die sich in entscheidender Hinsicht bereits vom Cartesianismus abgewendet hatte, dem psychophysischen Parallelismus. Der entscheidende Fehler der voranalytischen Leib-Seele-Theorie (wenn es denn einen gibt) kann also nicht in den kartesischen Voraussetzungen liegen, und die analytische Wende (wenn sie denn stattfand) nicht im antikartesischen Denken.

1. Die Grundmerkmale des psychophysischen Parallelismus

Der Parallelismus kann am besten eingeführt werden, indem man ihn von zwei Gegenpositionen abgrenzt. Da ist einmal der schon erwähnte Dualismus von Descartes, der die Beziehung zwischen Leib und Seele als das Verhältnis zweier Substanzen zueinander beschreibt – einer physischen und einer psychischen Substanz, die in ihrer Existenz prinzipiell voneinander unabhängig sind und beim Menschen nur kontingent in einen näheren Zusammenhang treten. Geistige Zustände sind nach dieser Auffassung Zustände der seelischen Substanz. Mit ihrer Veränderung treten geistige Ereignisse ein, und es laufen mit ihr geistige Vorgänge ab. Weitere Zustände oder Veränderungen kommen ihr nicht zu. Die geistige Substanz kann auf den lebendigen Leib kausal einwirken oder von ihm kausal beeinflußt werden, weswegen man Descartes' Position auch als (kausalen) Interaktionismus bezeichnet.

Die andere Gegenposition ist der reduktive Materialismus, der die psychischen Vorgänge und Zustände als physische Wirkungen physiologischer Ursachen im Leib ansieht. Bekannt ist der Ausspruch des Materialisten Carl Vogt aus dem 19. Jahrhundert, daß sich die Gedanken zum Gehirn wie der Urin zu den Nieren verhalten. Während diese Auffassung noch die nichtphysische Natur der psychischen Phänomene zuläßt, sehen stärkere, reduktive Versionen des Materialismus, wie die Identitätstheorie oder der Physikalismus, die psychischen Vorgänge und Eigenschaften als identisch mit den physischen an. Analog zum Materialismus ist auch ein reduktiver Idealismus möglich, der die physischen Vorgänge und Zustände als psychische Wirkungen ansieht. Der psychophysische Parallelismus verwirft nun einerseits die Annahme des Substanzdualismus, daß es zwei unterschiedliche und unabhängige Substanzen gibt. Wenn es überhaupt Sinn hat, von Substanzen zu sprechen, dann gibt es nur die eine, die als physische angesehen werden muß. Es wird also vom Materialismus die Einsicht übernommen, daß die einzig existierende Substanz die physische ist. Gegen den Cartesianismus wird eingewandt, daß er über das Ziel hinausschießt, wenn er das Leib-Seele-Problem ontologisch zu lösen versucht, d.h. durch Bereicherung der Welt noch um weitere Gegenstände als die materiellen. Der Parallelismus vertritt also in der Ontologie einen *materialistischen Monismus*. Er steht also nicht wie der Cartesianismus in der Gefahr, die Eigenständigkeit und Bedeutung der physischen Welt und ihrer Gesetze durch das Wirken einer geistigen Substanz zu mindern.

Der psychophysische Parallelismus steht aber zum Cartesianismus in einem nicht so starken Gegensatz wie der reduktive Materialismus (oder der Idealismus). Auch vom Cartesianismus übernimmt der psychophysische Parallelismus eine Einsicht, nämlich die Idee der Eigenständigkeit des Psychischen. Das Psychische ist zwar keine eigene, vom Physischen getrennte Substanz, aber es ist durch Eigenschaften charakterisiert, die sich durch physische Eigenschaften nicht erschöpfend definieren lassen. Der psychophysische Parallelismus geht also von einem *Eigenschaftsdualismus* aus; der Substanzmonismus wird mit einem Dualismus der Phänomene kombiniert. Es gibt demnach zwei unterschiedliche Klassen von Eigenschaften der Substanz, nämlich physische und psychische, die voneinander unabhängig sind. Der psychophysische Parallelismus wirft somit auch dem Materialismus eine unangemessene Übertreibung vor, wenn dieser die Existenz eigenständiger geistiger Eigenschaften leugnet.

Die bisher gewonnene Verortung des psychophysischen Parallelismus gegenüber Dualismus und Materialismus genügt noch nicht, um ihn vollständig zu charakterisieren. Offen ist noch die entscheidende Frage, wie es bei ihm um die kausale Beziehung zwischen Physischem und Psychischem steht. Der psychophysische Parallelismus bricht in dieser Hinsicht radikal mit dem Cartesianismus und verwirft die kausale Interaktion zwischen Physischem und Psychischem. Wenn es so scheint, als würden wir geistig auf die materielle Welt einwirken und die materielle Welt auf unsere psychischen Zustände, dann ist dies in Wirklichkeit nicht so. Geistige und materielle Ereignisse hängen zwar eng miteinander zusammen, aber sie sind nicht kausal voneinander abhängig. Folgen von geistigen Ereignissen laufen zwar mit materiellen parallel, aber sie verursachen sich nicht gegenseitig. Geistige Ereignisse treten immer mit gewissen materiellen zusammen auf, aber es besteht keine kausale Beziehung zwischen ihnen. In kausaler Hinsicht unterscheidet sich also der psychophysische Parallelismus sowohl vom Cartesianismus als auch vom Materialismus (und Idealismus).

Der Cartesianismus hat zwei Probleme, die er nicht lösen kann: Wenn der Geist *per definitionem* unausgedehnt und nicht-räumlich ist, wie kann er dann in der Zirbeldrüse (oder sonstwo im Physischen) lokalisiert sein? Und wenn die ausgedehnte Materie, einschließlich der Gehirnmaterie, von den Gesetzen der Mechanik regiert wird, wie kann sie dann dem Einfluß des Geistes als einer nichtmechanischen, immateriellen Substanz unterliegen? Mit der Ablehnung der kausalen Interaktion und des ontologischen Dualismus bahnt sich der psychophysische Parallelismus einen Ausweg aus dieser Sackgasse des Cartesianismus.

Um würdigen zu können, wie radikal der psychophysische Parallelismus den Cartesianismus ablehnt, ist es wichtig, ihn mit anderen Positionen zu vergleichen, die häufig ebenfalls als Parallelismus bezeichnet werden.[4] Es sind dies die schon genannte Lehre von der prästabilierten Harmonie, der Okkasionalismus oder ähnliche Spielarten des Cartesianismus. (Nennen wir diese Varianten im folgenden den „kartesischen Parallelismus".) In dieser Ablehnung der kausalen Interaktion ist sich der psychophysische Parallelismus zwar mit dem kartesischen einig, aber er geht noch viel weiter als er, indem er auch die Substantialität des Geistigen leugnet. Weitere Unterschiede werden im folgenden noch zutage treten.

Die These von der *nicht-kausalen Beziehung von Leib und Seele*, ihrer *Parallelität*, ist aber alleine noch keine Alternative, weder zum kartesischen Interaktionismus, zum kartesischen Parallelismus, noch zum Materialismus oder Idealismus. Sie ist eigentlich nur eine Ablehnung der Interaktion, die aber noch eine positive Charakterisierung des Leib-Seele-Verhältnisses erfordert. Wenn eine systematische und universelle Kovariation oder Korrelation, eine funktionale Abhängigkeit zwischen zwei Arten von Ereignissen stattfindet, dann erwarten wir eine *Erklärung* für diesen Sachverhalt. Es muß also ein glaubwürdiger Ersatz für denjenigen Zusammenhang gefunden werden, den die Kausalbeziehung sowohl im Cartesianismus als auch im Materialismus jeweils auf ihre eigene Weise stiftet.

Die Antwort darauf ergibt sich aus einer zusätzlichen These des psychophysischen Parallelismus, die ihn vom kartesischen Parallelismus noch weiter entfernt: der These von der *Identität des Trägers* von geistigen und leiblichen Eigenschaften. Geistige Eigenschaften beziehen sich immer auf ein Ereignis, das auch physische Eigenschaften besitzt – es sind nur zwei unterschiedliche Seiten ein und derselben Medaille. Die Kovariation oder funktionale Abhängigkeit geistiger von leiblichen Eigenschaften wird also durch das gemeinsame Auftreten am selben Gegenstand/Ereignis erklärt. Genauso wenig wie die Vorderseite der Medaille die Ursache ihrer Rückseite ist (und umgekehrt), die eine aber ohne die andere nicht besteht, genauso wenig kann ein psychisches Ereignis ein physisches bewirken oder von ihm bewirkt werden. Jeder geistige Zustand, jeder geistige Vorgang, jedes geistige Ereignis kann auch physisch gekennzeichnet werden, besitzt demnach eine physische Entsprechung. Obwohl kein geistiger Ereignistyp identisch ist mit einem physischen Ereignistyp, so ist doch ein geistiges Ereignis immer auch physisch charakterisierbar und damit mit einem solchen identisch.

Während also im Cartesianismus und Materialismus die Korrelation von geistigen und physischen Eigenschaften durch Kausalität und im kartesischen Parallelismus durch die von Gott geschaffene prästabilierte Harmonie oder ähnliches erklärt wird, bezieht sie der psychophysische Parallelismus auf die Identität des Trägers der psychischen und physischen Eigenschaften. Der Begriff der Identität kann hier einige Verwirrung stiften, da ja die Verschärfung des Materialismus als Identitätstheorie bezeichnet wird. Während aber in der Identitätstheorie von der Identität der *Eigenschaften* gesprochen wird, geht der psychophysische Parallelismus von der Identität des *Trägers* aus, dem diese Eigenschaften zukommen.

Im übrigen legt der psychophysische Parallelismus nichts weiter über die Kausalität *innerhalb* der physischen oder psychischen Bereiche fest. Es läßt sich also ohne weiteres die Auffassung mit ihm verbinden, daß physische Ereignisse von anderen physischen verursacht werden und die physische Welt kausal in sich geschlossen ist. Ebenso kann man davon ausgehen, daß psychische Ereignisse andere psychische nach sich ziehen oder von solchen verursacht werden. Damit erreicht der psychophysische Parallelismus, im Gegensatz zum Cartesianismus und kartesischen Parallelismus, eine elegante Verträglichkeit mit der methodischen Maxime der Wissenschaften, physische

Phänomene nur durch physische Ursachen zu erklären. Im Unterschied zur Identitätstheorie trägt der psychophysische Parallelismus dem Eigenleben des Psychischen Rechnung, ohne dafür an der Eigenständigkeit des Physischen Abstriche zu machen.

2. Weiterführung durch Fechner[5]

Mit den bisher entwickelten Komponenten (materialistischer Monismus, Eigenschaftsdualismus, Parallelität, Identität des Eigenschaftsträgers) ist der psychophysische Parallelismus des ausgehenden 19. und frühen 20. Jahrhunderts in seinen Grundzügen charakterisiert. Die Theorie kann aber so lange noch nicht befriedigen, als eine genauere Bestimmung der psychischen Eigenschaften und ihres Unterschieds zu den physischen Eigenschaften fehlt. Eine Leib-Seele-Theorie hat nicht nur die Beziehung zwischen dem Physischen und Psychischen aufzuklären, sondern auch die *spezifische Natur* des Psychischen zu bestimmen.

Die in dieser Hinsicht entscheidende Modifikation und Vertiefung des psychophysischen Parallelismus stammt von Gustav Theodor Fechner. Nach seiner Auffassung ist der Unterschied zwischen psychischen und physischen Eigenschaften nicht intrinsischer Natur, wie es z.B. im Cartesianismus der Fall ist. (Für Descartes sind psychische Zustände nicht-räumlich, bewußt und unkorrigierbar.) Vielmehr ist es die Art und Weise, wie uns diese Eigenschaften gegeben sind – die Art der Perspektive macht den Unterschied aus. Eine Eigenschaft ist psychisch, wenn sie nur demjenigen Wesen gegeben und direkt zugänglich ist, dem sie zukommt (das sie hat), und sie ist physisch, wenn sie grundsätzlich von allen erfahrbar ist. „Psychisch" und „physisch" sind *relationale,* extrinsische Eigenschaften, die eine Beziehung zu dem wahrnehmenden Wesen, seine ganz bestimmte Perspektive, ins Spiel bringen. Der im psychophysischen Parallelismus enthaltene Eigenschaftsdualismus verdankt sich nach Fechner dem Unterschied in der Perspektive, unter der eine Eigenschaft gegeben ist. Zum psychophysischen Parallelismus gehört also in Fechners Weiterbildung die *Dualität der Perspektive;* das Merkmal des Psychischen ist seine spezielle Perspektivität. Wir haben hier, wie man es auch nennt, eine *Doppelaspekttheorie* vor uns.[6]

Psychische Eigenschaften sind daher eng mit Personen, die Erfahrungen machen, verbunden; ohne erfahrende Wesen würden sie nicht existieren. Der Zugang zu diesen Eigenschaften ist in einer Weise direkt und privilegiert, wie er es zu den physischen Eigenschaften nicht ist. In diesem Sinne sind die Eigenschaften einer bewußten Erfahrung privat. Die Eigenschaften materieller Objekte hingegen sind öffentlich und an keine bestimmte Perspektive gebunden. Der Zugang zu ihnen ist allen Personen gemeinsam. Folglich hat nach dieser Auffassung jedes Wesen mit psychischen Eigenschaften einen doppelten Zugang zu sich selbst, erfährt sich selbst in einer zweifachen Perspektive: Wenn es nur diejenigen Eigenschaften wahrnimmt, die ihm selbst gegeben sind, dann nimmt es geistige, psychische Prozesse wahr und erscheint sich selbst in subjektiver Perspektive. Nimmt es sich selbst wahr, wie es auch einem anderen erscheinen würde, ist es sich selbst ein physisches, materielles Wesen und erscheint sich in objektiver Perspektive.

Wenn wir die verschiedenen behandelten Positionen der Leib-Seele-Theorie nun insgesamt Revue passieren lassen, dann stellt sich die Frage, ob Aussicht besteht, zwischen ihnen einmal empirisch zu entscheiden. Dies muß prinzipiell möglich sein, wenn man die geforderte Naturalisierung des Psychischen mitmacht. Wenn wir vernünftigerweise annehmen, daß die beobachtungsmäßige Kovariation und funktionale Abhängigkeit psychischer von physischen Eigenschaften, von der der psychophysische Parallelismus ausgeht, tatsächlich empirisch bestätigt ist, dann hängt die Antwort auf die Frage nach der empirischen Entscheidung davon ab, ob man zusätzlich zu dieser Kovariation noch eine Kausalbeziehung zwischen dem Physischen und Psychischen nachweisen kann oder nicht. Würde eine solche aufgefunden, dann wäre der psychophysische Parallelismus empirisch widerlegt und es blieben der Cartesianismus und der Materialismus in ihren Spielarten übrig. So lange aber ein solcher Beweis nicht gegeben ist, hat der psychophysische Parallelismus den Vorzug, ontologisch sparsamer zu sein als alle seine Konkurrenten. Wo der psychophysische Parallelismus auf die Annahme der Existenz einer Kausalrelation verzichtet, nehmen sie eine solche an, indem sie die Bedingung der Parallelität zu einer Kausalbeziehung verschärfen. Solange die Frage der Kausalität nicht entschieden ist, kann demnach der psychophysische Parallelismus als metaphysisch unbelastete (oder wenigstens *unbelastetere*), vorläufige Heuristik für die Forschung gelten, die von weniger Voraussetzungen als ihre Konkurrenten ausgeht und grundsätzlich empirisch widerlegt werden kann. Man kann vom psychophysischen Parallelismus in dieser kausalitätsskeptischen Bedeutung auch noch den psychophysischen Parallelismus als metaphysische Behauptung über die endgültige Verfaßtheit der Welt unterscheiden. Im metaphysischen Sinn besagt er, daß es keine empirischen Daten gibt und geben wird, die es notwendig machen, die Leib-Seele-Beziehung kausal zu verschärfen. Als kausalitätsskeptische Methode genommen ist er die im Lichte der bekannten Erfahrungen empirisch klügere Vorgehensweise.

3. Weiterführung durch Ernst Mach

Die philosophisch gesehen wichtigste und folgenreichste Verarbeitung des psychophysischen Parallelismus geschah durch Ernst Mach. Es sind zwei Weisen der Weiterführung zu unterscheiden: im Bereich der Leib-Seele-Theorie und im Bereich der Wissenschaftsphilosophie. Leib-Seele-theoretisch gesehen entwickelte Mach die Fechnersche Doppelaspekttheorie zum *neutralen Monismus* weiter. Wie für Fechner sind auch für ihn Eigenschaften an sich weder physisch noch psychisch. Anstatt aber nun wie Fechner die Beziehung der Eigenschaften *zum wahrnehmenden Wesen*, die Art ihrer Perspektivität in Bezug auf die sie erfahrende Person, zum Unterscheidungskriterium zu machen, nimmt Mach die Beziehung *zu anderen Eigenschaften* als entscheidend an. Die von der Untersuchungsrichtung abhängige „Perspektivität" in Bezug auf eine andere Eigenschaft wird ausschlaggebend. Eine Farbe ist für Mach eine physische Eigenschaft, wenn sie z.B. in Bezug auf eine Lichtquelle untersucht wird. Sie wird zur Empfindung, wenn ihre Abhängigkeit von der Netzhaut oder von Wünschen, Willensakten usw. zur Debatte steht.

Die Lösung des Leib-Seele-Problems war nach Machs Meinung keine isolierte Angelegenheit, sondern für alle Wissenschaften relevant. Sein neues Verständnis der Physik, seine Skepsis in Bezug auf theoretische Gegenstände und sein Ökonomieprinzip erwachsen genau aus der kausalitätsskeptischen Ausrichtung des psychophysischen Parallelismus. Anstatt die Psychologie den Maximen der Physik anzupassen, wie das viele seiner Zeitgenossen vergeblich versuchten, geht Mach umgekehrt vor: Die Physik wird im Lichte der Lösung des Leib-Seele-Problems durch den psychophysischen Parallelismus bzw. neutralen Monismus aufgefaßt. Dies bedeutet für Mach vor allem, daß eine Neuformulierung der Aufgaben und Ziele der Physik gefunden werden muß, in denen die Kategorie der Kausalität nicht mehr vorkommt. Das Leib-Seele-Problem kann definitiv als gelöst gelten und damit der Gegensatz von Physik und Psychologie vollkommen entfallen, wenn nachgewiesen werden kann, daß Naturwissenschaft in der Verfolgung ihrer Ziele generell ohne Bezug auf Kausalität auskommt – daß Kausalität also eine müßige metaphysische Kategorie darstellt. Folgerichtig versuchte Mach zu zeigen, daß Naturwissenschaft nicht mehr verlangt als den Begriff der regelmäßigen Abfolge von Ereignissen einer Art auf die einer anderen. Der Ursachenbegriff kann ohne irgendeine Einbuße durch den metaphysikfreien Begriff der funktionalen Abhängigkeit ersetzt werden. Der Begriff der funktionalen Abhängigkeit, der im psychophysischen Parallelismus erst einmal nur für das spezielle Verhältnis von Leib und Seele eingeführt worden war, wird damit auf alle die empirische Wissenschaft interessierenden Verhältnisse in der Welt ausgedehnt. Der tiefere Grund für Machs Erkenntniskritik liegt also nicht schon in seinem Empirismus, sondern in seiner Einstellung zum Leib-Seele-Problem, die allerdings dann ihrerseits einen Empirismus erzwingt.

Mit dem Verzicht auf die Kausalität als einer sinnvollen Kategorie für die empirischen Wissenschaften erwachen in Mach auch all die anderen „positivistischen Instinkte", wie es Ian Hacking genannt hat.[7] Mit der Kausalität fällt auch der Begriff der Substanz als einer Wirkeinheit, die kausale Kräfte besitzt. Hieraus ergibt sich dann sowohl die Kritik am Ichbegriff als auch die Zurückweisung der Realität unbeobachteter theoretischer Gegenstände. Wenn aber Kausalität und Substantialität und die Realität theoretischer Gegenstände entfallen, dann besteht die Methode der Naturforschung ausschließlich aus Beschreibung, d.h. „aus Konstatierung von Tatsachen und ihres Zusammenhangs."[8] Eine Erklärung im Sinne eines Rückgangs auf die Ursachen hinter den Erscheinungen wäre somit widersinnig.

4. Vergleich mit Davidsons anomalem Monismus

An dieser Stelle kann nun nicht die gewundene Geschichte der Leib-Seele-Diskussion seit Fechner und Mach nachgezeichnet werden.[9] Ich möchte mich aber nun mit einer der einflußreichsten Leib-Seele-Theorien der Gegenwart auseinandersetzen, dem anomalen Monismus von Donald Davidson, der eine sogenannte *token-token*-Identitätstheorie darstellt.[10]

Der anomale Monismus bekräftigt wie der psychophysische Parallelismus einen Monismus der Ontologie: Die Gegenstände und Ereignisse sind physischer Natur. Er kommt wie der psychophysische Parallelismus zum Schluß, daß trotzdem der Bezug auf psychische

Eigenschaften für eine angemessene Weltbeschreibung unverzichtbar ist. Solche Eigenschaften sind nämlich weder typenidentisch mit physischen Eigenschaften, noch auf sie reduzierbar. Auch ein vollständiges Wissen über unser Gehirn und unser zentrales Nervensystem würde kein Wissen über unsere Wünsche, Überzeugungen, Erlebnisse, Empfindungen usw. beinhalten. Insoweit besteht also völlige Einigkeit mit dem psychophysischen Parallelismus.

Davidson kommt aber zu seinen Schlußfolgerungen von ganz anderen Voraussetzungen her als der psychophysische Parallelismus. Als erste Prämisse (*Prinzip der kausalen Interaktion*) nimmt er an, daß geistige Ereignisse mit physischen in kausale Wechselwirkung treten können. Überzeugungen und Wünsche als psychische Vorgänge und Ereignisse verursachen physische Bewegungen meines Körpers; und umgekehrt beeinflussen Veränderungen in der physischen Welt unsere Überzeugungen, Empfindungen und Absichten.

Dies klingt beim ersten Hören sehr überzeugend und kommt unserer alltäglichen Sprechweise und Intuition sehr entgegen. Der psychophysische Parallelismus hält dies aber nicht für angemessen. Fechner und Mach würden wohl darauf eine Antwort à la Hume geben: Das Ereignis: ich habe die Absicht, meinen Arm zu heben, ist zwar die Ursache des Ereignisses: mein Arm hebt sich. Aber das bedeutet nicht, daß gerade ein psychisches Ereignis ein physisches verursacht hat, sondern höchstens daß ein bestimmtes Ereignis ein bestimmtes anderes erzeugte. Um das verursachende Ereignis berechtigterweise als *psychisches* zu bezeichnen, müßten wir mehr Erfahrung haben, als wir tatsächlich besitzen. Wenn wir mit einem Stein eine Fensterscheibe einwerfen, dann wissen wir, daß einige Eigenschaften des Steins für die Wirkung unwichtig waren – z.B. daß er eine graue Farbe hatte. Wir hätten ihn auch rot anmalen können und er hätte dann immer noch seine kausale Rolle erfüllt. Dies wissen wir auf Grund unserer verschiedenen Erfahrungen, die wir mit Steinen auch in anderen Kontexten haben. Wenn wir alle diese Erfahrungen berücksichtigen, dann bleibt vielleicht nur die Eigenschaft der Druckänderung (oder etwas physikalisch komplizierteres) übrig, die das Auftreffen des Steins auf der Fensterscheibe zu einem Ereignis macht, das die Fensterscheibe zerspringen läßt.

Im Falle des Armhebens wissen wir einfach nicht, welche Eigenschaft an dem Ereignis die entscheidende ist, da es keinen vergleichbaren Umgang mit Gegenständen gibt, der uns die kausal herausragende Eigenschaft eines Ereignisses im Laufe der Zeit erfahrbar machen würde. Alles was wir erfahren können, ist die Parallelität psychischer mit physischen Eigenschaften. Wenn wir also behaupten, daß psychische Ereignisse mit physischen wechselwirken, dann sagen wir damit entweder nur, daß ein Ereignis, dem neben physischen auch psychische Eigenschaften zukommen, ein physisches verursacht hat, oder wir sagen etwas, das unsere Erfahrung überschreitet. Mach würde das Übel ein für alle Mal ausmerzen wollen, indem er die antimetaphysische Skepsis nicht nur auf solche Verbindungen von Ereignissen anwendet, in denen eines davon auch psychische Eigenschaften besitzt, sondern auf alle Ereignisverbindungen überhaupt.

Davidson gewinnt seine Schlußfolgerung, daß mentale Ereignisse physisch sind und doch nicht auf Physisches reduzierbar, aus weiteren Voraussetzungen. Die zweite Prämisse seiner Schlußfolgerung behauptet, daß wenn zwei Ereignisse als Ursache und Wirkung miteinander verbunden sind, es ein striktes Gesetz gibt, unter das sie fallen (*Prinzip des nomologischen Charakters der Kausalität*). Unter ein Gesetz fallen soll aber heißen, daß eine bestimmte Beziehung zwischen den *Beschreibungen* von Ereignissen besteht. Für zwei Ereignisse bedeutet kausal miteinander verbunden zu sein, Beschreibungen zu besitzen, zwischen denen eine strikte gesetzliche Beziehung existiert. Unter einem Gesetz versteht Davidson also etwas, mit dessen Hilfe man ein Ereignis unter einer bestimmten Beschreibung mit einem anderen Ereignis unter einer bestimmten Beschreibung *erklärt*. Auch hier nimmt der psychophysische Parallelismus wieder Anstoß daran, daß die Ebene der Ereignisse verlassen und die der Beschreibungen betreten wird.

Die dritte Prämisse Davidsons lautet schließlich, daß es keine strikten psychophysischen Gesetze gibt, also keine Gesetze, die Ereignisse unter ihrer geistigen Beschreibung mit Ereignissen unter ihrer physischen Beschreibung verbinden (*Prinzip der Anomalie des Mentalen*). Da es aber für Davidson nur in der Physik strikte Gesetze gibt, können die (nach seiner ersten Prämisse geforderten) Kausalverbindungen zwischen geistigen und physischen Ereignissen nichts anderes als physikalische Gesetze sein. Aber dann, so folgert er weiter, müssen die geistigen Ereignisse eine physische Beschreibung besitzen, sie müssen selbst physische Ereignisse sein.

Davidsons Argumentation steht und fällt mit seiner Unterscheidung zwischen der Kausalrelation, die er extensional versteht, und einem Kausalgesetz als Mittel der Kausalerklärung, die für ihn intensionaler Natur ist. Eine Behauptung, eine bestimmte Kausalrelation bestehe zwischen zwei bestimmten Ereignissen, ändert für ihn ihren Wahrheitswert nicht, wenn man die Ereignisse anders kennzeichnet, sie anders beschreibt. Eine Kausal*erklärung* wird ihren Charakter jedoch nur dann beibehalten, wenn die Beschreibungen, die im dabei verwendeten Gesetz auftauchen, auch gleichbedeutend sind.

Die Kritik im Sinne des psychophysischen Parallelismus richtet sich nicht gegen Davidsons dritte Prämisse, sondern gegen seine erste. Von einer Interaktion zwischen psychischen und physischen Ereignissen zu sprechen, kann nach seiner eigenen Ereignisontologie nur bedeuten, daß ein Ereignis ein anderes verursacht und eines davon auch psychisch charakterisiert werden kann. Dies ist aber etwas anderes als das, was wir meinen, wenn wir sagen, daß ein geistiges Ereignis ein physisches verursacht oder umgekehrt. Da meinen wir etwas viel stärkeres, nämlich daß gerade die Eigenschaft eines Ereignisses, psychisch zu sein, dafür verantwortlich ist, daß das andere gerade *diese* physische Eigenschaft besitzt. Solange wir aber nicht wissen, wie für eine kausale Wirkung wesentliche Eigenschaften von Ereignissen zu identifizieren und von unwesentlichen abzugrenzen sind, ist die erste Prämisse bedeutungslos und ohne Konsequenzen. Der psychophysische Parallelismus geht jedenfalls davon aus, daß genau das gemeinsame Auftreten einer psychischen Eigenschaft mit der physischen Basis, von der sie funktional abhängig ist, die physische Wirkung nach sich zieht.

Durch die Diskussion Davidsons sind wir unvermittelt von der Leib-Seele-Theorie in die Metaphysik von Kausalität und Ereignis geraten. Davidson gibt uns keinen Hinweis, warum die psychische Beschreibungsebene überhaupt notwendig ist. Sie wird von ihm einfach als Faktum mit „natürlicher Frömmigkeit" (C.D. Broad) hingenommen. Davidson kann daher auch nicht erklären, warum nicht alle Ereignisse, sondern nur ein Teil, zusätzlich zu den physischen noch psychische Eigenschaften besitzen. Man weiß nicht, welche Argumente er z.B. gegen den Panpsychismus anführen könnte, der alle Ereignisse auch für psychisch hält. Der psychophysische Parallelismus setzt bei der Verschiedenheit der subjektiven und objektiven Perspektive an und versucht hieraus die Lösung des Leib-Seele-Problems zu entwickeln.

5. Die Grundverwirrung der Leib-Seele-Theorie

Wir können nun sehen, daß die moderne Leib-Seele-Theorie, nachdem sie anfänglich den psychophysischen Parallelismus abgelehnt hatte, heute mit dem anomalen Monismus genau an dem Punkt wieder angelangt ist, von dem der psychophysische Parallelismus einmal ausgegangen war: dem materiellen Monismus, der Zurückweisung des Interaktionismus zwischen physischen und psychischen Ereignis*typen* und dem Festhalten am Eigenschaftsdualismus. Im Gegensatz zum psychophysischen Parallelismus hat aber der anomale Monismus weder eine befriedigende Theorie von der Natur des Psychischen zu bieten, noch eine zufriedenstellende Auflösung und Einordnung dessen, was sich *prima facie* als Interaktion des Physischen und Psychischen darstellt. Also scheint es der Fortschritt auch hier an sich zu haben, „daß er viel größer ausschaut, als er wirklich ist."[11]

Ich bin mir bewußt, daß ich im Rahmen eines solchen Aufsatzes natürlich nicht ausreichend begründen kann, warum der anomale Monismus wirklich symptomatisch ist für die Entwicklung der Leib-Seele-Diskussion in der analytischen Philosophie seit den 50er Jahren. Aber wenn dies einmal zugestanden wird, was müßte man dann im Lichte der in der Einleitung dieses Artikels gemachten Bemerkungen als den Ursprung des Leib-Seele-Problems ansehen? Der Grund des Übels scheint mir zu sein, daß man wie beim *homunculus*-Fehlschluß auf eine geistige Eigenschaft wie auf eine personale Instanz zurückgeht, um die *prima facie* bestehende Interaktion von Leib und Seele zu erklären. So wie eine *Person* wahrnimmt und nicht ihr Gehirn, so bewirkt eine *Person*, wenn sie ihren Arm heben will, als psychophysische Einheit und nicht eine geistige Eigenschaft an ihr, daß sich ihr Arm hebt, und es wird eine *Person* durch physische Ereignisse in ihren Wünschen, Empfindungen und Überzeugungen beeinflußt, und nicht das an ihr, was psychisch ist. Was also zu den Problemen sowohl des reduktiven Materialismus, der Identitätstheorie als auch des anomalen Monismus führt, ist die mangelnde Berücksichtigung der Person als einer gleichermaßen physischen und psychischen Instanz bei der Behandlung der Vorgänge, die wie kausale Interaktion des Psychischen und Physischen aussehen. Das Sprechen von geistigen Eigenschaften in ihrem Verhältnis zu physischen und die Erklärung des menschlichen Geistes ist, so könnte man sagen, *personensensitiv,* d.h. es scheint immer zu erfordern, daß man die Person als kausalen Agenten oder als Gegenstand der Wirkung ins Spiel bringt. Durch seine These von der Identität des Trägers von geistigen und leiblichen Eigenschaften scheint der psychophysische Parallelismus hier mehr Ressourcen zur Lösung zu besitzen, als der Großteil aller antikartesischen Theorien, die seit seiner Verwerfung von der analytischen Philosophie bisher entwickelt worden sind.

Anmerkungen

1. Vgl. Antonio R. Damasio, *Descartes' Error: Emotion, Reason, and the Human Brain*, 1994, 1995; dt. Ausgabe: *Descartes' Irrtum*, München: List 1995.
2. So im Vorwort seiner vielgelesenen Sammlung von Texten zum Leib-Seele-Problem: Peter Bieri (Hrsg.), *Analytische Philosophie des Geistes*, Königstein: Hain 1981, 2. Aufl. 1997, 5-11.
3. Bieri, a.a.O., 17ff.
4. Bieri, a.a.O., 7; David M. Armstrong, *A Materialist Theory of the Mind*, London: Routledge, 1968, 2. Aufl. 1993, 8f. und öfter (vgl. Index); John Heil, *Philosophy of Mind: A Contemporary Introduction*, London: Routledge 1998, 27ff.
5. Für dieses und das folgende Kapitel vgl. meinen Aufsatz „Fechner und Mach zum Leib-Seele-Problem", in: Andreas Arndt und Walter Jaeschke (Hrsg.), *Materialismus und Spiritualismus zwischen Philosophie und Wissenschaften nach 1848*, (Hamburg: Meiner, im Erscheinen).
6. Zum Unterschied von Fechners psychophysischem zu Spinozas Parallelismus vgl. Michael Heidelberger, „Fechners Verhältnis zur Naturphilosophie Schellings", in: Marie-Luise Heuser-Keßler und Wilhelm G. Jacobs (Hrsg.), *Schelling und die Selbstorganisation. Neue Forschungsperspektiven* (= *Selbstorganisation. Jahrbuch für Komplexität in den Natur-, Sozial- und Geisteswissenschaften* 5), Berlin: Duncker & Humblot 1994, 201-218 und meinen in Fußnote 5 zitierten Artikel.
7. Ian Hacking, *Representing and Intervening*, Cambridge: Cambridge University Press 1983, repr. 1990, 41f., dt. Ausgabe: *Philosophie der Naturwissenschaften*, Stuttgart: Reclam 1996, 77ff.
8. Ernst Mach, *Populärwissenschaftliche Vorlesungen*, 5. Aufl., Leipzig: Barth 1923, 424, 426.
9. Vgl. hierzu z.B. John R. Searle, *The Rediscovery of Mind*, Cambridge: MIT Press 1992; dt. *Die Wiederentdeckung des Geistes*, München: Artemis & Winkler 1993, Kap. 2.
10. Donald Davidson, „Mental Events", zuerst in: Lawrence Foster & J.W. Swanson, *Experience and Theory*, Amherst: University of Massachusetts Press 1970, 79-101; dt. „Mentale Ereignisse", in: Bieri, a.a.O., 73-92.
11. Vgl. Ludwig Wittgensteins, von Nestroy übernommenes Motto am Anfang seiner *Philosophischen Untersuchungen*, Frankfurt am Main: Suhrkamp 1971, 8.

JOHN MICHAEL KROIS

ERNST CASSIRER UND DER WIENER KREIS

Ernst Cassirers biographische Verbindungen zur Stadt Wien sind selbstverständlich, da seine Frau Toni aus einer prominenten Wiener Familie stammte.[1] Cassirer war deshalb auch öfters in Wien zu Besuch. Allein aus diesem Grund wird aber kaum jemand auf den Gedanken kommen, Ernst Cassirers Philosophie mit dem Wiener Kreis zusammenzubringen – es sei denn zur Illustration von entgegengesetzten Ansichten oder äußerlichen Ähnlichkeiten. Denn – so lautet die übliche Logik – Cassirer war ein Vertreter des Marburger Neu-Kantianismus und im Wiener Kreis habe man Kantianismus jeder Couleur verworfen. Und damit wären wir mit dem Thema „Ernst Cassirer und der Wiener Kreis" schon fertig. Aber wir müssen dieser an „Schulen" orientierten Philosophiehistorie nicht folgen. Wir können auch real-historisch und philosophisch an die Sache herangehen.

Ich werde dokumentarisch vorgehen und Äußerungen Ernst Cassirers zu unserem Thema heranziehen. Dabei werde ich ein paar längere Zitate von Cassirer bringen müssen, weil die Texte, auf die ich mich beziehe, fast alle noch unpubliziert sind. Sie werden aber in der Nachlaß-Ausgabe erscheinen.[2] Wir finden in Cassirers Nachlaß z.B. folgende Äußerungen in einem Text aus den späten 30er Jahren:

> In der „Weltanschauung", in dem, was ich als den Ethos der Philos[ophie] ansehe, glaube ich keiner „Schule" näher zu stehen, als den Denkern des Wiener Kreises –
> Streben nach Bestimmtheit, nach Exaktheit, nach Ausschaltung des bloss-Subjektiven, der „Gefühlsphilosophie", Anwendung der analytischen Methode, strenge Begriffsanalyse –
> das alles sind Forderungen, die ich durchaus anerkenne –
> Was Kant[3] an Wolff rühmte: [daß er durch die] strenge Def[inition] der Begr[iffe] etc. [zum] Urheber des noch nicht erlosch[enen] Geistes der Gründlichkeit [wurde] –
> Die „Wiener Schule" darf dieses Lob für sich beanspruchen [...][4]

Ich habe hier nicht eine einmalige Bemerkung, eine Art Lapsus, herausgefischt und ihr ein Gewicht gegeben, das sie nicht verdient, sondern ich hätte weiter zitieren können. In seinen späteren Jahren, in der Zeit der Emigration, befaßte sich Cassirer immer wieder sehr intensiv mit dem Wiener Kreis. Er hat seine eigene Philosophie an ihm gemessen und Gedankenansätze aus dem Wiener Kreis weiterzuentwickeln versucht. Er hat als Antwort auf den Wiener Kreis sogar eine Art Kurskorrektur in seinem eigenen Denken vorgenommen, indem er dabei weder Ideen bloß übernahm noch einfach Kritik übte, sondern auf seine Weise versuchte, die Aufgaben der Gegenwartsphilosophie in – wie er dachte – verwandter Weise zu bewältigen. Verwandt fühlte sich Cassirer zunächst mit dem Wiener Kreis durch eine ähnlich starke Betonung der Bedeutung neuerer Wissenschaft für die Philosophie. Philosophie müsse das heranwachsende Wissen der Wissenschaften ernst nehmen; sie könne nicht als Fach über den Wissenschaften schweben, sondern müsse in ihrer Mitte in Auseinandersetzung mit ihnen als Bindeglied im wissenschaftlichen Denken auch die überlieferten philosophischen Fragen zu lösen versuchen. Eine „Desto schlechter für die Empirie"-Einstellung lag ihm genauso fern wie den Denkern des Wiener Kreises. Doch er stimmte auch nicht allen Auffassungen des Wiener Kreises zu. Es geht mir darum, beides zu umreißen: was sich Cassirer aus dem Wiener Kreis zu eigen gemacht hat und was nicht.

Es gab eigentlich zwei Epochen in Cassirers Beschäftigung mit dem Wiener Kreis: die erste in den 20er Jahren, als Cassirer Professor in Hamburg war, die zweite in den 30er Jahren während seiner Professur in Schweden. In den 20er Jahren war das Thema seiner Auseinandersetzung vor allem die Aktualität des Kantianismus, in den 30er Jahren ging es um die Grenzen und Aufgaben der Philosophie.

Die Aktualität des Kantianismus

Cassirers erste Beschäftigung mit dem Wiener Kreis hing sicherlich mit seinen häufigen Besuchen in Wien zusammen, wo die Familie seiner Frau lebte. Wir wissen aus Cassirers Briefwechsel, daß er schon in den 20er Jahren Schlick, Carnap und Popper in Wien traf. Wittgenstein ist er – soweit ich weiß – wohl nie begegnet, obwohl Cassirer den *Tractatus* in seinem Nachlaß erwähnt und Schlick ihm von dem großen Eindruck Wittgensteins auf die Wiener Philosophen schrieb. Am 6. Oktober 1924 schrieb Schlick an Carnap: „Gestern war ich eine Stunde mit Cassirer zusammen [...]. Man kann sich gut mit ihm verständigen." Im nächsten Satz kommt ihre Differenz zum Ausdruck: „Einstein nannte ihn freilich einen ‚Volksverführer', weil er durch seinen guten Stil die Leute zum Kantianismus überrede."[5] Einstein stand vom Jahr 1920 bis zu Cassirers Tod 1945 mit ihm in Kontakt und hat ihn für seinen Kantianismus auch gerne scherzhaft angegriffen. Einstein hielt, wie die Philosophen im Wiener Kreis, das Kantsche System mit seinen festen a priori Formen für überholt. Es war aber nicht leicht, Cassirers Verhältnis zu Kant zu kritisieren, weil er so bereit schien, Kant zu revidieren. Es war sogar für Cassirers Zeitgenossen schwer auszumachen, was für eine Position er denn eigentlich vertrat. (Es war doppelt schwierig hier Grenzen zu ziehen, weil, wie Alberto Coffa und andere gezeigt haben, Kantische Philosophie auch im Wiener Kreis kein so fremdes Element war, gerade beim frühen Carnap nicht). Den Begriff „Kantianer", schrieb Cassirer 1939, würde er für sich akzeptieren, insofern als seine Arbeit „die methodische Grundlegung" voraussetzt, die Kant in der *Kritik der reinen Vernunft* gegeben hat, aber „viele der Lehren, die in der philosophischen Literatur der Gegenwart dem Neu-Kantianismus zugeschrieben werden, sind mir nicht nur fremd, sondern meiner eigenen Auffassung diametral-entgegengesetzt." Wo stand er denn nun eigentlich?

Schlick und Cassirer hatten Mitte der 20er Jahre eine Auseinandersetzung zu diesem Thema: es ging um den Kantischen Begriff der „reinen Anschauung" und den des Apriori.[6] Cassirer sah in Schlicks *Allgemeiner Erkenntnislehre* (1918) eine Bestätigung seiner eigenen Ansichten in *Substanzbegriff und Funktionsbegriff* (1910), denn beide sahen nicht nur den gleichen Wandel im Gegenstand der Physik – von dem Substanzbegriff zum Gesetzesbegriff, sondern beide wiesen dabei auch auf die zentrale Rolle hin, die in der modernen Wissenschaft sogenannte „implizite Definitionen" spielen. Demnach erhält ein Terminus einen Sinn durch seinen Gebrauch in einem System von Begriffen, bzw. er hat seinen Sinn durch seine Beziehung zu anderen Begriffen, statt durch eine abstrakte Definition. Schlick nannte dieses Verfahren „konventionalistisch". Hilbert bediente sich dieser Methode, um die Geometrie rein axiomatisch aufzubauen. Da diese Methode zu Kants Zeiten unbekannt war, mußte Kant – so folgerte Schlick – seine Idee der reinen Anschauung letztlich psychologisch denken. Cassirer meinte, man könne und müsse Kants Einsichten von allen historischen Bedingtheiten lösen. Für Cassirer müsse ein Kantianer anerkennen, daß der Riemannsche Raum für die Allgemeine Relativitätstheorie wichtig ist und ebenso müsse er anerkennen, daß dies nach ihrer experimentellen Bestätigung durch Eddington und andere im Jahre 1919 ein Faktum der Wissenschaft ist. Schlick sah in solchen Revisionen einen Beleg dafür, daß Kant sich geirrt hat, als er von reiner Anschauung sprach und diese sich euklidisch vorstellte. Für Cassirer dagegen bedeutete die historische Bedingtheit von Kants Philosophie nicht, daß die „transzendentale Methode" widerlegt war. Diese fragt nur nach den (konstruktiven) Vorbedingungen jedes historisch relativen Apriori.

Schlick und Cassirer stimmten in der Auffassung überein, daß Denken immer einen „semiotischen" (Schlicks Wort) Charakter habe, aber im Gegensatz zu Schlick war Cassirer nicht bereit, den Gebrauch von Zeichen *bloß* „konventionell" zu nennen.[7] Konventionelle Bedeutung bleibt ein Phänomen der Bedeutung. Wie Cassirer es einmal formulierte: die Sprache läßt sich nicht mit „Verabredung" erklären, denn diese Erklärung setzt das Phänomen, das es erklären soll – sprachliche Bedeutung – voraus. In Wirklichkeit änderte Cassirer hier gemeinsam mit den Denkern des Wiener Kreises den Blickwinkel der Philosophie. Sie sprachen nun alle von Sätzen und nicht mehr vom Bewußtsein, von Zeichen und nicht von Geist (auch wenn Cassirer diese *Worte* dennoch oft beibehielt). Cassirer ersetzte die Kantische Idee einer transzendentalen Logik durch eine transzendentale Theorie der Bedeutung. Er erkannte früh, daß die Logik selbst sich seit Kant gewandelt hat. Die für Kant so wichtige Syllogistik findet in der allgemeineren Relationslogik eine bessere Systematisierung. Cassirer hat die ganze Fragestellung des Neu-Kantianismus schließlich verändert. Seine Philosophie war gar keine Erkenntnistheorie mehr, sondern, wie er sie nannte, eine „Bedeutungslehre" oder, wie wir sagen können, eine „Sinnkritik". Was er getan hat, wurde ihm selbst nur allmählich klar.

Die alten Kantischen Fragen ersetzte er durch die Frage, „Was sind die Bedingungen der Möglichkeit von Konventionen?" In der Auseinandersetzung mit Schlick fragte er im Jahre 1927: „Wie ist es möglich, daß [...] ein Sinnliches zum Repräsentanten und Träger eines ‚Sinnes' werden kann: dies bildet eines der schwierigsten Fragen der Erkenntniskritik, wenn nicht *das* Problem der Erkenntniskritik überhaupt." Cassirers eigene, zwei Jahre später publizierte Antwort war: Es gibt eine triadische symbolische Relation (die Art, in der ein Wahrnehmungserlebnis als sinnliches Erlebnis einen Sinn trägt), die wir als „echtes ‚Apriori', als wesensmäßig-Erstes" anerkennen müssen. Dieser letzte Rest der Transzendentalphilosophie beschrieb nur die Struktur von einer Zeichenbeziehung. Erlebter Sinn ist immer von einer bestimmten Art: d.h. wir haben immer mit Interpretationen zu tun, nie mit Intuitionen. Das war Cassirers „Kantianismus". Das Apriori nimmt demnach viele konkrete kulturelle Formen an, bzw. kommt diese Relation in vielen Symbolfunktionen vor, aber sie sind nicht ahistorisch festgelegt, sondern wandelbare Funktionen, Strukturen im Wahrnehmen, Denken und Handeln. Die symbolischen Formen sind daher den Systemen der Systemtheorie vergleichbar.

Cassirers vermeintlicher „Kantianismus" müßte eher, so meine ich, Cassirerianismus heißen.

Als Cassirer 1936 in seiner Schrift *Determinismus und Indeterminismus in der modernen Physik* die Kantsche Auffassung der Kausalität revidierte, die nunmehr statt Notwendigkeit in der Folge besagte: „daß die Erscheinungen der Natur nicht so geartet sind, daß sie sich der Ordnungsmöglichkeit durch den angeordneten Prozeß prinzipiell entziehen oder widersetzen",[8] fragte Carl Friedrich von Weizsäcker in seiner Rezension, ob Cassirer als Neukantianer so etwas „*darf*".[9] Schlick erlebte die Publikation von *Determinismus und Indeterminismus in der modernen Physik* nicht mehr. Philipp Frank meinte zu dieser Schrift, daß Cassirer damit nun auf der Seite des logischen Empirismus stehe.[10] Es gab keine befriedigende Antwort in der Auseinandersetzung mit Schlick auf die Frage nach Cassirers Kantianismus. Die Crux der Kontroverse – ob die Leitprinzipien der Forschung feststünden *oder* konventionell und veränderbar wären – war aus Cassirers Sicht: Ja und Ja. Das Leitprinzip der Bedeutungsprägnanz war a priori, aber die konkreten symbolischen Formen waren historisch, konventionell und veränderbar.

In einem Rundbrief an einige seiner Hamburger Doktoranden schrieb Cassirer 1934:

> Ich selbst bin vielleicht niemals ein guter und eigentlicher philosophischer ‚Lehrer' gewesen – denn mir fehlte der Glaube an die Möglichkeit und Notwendigkeit schulmässiger Bindungen im Gebiet der Philosophie.[11]

Diese Unwilligkeit sich festzulegen, macht es für Fachphilosophen schwierig, ihn einzuordnen, aber die Ursache dafür war wohl, daß er mehr Respekt vor der wissenschaftlichen Forschung hatte als die meisten Denker seines Faches. Dies verband ihn mit dem Wiener Kreis.

Es ist bezeichnend, daß Cassirer schon als Student neben Philosophie und Germanistik (sein Hauptfach für sieben Semester) auch oft bei empirisch arbeitenden Wissenschaftlern hörte: Psychologie bei Wundt in Leipzig (WS 1892/93), Soziologie bei Simmel in Berlin (SS 1894) und in Marburg Differentialrechnung, Integralrechnung und Allgemeine Funktionstheorie bei Schottky, sowie Anorganische Chemie bei Zincke und Experimentalphysik bei Melde. Auch nahm er an mathematischen Oberseminaren teil.

Wie weit Cassirer in seiner Unterstützung für die „neue Philosophie" ging, wie sie durch den Wiener Kreis vertreten war, ist darin zu sehen, daß er im Juni 1931, auf Reichenbachs Bitte hin, neben Einstein, Hilbert und anderen Wissenschaftlern als *einziger* Professor der Philosophie, eine Erklärung zur Unterstützung einer geplanten Eingabe der Berliner Gesellschaft für empirische Philosophie an Kulturministerien der Länder unterschrieb, die die Besetzung bzw. Einrichtung naturwissenschaftlich-philosophischer Lehrstühle forderte.[12] Ohne auf die Beziehung zu Reichenbach näher einzugehen, weise ich darauf hin, daß Cassirers Rundfunkvorträge in Berlin über „Die Einheit der Wissenschaft" am 21. und 28. Oktober 1931 durch Vermittlung von Reichenbach zustande gekommen sind.[13]

Am 12. März 1933, nur sechs Wochen, nachdem Hitler zum Reichskanzler ernannt wurde, reiste Cassirer mit seiner Frau von Hamburg nach Wien und lebte von da an nie wieder in Deutschland. Cassirer war somit viel früher als den meisten Menschen klar, was das Dritte Reich zu bedeuten hatte. Auch politisch verstand er sich mit den Denkern des Wiener Kreises gut. In den Jahren der Emigration befaßte sich Cassirer nicht weniger, sondern immer mehr mit dem Wiener Kreis.

Die zweite Auseinandersetzung: Grenzen und Aufgabe der Philosophie

Auch nach 1933, nachdem er für drei Semester eine Stelle in Oxford innehatte und später eine Professur in Göteborg bekam, kam Cassirer immer wieder nach Wien. Er hielt Vorträge (Dezember 1936 beim Kulturbund), z.B. „Gruppenbegriff und Wahrnehmungstheorie" und „Naturalistische und humanistische Begründung der Kulturwissenschaft";[14] auch schrieb er wichtige Texte. Die letzte in Wien verfaßte Arbeit, „Die mathematische Synthesis", mit „Wien, Dez. 1937" datiert, war als ein Kapitel für das zu Lebzeiten unpubliziert gebliebene Buch *Ziele und Wege der Wirklichkeitserkenntnis* gedacht.[15] Bei seiner zweiten Beschäftigung mit dem Wiener Kreis ging es Cassirer um Ziele und Grenzen der Philosophie. Cassirer versuchte hier vor allem, eine von ihm so empfundene Verengung des philosophischen Interesses im Wiener Kreis aufzubrechen. Dazu schrieb er (ich setze das Zitat von vorhin fort):

> Also nicht um eine verschiedene „Auffassung" handelt es sich, um eine Versch[iedenheit] der Weltanschauung, aber um eine verschiedene Aufgabe, die ich der Philos[ophie] stelle –

Philos[ophie] ist nicht nur Kritik der Erkenntnis – im Sinne der log[i-schen], math[ematischen], physikal[ischen] Erkenntnis[;]
sie umfasst die Aktivität, das geistige „Tun" und „Bilden" ganz verschiedener Dimensionen[.]
Auf diesen Dimensions-Unterschied legt die Ph[ilosophie] d[er] symb[olischen] F[ormen] allen Nachdruck –
Aus bloss-theoretischen Funktionen lässt sich die menschliche „Welt" nicht aufbauen –
es gibt auch atheoretische Funktionen – z.b. die ethische, die ästhetische Funktion[,] um von der religiösen zunächst nicht zu sprechen.[16]

Ich habe vorhin Cassirers unpublizierte Schrift von 1936–37 erwähnt: *Ziele und Wege der Wirklichkeitserkenntnis*. Schon der Titel dieser Schrift spielt an die Titel von zwei Schriften Reichenbachs an: *Ziele und Wege der physikalischen Erkenntnis* (1929) und *Ziele und Wege der heutigen Naturphilosophie* (1931).[17] Statt sich auf „Ziele und Wege der *physikalischen* Erkenntnis" zu beschränken, wollte Cassirer den Wirklichkeitsbegriff in der Philosophie erweitern.

Interessant daran ist, daß Cassirer einen Weg ging, der z.T. vom frühen Carnap angeregt war und in vielem mit ihm übereinstimmte. Zuerst zur Kritik: Cassirer lehnte vor allem den von Carnap, im Anschluß an Neurath, vertretenen Physikalismus ab. Physikalismus ist die Auffassung, daß die physikalische Sprache die Universalsprache ist.[18] Demnach bleiben alle Beobachtungssätze so lange bloß private Beschreibungen, bis sie in die Form physikalischer Beschreibung gebracht werden. Aus der Möglichkeit einer solchen einheitlichen Sprache ergibt sich die These der Einheitswissenschaft. Ohne den Nutzen einer solchen Sprache zu leugnen, hält Cassirer dieses Programm insoweit für fehlerhaft, als es die Sprache der Naturwissenschaften auf die Kulturwissenschaften ausdehnen will, was zum Verkennen ihrer Gegenstände führt. In seiner späten Schrift *Zur Logik der Kulturwissenschaften* (1941)[19] antwortet er darauf mit einer Wissenschaftstheorie der Kulturwissenschaften. Demnach sind die Gegenstände der KW von den Gegenständen der NW durch zweierlei unterschieden: 1. sie sind *Werke,* d.h. von Menschen gemacht (und nicht Naturartefakte) und 2. sie sind Träger von *Ausdruck,* d.h. Symbole bestimmter Art. In *Zur Logik der Kulturwissenschaften* bezieht sich Cassirer auf Gedanken, die er dort nicht ausführt, sondern zu dieser Zeit in unpubliziert gebliebenen Texten ausarbeitet. Einer der Texte heißt „Basisphänomene": er wurde im ersten Nachlaßband erst 1995 veröffentlicht.[20]

Carnaps Begriff der „Basis" in *Der logische Aufbau der Welt* war für ihn eine methodologische Idee: mit der Annahme einer „eigenpsychischen Basis" suchte er zu den „Grundgegenständen" zu kommen, die als *„Basis"* in einem *„Konstitutionssystem"* dargestellt werden können. Carnaps Begriff der Basis war explizit ein methodisches Konstrukt. Cassirer griff Carnaps Idee auf und formte sie um. Er warf Carnap vor, daß „im Physikalismus die Basis zu *eng* genommen ist". Im Basisphänomen-Text lesen wir folgendes:

> Der „Positivismus" des Wiener Kreises sieht *richtig*, daß „Wirklichkeit" in strengem Sinne niemals durch ein bloss-*formales* Verfahren (durch reine „Logik", durch „Beweis" und Argumentation) zu sichern ist.
> – Er verlangt für sie eine unabhängige *Basis*, auf der sich alle (mittelbare) Schlussfolgerung aufbaut –
> er sucht diese Basis in der „Wahrnehmung"-
> Wahrnehm[ung] ist das Einzige, was uns Wirklichkeit *er*schliesst
> – wir „schliessen" nicht (logisch-formal) *von* ihr *auf* Wirklichkeit – sondern sie ist das, was Wirkl[ichkeit] *auf*schliesst[;] sie gibt uns den einzigen (unmittelbaren) *Auf*schluss über Wirkl[ichkeit], der auf rein *begriffl[ichem]*, *log[ischem]* Wege nie zu gewinnen ist.
> *Insofern* [wird] die Sonderstellung der „Basis" anerkannt –[21]

Cassirer führt aus, daß es aber *drei* Basisphänomene gibt, die er verschiedentlich bezeichnet, manchmal rein grammatisch als ICH (= Carnaps Basis), DU und ES, manchmal inhaltlich als Leben, Wirken und Werk. Das Erste Basisphänomen, sagt er, ist „das Ich in seiner Lebensfülle", von diesem sagt er: „Das Dasein dieses Ichs ist uns gegeben, ohne daß es sich weiter explizieren ließe"; das zweite Basisphänomen, „die Erfahrung einer Umgebung, einer ‚Außenwelt', auf die die Monade bezogen und in ihrem Tun gerichtet ist", und das dritte Basisphänomen: „das Werk".[22] Diese Formulierungen entnehme ich dem ersten Kapitel von *Ziele und Wege der Wirklichkeitserkenntnis*, wo sie auch erläutert werden. Er sagt auch: die Basisphänomene „sind vor allem Denken und Schließen, liegen diesem selbst zu Grunde".[23]

Philosophiehistoriker werden hier fragen: Wo ist hier Kant geblieben? Was ist aus dem Marburger Neukantianer geworden, wenn seine Philosophie auf Phänomenen statt auf der transzendentalen Methode basiert? Nun, Cassirer hat die Fragestellung der transzendentalen Methode damit nicht verworfen, er wollte weiterhin nach den Bedingungen der Möglichkeit von Werken der Kultur fragen. Aber man kann gar nicht nach den „Bedingungen der Möglichkeit" von Basisphänomenen fragen, sonst handelt es sich nicht um *Basis*phänomene. Cassirer wollte also kein Konstitutionssystem aufbauen, sondern er wollte das Phänomen des „Erscheinens selbst" thematisieren. Cassirer stand Carnap aber in einer Hinsicht nah: in seiner Auffassung von der Wahrnehmung. Die Wahrnehmung konstituiert die „Elementarerlebnisse",[24] auf die beide rekurrieren. In Carnaps Ausführungen über „Elementarerlebnisse" kritisiert er die Auffassung Machs, wonach *einfache* Empfindungen eine Ausgangsbasis bilden können, und er knüpft dagegen explizit an die Gestalttheorie Wertheimers und Köhlers an.[25] Carnap sagt:

> Da wir jedoch von unserem Konstitutionssystem auch die Berücksichtigung der erkenntnismäßigen Ordnung der Gegenstände verlangen wollten (§ 54), so müssen wir von dem ausgehen, was zu allem anderen erkenntnismäßig primär ist, vom „Gegebenen", und das sind die *Erlebnisse selbst in ihrer Totalität und geschlossenen Einheit.*

Die gestalttheoretische Auffassung von Wahrnehmung, die Carnap hier gegen Mach ausspielt, hat Cassirer im dritten Band seiner *Philosophie der symbolischen Formen* (1929) gegen Husserl und Kant angewendet. Demnach sind nicht Einzelperzeptionen oder „Eindrücke" oder eine hyletische Schicht Instanzen in der Wahrnehmung, sondern nur Gesamterlebnisse. Die Basisphänomene finden sich in der Wahrnehmung in diesem Sinne. Das Ganzheitsdenken in der Tradition des Wiener Kreises setzte sich in Quines Behauptung fort, daß wir immer von der ganzen Sprache ausgehen, wenn wir von der „Verifikation" eines Satzes reden. Für Cassirer stand auch fest, daß die kleinste Einheit mit empirischer Bedeutung nicht geringer ist als die „ganze Wissenschaft". Cassirers Auffassung von einer Pluralität von symbolischen Formen oder (in Anlehnung an Humboldt) von der Pluralität und Relativität von Sprachen war ähnlich konzipiert.

Cassirer war genausowenig ein Anhänger von Totalitätsphilosophien Hegelscher Prägung wie es die Denker des Wiener Kreises waren. Deshalb ist auch Cassirers politische Philosophie ebenso frei von globalen geschichtsphilosophischen Thesen wie die Poppers, wenn er auch eine Schicht des sozialen Lebens anspricht, die Popper ausgelassen hat. Ich meine den Teil der Philosophie Cassirers, der keine Entsprechung im Wiener Kreis fand: die Theorie des mythischen Denkens. Hier hat Cassirer sich die schwierige Aufgabe gestellt, das sogenannte

Irrationale wissenschaftlich zu untersuchen. Ohne darauf genauer einzugehen, möchte ich anmerken, daß die Theorie des mythischen Denkens eine Illustration für Cassirers Versuche darstellt, eine Kulturwissenschaft aufzubauen.

Cassirer führte die Skepsis über die Möglichkeit einer Kulturwissenschaft auf seine Auffassung vom sogenannten „Fremdpsychischen" zurück. Für Cassirer ist das Phänomen des „Fremdpsychischen" mit dem des „Eigenpsychischen" verbunden: im Grunde gibt es „Eigenpsychisches" nur *in Beziehung auf* Fremdpsychisches und umgekehrt. Leugnung des Fremdpsychischen führt unweigerlich zur Leugnung des Eigenpsychischen.

Hierzu wieder ein Zitat aus einem späten Text Cassirers:

> Carnap und der „Wiener Kreis" können dem Behav[iorismus] in dieser Konsequenz nicht folgen – Sie reden zwar die behaviour [istische] Sprache[,] und sie verwenden fortwährend behaviour [istische] Argumente, wenn es sich um die Frage des „Fremdpsychischen" handelt –
> Aber das „Eigenpsychische" müssen sie vor der Skepsis des Behav [iorismus] schützen – denn es ist ja das Fundament, die tragende Schicht, die eigentl[iche] Basis des ganzen Konstitutionssystems; ohne die der ganze Bau zusammenbräche –
> Dank der These des „methodischen Solipsismus" sind ja „unsere Erlebnisse" das einzig-Gewisse[,] auf das alle unsere Urteile, Sätze zurückgeführt werden müssen –
> [...]
> Der Nachteil ist, daß jetzt das „Eigenpsychische" wieder einen solchen Primat erhält, daß das „Fremdpsychische" ihm nicht gleichgestellt werden kann –
> also problematisch bleiben muss –
> Z.T. hängt freilich diese Problematik damit zusammen, daß Carnap u. der Wiener Kreis die Basis des Problems viel zu schmal ansetzen, indem sie die ganze Frage der „Gewissheit vom Fremdpsychischen" [...] in eine Frage des objekt[iven]-wissenschaftlichen Urteils, in eine Frage der wissenschaftl[ichen] „Psychologie" verwandeln[.]
> Cf. Scheinprobl. S. 38f.
> [...]
> Das aber ist ausschliesslich vom Standpunkt einer „Laboratoriums Psychologie" richtig, die im wirklichen Verkehr von Mensch zu Mensch niemals vorkommt

(hier wollen wir niemals Ausdruckserlebnisse einfach „rational-beschreiben")[,]
ja die auch „im" Laboratorium selbst, beim psycholog[ischen] Versuch[,] niemals durchführbar ist –
Denn der Psychologe „experimentiert" mit seinen Versuchspersonen nicht in derselben Weise, wie der Chemiker oder Physiker mit einer bestimmten Substanz –
Der Psychologe „experimentiert" ja (als „Denkpsychologe", Sprachpsychologe, „Religionspsychologe")
immer schon in einem bestimmten Medium u. setzt dieses Medium implizit voraus, trägt es gleichsam stets mit sich herum[.]
Er kann gar nicht schlechthin in die künstliche „psychologische" Einstellung übergehen, er muss immer die natürliche (a-theoretische, ausdrucksmässige) beibehalten:
denn die Sprache ist ja das Mittel, durch das er allein mit seinen Versuchspersonen verkehren,
sich mit ihnen „verständigen" kann[.]
In Frage und Antwort, dia-logisch, muss sich dieser Verkehr vollziehen – und schon die erste „Frage" macht die Versuchsperson zu mehr als einem blossen Versuchsobjekt[.]
Wer „Äusserungen" seiner Versuchspersonen aufzeichnet, der sieht in ihnen eben nicht blosse physische „Reaktionen"
(Laute und „Sprachgewohnheiten")[,]
sondern eben Aktionen (selbständige Bekundungen von Denkerlebnissen etc.) – [...]
Der Psychologe, der seine Versuchspersonen als blosse Sprechmaschinen (Grammophone) behandeln u. ihre „Äusserungen" in diesem Sinne „protokollieren" würde, könnte daher niemals zu irgend einem Resultat kommen –[26]

Der Psychologe muß seinen Versuchspersonen Fragen stellen. Er muß sie wie *Personen* behandeln. Mit anderen Worten, das Basisphänomen des DU läßt sich nicht auf ein ES-Phänomen reduzieren. Für Cassirer kann die Kulturwissenschaft weder auf physikalistischer Basis ausgearbeitet werden, noch kann sie, wie im französischen Positivismus (Taine) Gesetzeserkenntnis anstreben. So schreibt er folgendes:

Wir müssen die „Logik" im Begriff und in der Definition der Erfahrung selbst wieder zu Ehren bringen[,]
wie es der „logische" Positivismus des Wiener Kreises für die Physik bereits getan hat[.]

– Einen solchen „logischen Positivismus" brauchen wir nicht nur für die Naturwissenschaften, sondern auch für die Geisteswissenschaften (Kulturwissenschaften)[,]
und die Logik („Formenlehre") der Geisteswissenschaften ist die „Philos[ophie] der symbol[ischen] F[ormen]" – eine Logik, die sich freilich nicht „logistisch", wie die der <u>Mathematik</u> darstellen lässt – Aber <u>das</u> braucht uns nicht zu beirren: denn schon die physikalischen Aussagen lassen sich nicht restlos „logifizieren" im Sinne der „Logistik" –
gerade das <u>Induktionsproblem</u> bedeutet hier bereits eine feste Schranke.
Wir brauchen eine „bewegliche" Logik[,] die ihren besonderen „Gegenständen" angemessen ist[.]
<u>Diese</u> Logik wird nicht <u>dialektisch</u> im Sinne Hegels sein, indem sie das All dieser Gegenstände nach einem bestimmten Schema
– der „Dialektik" von Thesis, Antithesis, Synthesis –
aus sich hervorgehen lässt –
wohl aber „transcendental"
indem sie die <u>Erkenntnisbedingungen</u> der Mathemat[ik], der Naturwissensch[aft] nicht nur,
sondern auch der Geschichte, der „Geisteswissenschaften" etc. untersucht –[27]

Cassirers Schrift *Zur Logik der Kulturwissenschaften* enthält manches von der ihm vorschwebenden Wissenschaft. Mehr steht in dem umfangreichen Text zur „Objektivität der Ausdrucksfunktion" (aus den 30er Jahren), aus dem ich zitiert habe.[28]

Genau zu der Zeit, als der Wiener Kreis als Gruppe zu existieren aufhörte, befaßt sich Cassirer mit ihm eingehend. Hierfür gab es drei Gründe:

1) Erstens fand Cassirer noch in den Schriften der vertriebenen Denker des Wiener Kreises Gesprächspartner, mit denen er sich wissenschaftlich produktiv auseinandersetzen konnte. Er teilte mit den Verfassern die Überzeugung, daß Philosophie in der modernen Welt nur sinnvoll sein kann, wenn sie die Arbeit der empirischen Wissenschaft kennt. Einen Vortrag Cassirers „Zum Kausalproblem" beim 2. Internationalen Kongress für die Einheit der Wissenschaft in Kopenhagen im Juni 1936 wurde in *Erkenntnis* angekündigt.[29] Die schwere Erkrankung seiner Frau verhinderte aber seine Teilnahme.

2) Zweitens war der Wiener Kreis nicht mehr auf Wien beschränkt. Sein Organ – die Zeitschrift *Erkenntnis* – erhielt Cassirer auch in

Schweden. Gerade in Skandinavien wurde der Wiener Kreis stark rezipiert. Noch am 28. Oktober 1929 schrieb Cassirer ein Gutachten über Eino Kaila für die Besetzung eines Lehrstuhls an der Universität Helsingfors (Helsinki). Er war von Kailas Arbeiten, die auf Forschungen bei Charlotte Bühler in Wien beruhten, sehr angetan, besonders von Kailas Aneignung und Deutung der Gestalttheorie. Als Kaila im Jahr 1930 seine Abhandlung „Der Logistische Neupositivismus. Eine kritische Studie" publizierte,[30] hat Cassirer sie gleich gelesen. Er las auch die Arbeit „Logischer Positivismus. Versuch einer Darstellung und Würdigung der philosophischen Grundanschauungen des sog. Wiener Kreises der wissenschaftlichen Weltauffassung" (1931)[31] seines guten Freundes Åke Petzäll (Gründer der Zeitschrift *Theoria*).

Cassirer pflegte von 1915 bis 1945 Briefkontakte zu Reichenbach (Mithrsg. der *Erkenntnis*). Sie korrespondierten 1936–1937 über eine geplante Arbeit Cassirers über den Wiener Kreis für die *Erkenntnis*, die Cassirer aber nach dem Tod von Moritz Schlick am 22. Juni 1936 nicht mehr abgeliefert hat.

3) Drittens war es schließlich nicht mehr möglich, mit den Richtungen der Philosophie, die in Deutschland Verbreitung fanden, sich wissenschaftlich oder gar sachlich auseinanderzusetzen. Mephistos Worte, „Verachte nur Vernunft und Wissenschaft, des Menschen allerhöchste Kraft. Lass nur in Blend- und Zauberwerken dich von dem Lügengeist bestärken, so hab' ich dich schon unbedingt", gewannen eine neue politische und moralische Bedeutung. Als Cassirer im Januar 1937 im Rundfunk in Wien über „Descartes' *Discours*" zur 300. Jahresfeier seiner Publikation sprach, unterstrich er, daß Descartes als Befreier – nicht bloß in der Wissenschaft – gewirkt hat, weil er Klarheit und Deutlichkeit im Denken verlangte. Das war eine Botschaft, die ihn mit dem Wiener Kreis innigst verband.

Ein letztes Zitat soll die Idee der Philosophie zeigen, wie Cassirer sie verstand, im Vergleich zum Wiener Kreis.

Weder die Philosophie noch die Wissenschaft ist gehalten, <u>alle</u> Fragen zu beantworten – sondern nur die „sinnvollen"[.][32] Nicht nur die Antworten der Wissenschaft, sondern schon ihre <u>Fragen</u> bedürfen der „Legitimation" – <u>das</u> ist die gesunde <u>Maxime</u> des Wiener Kreises, in der wir völlig mit ihm übereinstimmen –
(nur daß wir den Kreis der Legitimations-Merkmale und der Legitimations-Möglichkeiten weiter ziehen als er –
weil uns nicht alles als „metaphysisch" gilt, was im Grunde nur „metaphysikalisch" ist!)

Hier denkt Cassirer wieder an den Physikalismus. Aber bemerkenswerter sind die folgenden Aussagen zur Empirie:

> Ohne diese „Verankerung" in einer bestimmten Erlebnis-Schicht (den „Wahrnehmungserlebnissen" oder den „Ausdruckserlebnissen") gibt es weder eine wissenschaftliche „Theorie" noch sonst eine Form des „Weltverständnisses" –
> – <u>insofern</u> stimmen wir dem „Empirismus" der Wiener Schule durchaus zu –
> aber weder die Wahrnehmungserlebnisse, noch die Ausdruckserlebnisse sind <u>zureichend</u>, die physische Gegenstandswelt (<u>Dingwelt</u>) oder die <u>kulturelle</u> Welt (Kunst etc.) aus sich hervorgehen [zu lassen] –
> die „Funktionsprobleme" [er meint die symbolischen Funktionen] sind nie auf die „Basisprobleme" <u>zurückführbar</u> –
> sie stellen immer eine <u>eigene</u> Aufgabe, deren Schwierigkeit man sich nicht durch einen falschen Methoden-Monismus (Physikalismus) <u>verbauen</u> darf –
> [...]
> Wir legen also den Nachdruck auf die <u>Funktions</u>-Seite, nicht auf die Basis-Seite –
> aber wir <u>leugnen</u> darum natürlich nicht die Notwendigkeit der „Basis", sind in <u>dieser</u> Hinsicht durchaus „Empiristen" –[33]

Wir sehen: Cassirer nahm in seine spätere Lehre von den Basisphänomenen nicht nur Anregungen aus dem Wiener Kreis auf, sondern war sogar bereit, die von den Neukantianern verschmähte Bezeichnung „Empirist" für sich zu beanspruchen.

Schluß

Wie eingangs schon gesagt, sind die Beziehungen Cassirers zum Wiener Kreis vielfältiger, als ich hier zeigen kann. Für eine geschichtliche Darstellung ist es zu früh, denn die Versuche, Cassirers Briefwechsel mit Mitgliedern des Wiener Kreises, mit Physikern und anderen Wissenschaftlern zu sammeln, sind noch nicht abgeschlossen. Für eine philosophische Analyse ist es ebenfalls zu früh, denn die Haupttexte hierzu aus Cassirers Feder sind noch nicht publiziert. Ich schließe daher mit einer biographischen Anmerkung. Cassirer war am Ende seines Lebens im Begriff, nach Los Angeles umzuziehen, wo sein alter Freund

Hans Reichenbach eine Professur an der University of California für ihn arrangiert hatte. Aus New York schrieb Cassirer am 10. April 1945 an Reichenbach, also nur drei Tage vor Cassirers Tod, sie sollten auch ein gemeinsames Seminar abhalten. Cassirer teilte Reichenbach mit, daß er sich deshalb darauf freue, weil er sich mit ihm immer so gut verständigen könne, obwohl oder gerade weil sie oft verschiedener Meinung waren.

Wirkliche Wissenschaft ist sokratisch; sie lehrt Grenzen erkennen. Die Philosophen, die sich über die Wissenschaft erhaben dünkten oder es sich gar zu sagen erlaubten, die Wissenschaft „denke" nicht, erkannten deshalb Grenzen nicht besser. Wir finden beim späten Cassirer bedeutende Versuche, auf Fragen aus dem Wiener Kreis zu antworten oder seine Gedanken weiter zu entwickeln. Dies geschah im Geist dessen, was Cassirer gerne eine „gemeinsame Aufgabe" nannte, denn er erkannte in der wissenschaftlichen Weltanschauung des Wiener Kreises den auch für ihn wegweisenden Ethos der Philosophie.

Anmerkungen

1. Toni Cassirer war Tochter des Wiener Industriellen Otto Bondi (1844–1928). Auch nach dem Tod von Frau Cassirers Eltern waren Ernst und Toni Cassirer oft in Wien, um Frau Cassirers Schwester, Edith, zu besuchen. Sie wohnten zumeist bei ihr und ihrem Mann, dem Diplomaten Max Waller, Dreihufengasse 11 in Wien, VI.
2. Die hierin wiedergegebene Passagen aus Cassirers noch nicht publizierten Manuskripten werden mit besonderer Genehmigung des Rechtsinhabers, Yale University Press, zitiert. Diese Texte werden ohne Kürzung in der bei dem Felix Meiner Verlag (Hamburg) erscheinenden Ausgabe *Ernst Cassirer – Nachgelassene Manuskripte und Texte* (abgekürzt: ECN) erscheinen, und zwar in Band 5: *Zur Kulturphilosophie und zum Problem des Ausdrucks*.
3. Cassirer bezieht sich hier auf Kant: *Kritik der reinen Vernunft*, Vorrede, B XXXVI.
4. Aus: „Zur ‚Relativität der Bezugssysteme'", Abschnitt 5,2, in den Ernst Cassirer Papers, Yale University, Beinecke Rare Book and Manuscript Library, Box 52, folder 1042. Das Manuskript ist unpaginiert.
5. Schlick an Carnap, den 6. Oktober 1924, zitiert nach Klaus Hentschel, *Interpretationen und Fehlinterpretation der speziellen und der allgemeinen Relativitätstheorie durch Zeitgenossen Albert Einsteins* (Basel–Boston–Berlin: Birkhäuser 1990), S. 519.
6. Siehe Cassirer, *Zur Einstein'schen Relativitätstheorie. Erkenntnistheoretische Betrachtungen* (Berlin: Bruno Cassirer, 1921); Schlick, „Kritische oder empirische Deutung der neuen Physik?", *Kant-Studien* 26 (1921): S. 96ff.; Cassirer, „Erkenntnistheorie nebst den Grenzfragen der Logik und Denkpsychologie", *Jahrbücher der Philosophie* 3 (1927): S. 31-92.

7. Siehe Cassirer, „Erkenntnistheorie nebst den Grenzfragen der Logik und Denkpsychologie", in: *Jahrbücher der Philosophie* 3 (1927): bes. S. 78f. Vgl. Schlick, „Kritische oder empirische Deutung der neueren Physik?" in: *Kant-Studien* 26 (1921): S. 96ff., bes. S. 108.
8. Cassirer, *Determinismus und Indeterminismus in der modernen Physik* (1936, Darmstadt: Wissenschaftliche Buchgesellschaft 1964), S. 197.
9. Carl Friedrich von Weizsäcker, Rezension von Cassirer: *Determinismus und Indeterminismus in der modernen Physik*, in: *Physikalische Zeitschrift* 38 (1937): 861.
10. Philipp Frank, *Modern Science and its philosophy* (Cambridge: Harvard University Press 1949), S. 174f.; vgl. S. 174-85.
11. Cassirer an Kristeller, 29.7.1934. In: Columbia University Rare Book and Manuscript Library, New York. Ich danke Prof. Kristeller für seine Erlaubnis, aus seinem Briefwechsel zu zitieren.
12. Cassirers Briefwechsel mit Reichenbach wird in ECN 20 erscheinen.
13. Reichenbach hat 1929-1930 oft im Berliner Radio gesprochen und hätte gut als Vermittler für Cassirer wirken können. Siehe Lutz Danneberg, Andreas Kamlah, Lothar Schäfer (Hrsg.), *Hans Reichenbach und die Berliner Gruppe* (Braunschweig 1994), S. 403 Anm. 52. Cassirers Rundfunkvorträge erscheinen in ECN 8.
14. „Naturalistische und humanistische Begründung der Kulturwissenschaft" erschien in: *Göteborgs Kungl. Vetenskaps- och Vitterhets-Samhälles Handlingar*. Femte följden. Ser. A. Bd. 7. Nr. 3 (1939): 1-28.
15. Dieses Werk ist im Jahre 1998 als ECN 2 erschienen.
16. Aus: „Zur ‚Relativität der Bezugssysteme'", Abschnitt 5,2, in den Ernst Cassirer Papers, Yale University, Beinecke Rare Book and Manuscript Library, Box 52, folder 1042. Das Manuskript ist unpaginiert.
17. Reichenbachs *Ziele und Wege der physikalischen Erkenntnis* erschien in H. Geiger und Karl Scheel (Hrsg.), *Handbuch der Physik* (Berlin 1929), Bd. 4: *Allgemeine Grundlagen der Physik*, S. 1-80. Seine Schrift *Ziele und Wege der heutigen Naturphilosophie* erschien als Monographie (Hamburg: Felix Meiner 1931). In dem editorischen Bericht zu Cassirers *Ziele und Wege der Wirklichkeitserkenntnis* ist nachzulesen, daß Cassirer diese Reichenbachschen Schriften kannte.
18. Carnap, „Die physikalische Sprache als Universalsprache der Wissenschaft", in: *Erkenntnis* 2 (1931): 432-465., S. 462.
19. Zuerst erschienen als: „Zur Logik der Kulturwissenschaften. Fünf Studien", in: *Göteborgs Högskolas Årsskrift* 48. Heft 1 (1942): S. 1-139.
20. Siehe „Über Basisphänomene", in: *Zur Metaphysik der symbolischen Formen*, Hrsg. von John Michael Krois (Hamburg: Felix Meiner, 1995), (= ECN 1), S. 113-195.
21. ECN 1, S.118.
22. Diese Formulierungen sind dem ersten Kapitel von Cassirer, *Ziele und Wege der Wirklichkeitserkenntnis*, hrsg. v. Klaus Christian Köhnke und John Michael Krois (Hamburg: Felix Meiner, 1998) (ECN 2) entnommen, S. 9-10.
23. ECN 1, S. 132.
24. Siehe Carnaps Lehre von den Elementarerlebnissen in Carnap, *Der logische Aufbau der Welt* (Berlin-Schlachtensee 1928), Abschnitt 67: „Die Wahl der Grundelemente: die ‚Elementarerlebnisse'".
25. Siehe a.a.O., bes. S. 91f.: „Man könnte etwa daran denken, die letzten Bestandteile, die sich bei psychologischer und phänomenologischer Analyse der Erlebnisse ergeben, als Grundelemente zu nehmen, also etwa einfachste Sinnesempfindungen (wie Mach < Anal. >), oder allgemeiner: psychische Elemente verschiedener Arten, aus denen die Erlebnisse aufgebaut werden könnten. Bei näherer Betrachtung müssen wir jedoch erkennen, daß in diesem Falle nicht das Gegebene selbst, sondern Abstraktionen daraus, also etwas erkenntnismäßig Sekundäres, als Grundelemente

genommen werden. Zwar sind Konstitutionssysteme, die von solchen Grundelementen ausgehen, ebenso berechtigt und durchführbar, wie etwa Systeme mit physischer Basis. Da wir jedoch von unserem Konstitutionssystem auch die Berücksichtigung der erkenntnismäßigen Ordnung der Gegenstände verlangen wollten (§ 54), so müssen wir von dem ausgehen, was zu allem anderen erkenntnismäßig primär ist, vom ‚Gegebenen', und das sind die *Erlebnisse selbst in ihrer Totalität und geschlossenen Einheit.*"

26. Aus: Cassirer, „Zur ‚Objektivität der Ausdrucksfunktion'", Blatt VIII, in den Ernst Cassirer Papers, Yale University, Beinecke Rare Book and Manuscript Library, Box 52, folder 1043. Das Manuskript ist unpaginiert.
27. Aus: Zur „Objektiv. der Ausdrucksfunktion" (Blatt X), in den Ernst Cassirer Papers, Yale University, Beinecke Rare Book and Manuscript Library, Box 52, folder 1041. Das Manuskript ist unpaginiert.
28. Dieser Text wird in ECN 5 veröffentlicht werden.
29. Siehe das Programm der Konferenz in: *Erkenntnis* 14, Heft 2, S. 138. Cassirers Beitrag wird aber nicht mehr erwähnt in den Akten des Kongresses, in: *Erkenntnis* 14, Heft 5/6.
30. Kaila, „Der Logistische Neupositivismus. Eine kritische Studie", in: *Annales Universitatis Aboensis,* Series B. Tom. XIII. (1930): S. 7-93.
31. Petzäll, „Logischer Positivismus. Versuch einer Darstellung und Würdigung der philosophischen Grundanschauungen des sog. Wiener Kreises der wissenschaftlichen Weltauffassung", in: *Göteborgs Högskolas Arsskrift* 37 (1931:3): S. 1-36.
32. Carnap, *Der logische Aufbau der Welt,* S. 26l. Carnap zitiert Wittgenstein im *Aufbau* wie folgt: „‚Zu einer Antwort, die man nicht aussprechen kann, kann man auch die Frage nicht aussprechen. Das Rätsel gibt es nicht. Wenn sich eine Frage überhaupt stellen läßt, so *kann* sie auch beantwortet werden [...] Wir fühlen, daß selbst, wenn alle möglichen wissenschaftlichen Fragen beantwortet sind, unsere Lebensprobleme noch gar nicht berührt sind. Freilich bleibt dann eben keine Frage mehr, und eben dies ist eine Antwort.'" Vgl. Ludwig Wittgenstein: „Logisch-philosophische Abhandlung", in: *Annalen der Naturphilosophie* 14 (1921): 185-262, S. 262.
33. Aus: „Zur Relativität der Bezugssysteme", Abschnitt 4., in den Ernst Cassirer Papers, Yale University, Beinecke Rare Book and Manuscript Library, Box 52, folder 1042. Das Manuskript ist unpaginiert.

GERHARD BENETKA

DER „FALL" STEGMÜLLER[1]

Einleitung

1.
Aus systemtheoretischer Perspektive ist die in wissenschaftsgeschichtlichen Untersuchungen gängige Differenzierung von „externen" bzw. „sozialen" und „internen" bzw. „kognitiven" Faktoren oder Determinanten des Wissenschaftsprozesses als „unsinniger Kategorienfehler" erkannt worden (vgl. dazu Krohn & Küppers, 1989 u. 1990): Das Grundproblem aller externalistischen Konzeptionen ist, daß in ihnen der Einfluß des „Sozialen" in den fertigen Produkten (Theorien) statt in den *fertigenden Handlungen* der WissenschafterInnen aufgewiesen und daher „an dem kategorial verqueren Verhältnis zwischen einem vermeintlich rationalen Gebilde (z.b. den Newtonschen Axiomen) und sozialen Bedingungen" abgearbeitet werden soll (Krohn & Küppers, 1990, S. 316). Nimmt man dagegen die Frage, was WissenschafterInnen von Berufs wegen tun, zum Ausgangspunkt der Untersuchung, so gelangt man zu einer anderen und unproblematischen Kategorisierung: WissenschafterInnen gehen mit materiellen und immateriellen Objekten um – sie beobachten, experimentieren, messen, berechnen etc. Sie tun dies nicht für sich allein, sondern in und für die Gemeinschaft mit anderen; sie kommunizieren, kooperieren, kurzum: sie interagieren mit anderen – mit MitarbeiterInnen, FachkollegInnen, Fakultätsangehörigen, Ministerialbehörden, PolitikerInnen etc. Der Grundsatz, dem der klassische Externalismus Anerkennung verschaffen wollte, löst sich von hier aus in eine geradezu triviale Bemerkung auf: Soziale Interaktionen von WissenschafterInnen beeinflussen die Art und Weise, wie sie sich wissenschaftlich mit einer Sache beschäftigen und umgekehrt.

WissenschafterInnen „forschen", d.h. sie produzieren kooperativ Wissen, das sich gegenüber anderen als neue Erkenntnis ausgeben läßt (ebd., S. 307). Von diesem „Forschungshandeln", das auf den engen Bereich der Forschungsgruppe beschränkt bleibt, ist ein „Handeln-in-die-Umwelt-hinein" zu unterscheiden, das die Bedingungen zur Aufrechterhaltung und Fortsetzung der Forschungsarbeit sichern soll: WissenschafterInnen versuchen ständig, „ihre Umwelt durch Erhöhung des eigenen Einflusses für sie günstig zu gestalten, sowie die eigenen Forschungen auf die erwarteten Umweltbedingungen einzustellen" (ebd., S. 316). Die – einfach zu beobachtenden – Wechselwirkungen zwischen dem auf Wissensproduktion abzielenden *Forschungshandeln* und dem auf die Vermarktung des produzierten Wissens gerichteten *Wissenschaftshandeln* ist also im systemtheoretisch reformulierten Externalismus an die Stelle der Gegenüberstellung der Entitäten „Theorien" vs. „soziale Institutionen" getreten.

2.

Die Fruchtbarkeit dieser begrifflichen Unterscheidung gilt es in konkreten wissenschaftshistorischen Untersuchungen erst zu erweisen. Ziel der nachstehenden Studie ist es, die politische Dimension des Begriffs „Wissenschaftshandeln" zu erschließen. Es geht dabei um einen für die Geschichte der Wissenschaft in Österreich zu Beginn der fünfziger Jahre geradezu exemplarischen „Fall": Das Scheitern der Berufung von Wolfgang Stegmüller auf das nach der Emeritierung von Theodor Erismann an der Universität Innsbruck geschaffene Extraordinariat für historische und systematische Philosophie.

Hauptakteur der hier zu diskutierenden Geschichte ist aber nicht Stegmüller, sondern Hubert Rohracher, der seit 1943 das Psychologische Institut der Universität Wien leitete. Rohrachers (teilweise) erhalten gebliebene Institutskorrespondenz erlaubt Einblicke in die informellen – d.h. in behördlichen Schriftstücken nicht registrierten – Abläufe der Vorbereitung von wissenschaftspolitischen Entscheidungen.

Rohracher zählte in den fünfziger und sechziger Jahren zu den führenden akademischen Psychologen im deutschen Sprachraum. Weniger bekannt ist, daß er von verschiedenen Positionen aus die Entwicklung der Rahmenbedingungen des Systems Wissenschaft im Österreich der Nachkriegszeit entscheidend mitbestimmte. Er war Gründungs- und Vorstandsmitglied der Sektion Hochschullehrer im Österreichischen Gewerkschaftsbund und wurde in der Öffentlichkeit gelegentlich für das Zustandekommen des sogenannten Emeritierungsgesetzes persönlich verantwortlich gemacht.[2] Kernstück des 1956 in Kraft getretenen Gesetzes war die Bestimmung, daß Hochschulprofessoren im Ruhestand der volle Aktivbezug zusteht. In den langwierigen Verhandlungen hatten die Gewerkschafter damit argumentiert, daß die „an allen Hochschulen der Deutschen Bundesrepublik und ebenso in Ostdeutschland [...] allgemein eingeführt[e]" Emeritierung einer „der entscheidenden Gründe für die Schwierigkeiten, Berufungen aus Deutschland durchzuführen", sei und zugleich einen starken „Anreiz für österreichische Gelehrte" darstelle, „Berufungen nach Deutschland anzunehmen".[3]

Um die Hebung der internationalen Konkurrenzfähigkeit österreichischer Forschung ging es auch bei den von der Österreichischen Akademie der Wissenschaften entwickelten Plänen zur Bildung eines nationalen Fonds zur Wissenschaftsförderung. An den sich über viele Jahre hinziehenden politischen Diskussionen um Organisation und Finanzierung einer solchen Einrichtung war Rohracher wiederum führend beteiligt gewesen.[4] 1960 wurde er schließlich bei der Gründung des Österreichischen Forschungsrates zu dessen Präsident gewählt.

Auch im engeren akademischen Zusammenhang bekleidete Rohracher wichtige Ämter und Funktionen: Im Rahmen der Planungskommission der österreichischen Rektorenkonferenz arbeitete er seit den fünfziger Jahren an den Entwürfen zu einer umfassenden Hochschulreform mit (Kainz, 1973, S. 61). Als Vorsitzender des Gebäudeausschusses an der Universität Wien war er für den Wiederaufbau der im Krieg zerstörten Universitätseinrichtungen, insbesondere auch für den Neubau des Neuen Institutsgebäudes verantwortlich.

Wissenschaftspolitischen Einfluß hatte Rohracher unmittelbar nach Kriegsende nicht zuletzt auch durch seine Mitwirkung an den Maßnahmen zur Entnazifizierung des Lehrkörpers an der Universität Wien erlangt. Die guten Kontakte zu Entscheidungsträgern im Unterrichtsministerium, die sich daraus ergaben, ließen sich bisweilen auch zur Durchsetzung fachpolitischer Interessen nutzen. (Vgl. dazu ausführlich Benetka, 1998).

3.
Rohracher war, obzwar sein Lehrstuhl an der Universität Wien für Philosophie definiert war, seinem Selbstverständnis nach Psychologe. Daß er die Psychologie als eine Naturwissenschaft betrieben sehen wollte, fand offenbar nicht überall eine freundliche Aufnahme:

> Die engen Beziehungen meines Lehrfaches zu weltanschaulichen Einstellungen verpflichten mich, mit groesster Sorgfalt alles zu vermeiden, was bei den Studierenden – wenn auch mit Unrecht – den Eindruck irgendeiner philosophisch-politischen Bindung erwekken könnte, zumal gerade die von mir vertretene Psychologie als „materialistisch" von metaphysisch eingestellten Gegnern häufig angegriffen wird.[5]

Aufgrund des Scheiterns der Entnazifizierung der Hochschulen und der unterbliebenen Rückholung von EmigrantInnen war das intellektuelle Leben in Österreich bis weit in die sechziger Jahre hinein durch das über personelle Kontinuitäten zum austrofaschistischen „Ständestaat" vermittelte Fortwirken klerikal-konservativer Tendenzen geprägt. Die Hochschulphilosophie war von dieser Restauration katholischer Geistes- und Glaubenshaltung besonders betroffen. Im historischen Rückblick konstatierte der Grazer Philosoph Rudolf Haller (1986, S. 228) die Existenz eines „neo-klerikalen Philosophenregimes", „wie man es sonst vielleicht nur in Spanien kannte." In diesem Kontext sind die „metaphysisch gesinnten Gegner" zu verorten, deren Angriffe Rohracher offenbar fürchtete. Rohracher selbst war trotz oder vielleicht sogar wegen seiner familiär bedingten Beziehung zum Katholizismus – sein Vetter Andreas Rohracher war Fürsterzbischof von Salzburg – jede weltanschauliche oder religiöse Bindung in Fragen der Wissenschaft ein Ärgernis. Als Inhaber eines Lehrstuhls für Philosophie vertrat er damit im großkoalitionären Österreich zur Zeit des Kalten Krieges eine Minderheitenposition.

4.

In seinem Beitrag zu einem 1965 erschienenen Buch mit dem bezeichnenden Titel *Österreich – geistige Provinz?* hat der Wiener Philosophie-Dozent Béla Juhos (1965) die Frage, ob es hierzulande eine „wissenschaftliche Philosophie" gäbe, verneint. Denn die an den österreichischen Hochschulen dominierenden Richtungen seien allesamt durch ihre weltanschauliche Gebundenheit gekennzeichnet. „Weltanschaulich gebunden" nannte Juhos einen Denkstil, der von vornherein feststehende Wahrheiten im nachhinein mit Argumenten zu begründen sucht. Gegen diese Art des philosophischen Spekulierens sei die „erkenntnisanalytische Philosophie" in der Tradition des „Wiener Kreises" angetreten, indem sie sich gerade die Aufdeckung von als „wissenschaftlich" ausgegebenen „alogischen Wortassoziationen" zur Aufgabe macht. Aufgrund ihres ideologiekritischen Anspruchs werde die „freie", „wissenschaftliche Philosophie" überall dort in ihrer Entwicklung behindert, „wo eine weltanschauliche Ideologie als Wissenschaft zur Geltung kommen will". Die Verhältnisse in Österreich wären in dieser Hinsicht durchaus mit jenen in den östlichen Nachbarstaaten vergleichbar:

> Die mit totalitären Ansprüchen auftretende Weltanschauung in den Oststaaten duldet die wissenschaftlich erkenntnisanalytische Philosophie auf ihren Hochschulen ebensowenig, wie sie von der diametral entgegengesetzten, aber mit nicht weniger wissenschaftlichen Ansprüchen auftretenden Weltanschauung der öster-

reichischen Kulturpolitik auf den beamteten Lehrkanzeln der heimischen Universitäten geduldet wird. (Juhos, 1965, S. 238)

Juhos sah sich selbst als ein Opfer der in Österreich herrschenden Wissenschaftspolitik. Er, der von den Anfängen in den zwanziger Jahren bis zum bitteren Ende im Jahr 1936 dem Schlick-Kreis angehört hatte, konnte sich erst nach dem Krieg – mittlerweile 47jährig – bei Viktor Kraft an der Universität Wien habilitieren. Über die Verleihung des Titels eines außerordentlichen Professors kam seine akademische Karriere dann nicht hinaus. Seine Stellung an der Universität blieb also auf das Recht beschränkt, ohne Anspruch auf geregelte Entlohnung Lehrveranstaltungen abhalten zu dürfen (Schleichert, 1971).

Von den Angehörigen des Wiener Kreises waren nach der im faschistischen Ständestaat begonnenen und nach dem sogenannten Anschluß von den Nationalsozialisten fortgesetzten Verfolgung des Logischen Positivismus nur drei Vertreter in Österreich verblieben: Viktor Kraft, Heinrich Neider und eben Béla Juhos.[6] Von den Kernmitgliedern, die emigrieren hatten müssen, wurde nach 1945 niemand nach Österreich zurückgeholt. Viktor Kraft war zwar von 1947 an als Extraordinarius und seit 1950 als Ordinarius und Mitvorstand des Philosophischen Instituts an der Universität Wien tätig. Eine schulenbildende Wirkung konnte er dort – er emeritierte bereits 1952 – aber nicht mehr entfalten.[7]

Im Unterschied zu anderen emigrierten deutschsprachigen Philosophen hatten die logischen Positivisten von den späten dreißiger Jahren an großen Einfluß auf die Weiterentwicklung der Philosophie im internationalen Fachzusammenhang genommen. Daß die Emigration des Wiener Kreises und seines Umfelds letztlich auch für dessen Weltgeltung entscheidend war, ist heute unbestritten (Stadler, 1997, S. 619). Ebenso steht aber außer Zweifel, daß dadurch die Philosophie in Österreich einen intellektuellen Aderlaß erlitt, von dem sie sich Jahrzehnte lang nicht mehr erholen sollte.

An den Hochschulen dominierte in den vierziger und fünfziger Jahren der Rückgriff auf die „Tradition". Ungeachtet ihrer verschiedenen Schulen-Abstammung verbanden die ganzheits-, existenzial- und/oder schlichtweg dem christlichen Glauben verpflichteten philosophischen Entwürfe der Wiener Ordinarien Leo Gabriel und Erich Heintel, der beiden Grazer Professoren Amadeo Silva-Tarouca und Ferdinand Weinhandel sowie des Innsbrucker Ordinarius Hans Windischer ähnliche Denkmuster: Von einem Gegensätze „überwindenden", „emporeinigenden", „integrierenden" oder „vermittelnden" Denken war hier ständig die Rede. Der Bezug auf „dialektische Prinzipien" ging mit der „Ablehnung des logisch-analytischen Instrumentariums" und damit „auch der mathematischen Logik" einher. Diese Form der Philosophie konnte und wollte mit einzelwissenschaftlicher Forschung nichts mehr zu tun haben. Nur konsequent, daß daher die Entwicklung der Philosophie im angelsächsischen Sprachraum „als belanglos bewertet und weitgehend ignoriert" wurde. (Vgl. dazu Haller, 1986, S. 236-237). Gegen den Re-Import einer „erkenntnisanalytischen Philosophie" (Juhos) hatten die „Restaurationsphilosophen" an den österreichischen Universitäten gleichsam ein „geistiges Bollwerk" errichtet.

Die Rahmenbedingungen für diese Entwicklung wurden von der konservativen Kulturpolitik der Unterrichtsminister Felix Hurdes, Ernst Kolb und Heinrich Drimmel geschaffen.[8] Der Katholik Drimmel machte kein Hehl daraus, daß ihm der Positivismus als eine „zersetzende" Philosophie galt: Heinrich Neider erinnerte sich an eine Zeitungsüberschrift, in der man den Unterrichtsminister mit dem Worten „Positivismus ist gleich Kommunismus" zitierte. (Vgl. Neider, 1977). Es braucht also nicht zu verwundern, daß Drimmel auch der Ausspruch zugeschrieben wurde: „Solange ich Unterrichtsminister bin, wird in Österreich kein Positivist Professor!" (Fischer, 1965, S. 227)

Die Nachfolge Erismann – Probleme und Lösungsstrategien

1.
Drei Professoren wurden von Haller (1986, S. 238-239) ausdrücklich vom Verdikt der „Restaurationsphilosophie" ausgenommen: Friedrich Kainz in Wien, Theodor Radakovic in Graz und Theodor Erismann in Innsbruck.

Der 1883 in Moskau geborene Erismann war 1926 auf das nach dem Tod des Brentano-Schülers Franz Hillebrand erledigte und vorwiegend der Vertretung der Psychologie gewidmete Ordinariat für Philosophie an die Universität Innsbruck berufen worden.[9] Er hatte in Zürich – u.a. auch bei Albert Einstein – Physik studiert und sich erst nach seiner Promotion unter dem Einfluß des Wundt-Schülers Gustav Störring der physiologischen Psychologie zugewandt. Mit den Jahren war er – gegenüber den Leistungsmöglichkeiten einer naturwissenschaftlich-experimentell ausgerichteten Psychologie skeptisch geworden – zu einer mehr philosophischen Betrachtung psychologischer Problemstellungen übergegangen. Erismanns Interesse an der Vermittlung zwischen einer „erklärenden" und „verstehenden" Psychologie (Erismann, 1926) – ein Interesse, das von seinem Schüler und bald schon persönlichen Freund Hubert Rohracher dezidiert nicht geteilt wurde[10] – hinderte ihn nicht daran, in Innsbruck lange Jahre hindurch in Eigenversuchen mit Umkehr-, Prismen- und Farbbrillen über die Erfahrungsabhängigkeit der optischen Wahrnehmung zu experimentieren.

Mit der Berufung auf die Innsbrucker Lehrkanzel war auch die Übernahme der Leitung des von Hillebrand gegründeten „Instituts für experimentelle Psychologie" verbunden gewesen.[11] Erismann gelang es, die Einrichtung einer wissenschaftlichen Hilfskraftstelle zu erwirken. Von 1928 bis 1930 wurde diese Position von Martha Moers, nach deren Abgang von Hubert Rohracher eingenommen. 1938 wurde Rohracher aus politischen Gründen vom Universitätsdienst suspendiert. Nachdem er im Sommer 1941 in Innsbruck reaktiviert worden war, erhielt er im April 1943 einen Ruf auf ein neu geschaffenes Extraordinariat für Psychologie an die Universität Wien. Nach dem Kriegsende wurde die vormals von Rohracher bekleidete Stelle am Innsbrucker Institut dem Erismann-Schüler Ivo Kohler übertragen.

Ivo Kohler – 1915 in Schruns im Montafon geboren – hatte 1937 an der philosophischen Fakultät der Universität Innsbruck zu studieren begonnen. Obwohl er seit März 1940 zur Wehrmacht eingezogen war, konnte er im Zuge eines Studienurlaubs mit seiner Dissertation „Der Einfluß der Erfahrung auf die optische Wahrnehmung" bei Erismann promovieren. Im Wintersemester 1949/50 suchte er bei der Fakultät um die Verleihung der Venia an. Seine Habilitationsschrift trug den Titel „Über Aufbau und Wandlungen der Wahrnehmungswelt". In ihr wurden die Hauptergebnisse der jahrelang am Innsbrucker Institut durchgeführten experimentellen Studien über die nach langanhaltender Störung des normalen Wahrnehmungsprozesses – durch längeres Tragen von Umkehr-, Prismen-, Farbbrillen etc. – auftretenden optischen Erscheinungen systematisch zusammengefaßt (Kohler, 1951a).[12] Die ministerielle Bestätigung der Lehrbefugnis für „Psychologie mit besonderer Berücksichtigung der experimentellen Psychologie" erfolgte im Juli 1950.[13] Knapp drei Jahre später wurde die Venia auf das Gesamtgebiet der Philosophie erweitert.[14]

Für Erismann stand damals die Regelung seiner Nachfolge an. Das Studienjahr 1953/54 bekam er noch als „Ehrenjahr" bewilligt.[15] Nun galt es, seinem Wunschkandidaten Ivo Kohler den Weg zur Professur zu bereiten.

2.

Die zur Beratung der Wiederbesetzung von Erismanns Ordinariat eingerichtete Fakultätskommission trat im Jänner 1954 erstmals zusammen. Erismann mußte dabei zur Kenntnis nehmen, daß eine Ernennung Kohlers im Innsbrucker Professorenkollegium alles andere als leicht durchzubringen sein würde. Sogleich stattete er seinem Wiener Freund und Gewährsmann Hubert Rohracher Bericht ab:

> Du kennst ja den Muth [...], den wir auch in die Kommission genommen hatten, da er immer ein gewisses Interesse für Philosophie bekundete. Und nun sagt er zwar, dass er meinem Plan keine Schwierigkeiten de facto in den Weg legen möchte, dass er aber der Ueberzeugung ist, dass neben Kohler und zwar pari loco auch Windischer genannt werden müsse.[16]

Robert Muth, 1916 in Innsbruck geboren, hatte sich 1945 an der Universität Innsbruck habilitiert und war 1950 zum Extraordinarius für Klassische Philologie ernannt worden. Der von ihm zur Sprache gebrachte Hans Windischer hatte in den frühen dreißiger Jahren bei Erismann, Kastil und Strohal Philosophie und Psychologie studiert. 1933 promovierte er aufgrund seiner – von Erismann approbierten – Dissertation „Innere Wahrnehmung und innere Beobachtung" zum Dr. phil. Zur selben Zeit wurde er am Innsbrucker Arbeitsamt, Abteilung Berufsberatung, als Fachpsychologe für die Durchführung von Eignungsprüfungen angestellt. Gegen Ende des Jahres 1936 erwarb er an der Innsbrucker Universität die Lehrbefugnis für „Philosophie und Psychologie".[17] Eineinhalb Jahre später wurde sie ihm wieder entzogen: Windischer galt den Nationalsozialisten als „ausgesprochener Vertreter des politischen Katholizismus".[18] Im Mai 1945 wurde ihm in Abwesenheit – Windischer war bis zum Juli 1945 in Kriegsgefangenschaft – die Venia wiedererteilt. Seit Herbst 1945 war er hauptberuflich an der LehrerInnenbildungsanstalt Innsbruck tätig. An der Universität Innsbruck fungierte er seit Beginn des Studienjahres 1948/49 als Dozentenvertreter, seit Oktober 1950 zudem als Leiter der Berufsreifeprüfungen.[19] Ende Jänner 1951 wurde Windischer der Titel eines außerordentlichen Universitätsprofessors verliehen.[20]

3.

Erismann wußte nur zu gut, was mit der Erwähnung Windischers – den er, wie er ausdrücklich betonte, persönlich sehr schätzte – eigentlich gemeint war: Bei einer pari loco Nennung könnte man sich im

Ministerium das – von Muth schon offen ausgesprochene – Argument zu eigen machen, daß „man bei W. [...] seine philosophische Einstellung (gemein[t] natürlich seine weltanschauliche) kennte, während man bei K. gar nicht wüsste, wie er in metaphysischen und ethischen Dingen vortragen wird." Zudem habe sich Muth in der Kommissionssitzung auf den Standpunkt gestellt, daß es eigentlich „gar nicht so schlimm" sei, „wenn sogar ein reiner Philosoph an diesen Posten kommt, als wenn ein Psycholog hinkommt, – denn schliesslich sei ja die Philosophie wichtiger als die experimentelle Psychologie; und da die Professur Strohals durch d[ie] Pädagogik beschwert ist, so sei der zweite Philosoph umso wichtiger".[21]

Rohracher hatte die sich nun deutlich abzeichnenden Konflikte erwartet und Erismann schon in den Tagen vor der Kommissionssitzung folgende Alternative nahegelegt: Die Fakultät sollte von sich aus vorschlagen, Erismanns Lehrstuhl in ein Extraordinariat umzuwandeln, und gleichzeitig damit die Schaffung eines zweiten Extraordinariats beantragen. Da eine derartige Lösung wohl so rasch nicht zu erreichen sein werde, müßte Erismann nach dem Ablauf seines Ehrenjahres als Honorarprofessor weiter wirken. Nachdem diese Strategie in der Berufungskommission grundsätzlich positiv aufgenommen worden war, bat nun Erismann Rohracher um seine Hilfe:

Was meinst Du: könntest Du durch Deine Beziehungen im Ministerium etwas zur Klärung der Situation beitragen, zB erfahren, ob die „Dreierbesetzung" überhaupt in Frage käme (zunächst wird es natürlich heissen: ‚unter keinen Umständen', – aber Du wirst die Verhältnisse dort hinreichend kennen, um zu fühlen, ob das absolut oder nur relativ zu verstehen ist). Ferner, ob dieser Vorschlag mit meinem Weiterlesen ‚als Privatdozent', im Sinne der Vertretung der philosophischen Disziplinen, im Ministerium auf Anklang stossen könnte, indem damit praktisch eine Dreiervertretung da wäre ohne Unkosten für den Staat? Und dann auch ganz besonders: Ob man irgendwie im Ministerium erfahren könnte, dass, falls Windischer doch aufgestellt wäre, das Min. dem deutlich ausgedrückten Bevorzugungswunsch der Fakultät (bei fehlender Reihung) entsprechen würde?[22]

Rohracher antwortete in einem vier Seiten langen Brief: Vorderstes Ziel sei es zunächst, die Ernennung zum Honorarprofessor zu erreichen. Die Kommission sollte – „womöglich einstimmig" – einen entsprechenden, von Rohracher gleich wörtlich ausformulierten Antrag an die Fakultät beschließen. Damit wäre Zeit gewonnen, um die geeigneten Schritte zur Durchführung der Wiederbesetzung einleiten zu können. Man müßte sich allerdings „im klaren sein, dass Herr Kohler die Voraussetzungen für ein Ordinariat noch nicht erfüllt, weil zu wenig Publikationen vorliegen; noch viel weniger erfüllt diese Voraussetzungen natürlich Herr Windischer". Außerdem würde das Ministerium einen Vorschlag, in dem nur Kohler oder Kohler und Windischer primo et aequo loco genannt werden, nicht akzeptieren und „um einen richtigen Dreiervorschlag ersuchen". Rohracher wies gleich auch auf die Namen hin, die man in diesem Fall nennen könnte: Peter Hofstätter, seinen früheren Assistenten Walter Toman und dessen Nachfolger am Wiener Institut Erich Mittenecker; von den deutschen Privatdozenten käme z.B. der Lersch-Assistent Däumling in Frage. „Selbstverständlich" – so versicherte Rohracher – würde er aber Erismanns Absicht, Kohler als Nachfolger zu berufen, „voll unterstützen". Da Kohler für ein Extraordinariat „ohne weiteres" geeignet sei, schlug Rohracher vor, daß die Berufungskommission eine Anfrage an das Ministerium beschließen sollte. Auch in diesem Fall sorgte er gleich selbst für die richtige sprachliche Fassung:

> Die Neubesetzung des ordentlichen Lehrstuhles für Philosophie an der Universität Innsbruck [...] begegnet sehr grossen Schwierigkeiten, weil mit diesem Lehrstuhl die Lehrverpflichtung sowohl für systematische Philosophie und Geschichte der Philosophie wie auch für die gesamte Psychologie verbunden ist. Da diese bei dem heutigen Umfang der Psychologie nicht mehr verantwortbare Verbindung zweier grosser Fächer in einer einzigen Lehrkanzel nicht länger beibehalten werden kann, ersucht die Philosophische Fakultät der Universität Innsbruck das Ministerium um eine Stellungnahme zu folgender Lösungsmöglichkeit: Das durch das Ausscheiden von Prof. Erismann freiwerdende Ordinariat für Philosophie wird in zwei Extraordinariate aufgeteilt, von denen eines die Lehrverpflichtung für systematische Philosophie und Geschichte der Philosophie, das zweite die Lehrverpflichtung für die gesamte Psychologie enthalten soll. Jedes dieser Extraordinariate soll im Laufe der nächsten fünf Jahre in ein planmässiges Ordinariat verwandelt werden.

In fünf Jahren würde somit an der Universität Innsbruck je ein Ordinariat für Philosophie, Psychologie und Pädagogik[23] bestehen. Kohler könnte damit zum Extraordinarius für Psychologie, „ein anderer Herr"

Der „Fall" Stegmüller

zum Extraordinarius für Philosophie ernannt werden. In diesem Zusammenhang brachte Rohracher nun erstmals Wolfgang Stegmüller ins Spiel:

> Herr Windischer ist ein ausserordentlich netter Mensch, der aber durch seine starke konfessionelle Bindung niemals eine objektive Philosophie lehren und kaum jemals wertvolle Forschungsarbeit leisten wird, während sich Stegmüller bereits durch seine bisherigen Arbeiten als sehr produktiv, originell und kritisch erwiesen hat. Ausserdem ist Windischer durch seine Stellung im Pädagogium materiell versorgt, während Stegmüller mit seiner Philosophie ziemlich mittellos dasteht. Um ihn zu unterstützen könnte man nötigenfalls Gutachten ausländischer Gelehrter einholen. Windischer kommt dann ja vielleicht als Nachfolger Strohals für die pädagogische Lehrkanzel in Frage.[24]

4.
Die von Rohracher formulierten Anträge bezüglich der Honorarprofessur und der Zerlegung von Erismanns Lehrkanzel wurden in der Sitzung der Berufungskommission vom 27. Jänner 1954 „sehr gut und mit Dank aufgenommen". Unklar war den Kommissionsmitgliedern der zeitliche Ablauf: Sollte man die Anfrage wegen Teilung der Lehrkanzel *vor* oder – wie von Rohracher ursprünglich angeregt – *nach* dem Gesuch um Genehmigung der Honorarprofessur stellen?[25] Rohracher riet schließlich dazu, „beide Anträge gleichzeitig der Fakultät vorzulegen und gleichzeitig an das Ministerium zu senden".[26]

Im Falle eines positiven Fakultätsbeschlusses erklärte sich Rohracher dazu bereit, „beim Nachfolger Skrbenskys, Min.-Rat Dr. Drimmel, vor[zu]sprechen und ihm mündlich die Notwendigkeit der Lehrkanzel-Teilung auseinander[zu]setzen". Drimmel sei „ein sehr tüchtiger, an der Entwicklung unserer Hochschulen ehrlich interessierter Beamter, mit dem man vollkommen offen sprechen" könnte.[27]

Da Erismann bislang auf seinen Vorschlag, für das zweite Extraordinariat Wolfgang Stegmüller in Aussicht zu nehmen, nicht reagiert hatte, kam Rohracher erneut darauf zu sprechen:

> Interessieren würde mich, wie die Chancen Stegmüllers für das geplante Extraordinariat stehen. Ich fürchte, dass er bei den Vertretern der katholischen Philosophie Schwierigkeiten haben wird, was mir ausserordentlich leid täte, weil ich ihn für den weitaus begabtesten unter den jungen Philosophen halte.

5.

Zur Philosophie gelangt sei er – so erinnerte sich Wolfgang Stegmüller später – „wie viele Leute zu ihrem Beruf: durch reinen Zufall" (Stegmüller, 1979, S. 4). Ursprünglich hatte er an der juridischen Fakultät der Universität Innsbruck Wirtschaftswissenschaften studiert und dieses Studium 1944 mit dem Diplom und 1945 kurz vor Kriegsende mit dem Doktorat abgeschlossen. Nur „nebenher" habe er sich mit der Philosophie beschäftigt. Weil sich seine Hoffnung auf eine akademische Karriere in einem wirtschaftswissenschaftlichen Fach nicht erfüllte, nahm er mit 1. September 1945 die freie Stelle einer wissenschaftlichen Hilfskraft am Philosophischen Seminar an. Das Doktorat in Philosophie erwarb er 1947 mit einer Dissertation, deren Themastellung so gar nichts mit jener Philosophie zu tun hatte, mit der die Fachwelt den Namen Stegmüller Jahre später in Verbindung bringen sollte. Sie trug den Titel: „Erkenntnis und Sein in der modernen Ontologie mit besonderer Berücksichtigung der Erkenntnismetaphysik Nicolai Hartmanns".

Der Wiener Kreis sei ihm – so Stegmüller – in den ersten drei Jahren seiner Tätigkeit am Innsbrucker Philosophischen Seminar „nicht einmal vom Hörensagen" bekannt gewesen. Auf die Schriften des Wiener Kreises sowie auf die Arbeiten von Popper und Reichenbach wurde er erst 1948 in Alpbach aufmerksam. Unter der Führung Otto Moldens war aus den „Internationalen Hochschulwochen des Österreichischen College" ein Ort der Begegnung mit österreichischen Emigranten entstanden. Gerade von der jüngeren Generation wurde das „Forum Alpbach" Ende der vierziger und Anfang der fünfziger Jahre mehr und mehr als „Treffpunkt einer offenen Gesellschaft freier Geister" und eben auch als „Tor zur intellektuellen anglo-amerikanischen Welt" wahrgenommen (Haller, 1986, S. 242).[28] Philosophisch interessierte Studenten und Nachwuchswissenschafter kamen in diesem Rahmen nicht zuletzt über die Vermittlung von Karl Popper erstmals mit der Tradition der analytischen Philosophie in Berührung.[29] So auch Wolfgang Stegmüller.

Von nun an geriet dessen philosophisches Denken in andere Bahnen. Stegmüller erinnerte sich: „Ich versuchte, mich als Autodidakt in die moderne Logik, aber auch so weit in die moderne Mathematik einzuarbeiten, daß ich Arbeiten über theoretische Physik sowie naturphilosophische Schriften vom Genauigkeitsgrad der Arbeiten von Reichenbach verfolgen konnte." (Stegmüller, 1979, S. 5)

Die Arbeit, die er 1948 – nur ein Jahr nach seiner Promotion in Philosophie – zur Erlangung der Venia an der Philosophischen Fakultät der Universität Innsbruck eingereicht hatte, war hingegen noch ganz der früheren Beschäftigung mit „traditionellen Denkweisen" (ebd.) gewidmet gewesen: In dem mit „Sein, Wahrheit und Wert" betitelten Manuskript versuchte er einen kritischen Überblick über jene philosophischen Systeme zu geben, die einen prägenden Einfluß auf die deutschsprachige Nachkriegsphilosophie hatten. Die Philosophen, deren Denken Stegmüller darzustellen und kritisch zu würdigen sich bemühte, waren – in der Reihe der Zusammenstellung im Buch – Franz Brentano, Edmund Husserl, Max Scheler, Martin Heidegger, Karl Jaspers, Nicolai Hartmann, Robert Reininger und Paul Häberlin.

Theodor Erismann, der damals als Berichterstatter der Habilitationskommission fungierte, zeigte sich beindruckt:

> Das Werk erfordert ein eingehendes und ein, selbst für den Fachmann, anstrengendes Studium. So flüssig und klar gefasst die Darstellung im allgemeinen auch ist, so kompliziert und manchmal vielleicht so gar verschroben sind die darzustellenden Systeme selbst. Und es ist kein Wunder, dass sich bisher noch niemand gefunden hatte, der sich an das schwierige Werk einer Gesamtdarstellung der Hauptrichtungen der Gegenwartsphilosophie gewagt hatte. Stegmüllers Arbeit füllt eine klaffende Lücke der modernen Philosophie in glücklichster Weise aus. [...] Es ist erstaunlich, dass einem jungen Mann im Alter von Stegmüller dieser Wurf so gut gelungen sein konnte.[30]

Die Habilitationsschrift wurde drei Jahre später veröffentlicht: Sie bildete den ersten Teil der *Hauptströmungen der Gegenwartsphilosophie* (Stegmüller, 1952), die in ihrer Gesamtheit aber gerade den Übergang Stegmüllers von der Beschäftigung mit „traditionellen Denkweisen" zur Auseinandersetzung mit der analytischen Philosophie widerspiegelten: Der zweite Teil des Buches begann nämlich mit einer Darstellung des logischen Positivismus, einer Darstellung, die – in späteren Auflagen immer weiter ausgebaut – „ein breites Publikum mit den Themen von Syntax und Semantik ebenso bekannt" machen sollte, „wie mit den Grundthesen und Motiven des logischen Empirismus" (Haller, 1986, S. 244).

Vorbereitungen

1.

Am 17. Februar 1954 hatte die an der Philosophischen Fakultät der Universität Innsbruck mit der Ausarbeitung von Wahlvorschlägen für die Neubesetzung der Lehrkanzel Erismanns beauftragte Kommission einen schriftlichen Bericht über die beabsichtigte Zerlegung des Lehrstuhls in zwei Extraordinariate zur Vorlage und Abstimmung im Professorenkollegium beschlossen. Die Fakultät wurde darin aufgefordert, eine Stellungnahme des Unterrichtsministeriums einzuholen.[31] Zwei Tage später wurde der Kommissionsantrag in der Sitzung des Professorenkollegiums einstimmig angenommen. Es dauerte nun aber fast fünf Wochen, bis der Dekan die Unterlagen an das Ministerium weiterleitete.[32] Die Antwort kam prompt und fiel positiv aus: Das Ministerium übernehme die Innsbrucker Pläne zur künftigen Verteilung der philosophischen Lehrgebiete und werde daher „bei den bevorstehenden Dienstpostenverhandlungen dafür eintreten, daß das bisher von dem ordentlichen Universitätsprofessor Dr. Theodor Erismann versehene Ordinariat für Philosophie erlischt und an Stelle dieser Lehrkanzel zwei Extraordinariate [...] geschaffen werden." Unter einem wurde das Dekanat dazu aufgefordert, die entsprechenden Besetzungsvorschläge „rechtzeitig zu erstatten".[33]

Erismann informierte sogleich Hubert Rohracher. Zwei Punkte im ministeriellen Erlaß hatten sein Mißtrauen geweckt: Erstens, daß darin – entgegen der im Fakultätsantrag gewählten Formulierung – nicht mehr von „vorläufigen" Extraordinariaten die Rede war; und zweitens, daß das Ministerium um eine „rechtzeitige" Erstattung von Besetzungsvorschlägen bat. Seine – bislang noch nicht beantragte – Honorarprofessur schien gefährdet: War „rechtzeitig" nicht so zu verstehen, „dass das Min. Gewicht darauf legte, schon im Laufe dieses Semesters [d.i. das Sommersemester 1954] die Neubesetzung durchzuführen"? Rohracher wurde wieder um Hilfe gebeten:

> Und da ist die Idee aufgekommen, an Dich als an der Quelle Sitzenden und aus ihr Schöpfenden zu schreiben und Deinen Ratschlag einzuholen, bzw., wenn Du es für richtig häl[t]st, Dich zu bitten, im Min. zu sondieren und die Möglichkeit und Wünschbarkeit einer Hinausschiebung [der Wiederbesetzung] daselbst vorzubereiten, bzw. anzuregen.[34]

Eine Verzögerung der ganzen Angelegenheit käme vor allem Wolfgang Stegmüller zugute, von dem „im Laufe des Sommers und Herbstes" noch „zwei Bücher [...] im Humboldtverlag erscheinen sollen". Die Chancen, eine primo loco-Nennung durchzubringen, würden sich mit dem Vorliegen dieser Publikationen deutlich erhöhen.[35]
Sofort nach Erhalt von Erismanns Brief setzte sich Rohracher telephonisch mit Ministerialrat Drimmel in Verbindung:

Ich habe ihn [...] ausführlich über die Situation Deiner Lehrkanzel informiert und sehr eindringlich darauf hingewiesen, dass jede Übereilung von Schaden sein könnte und ausserdem überflüssig sei, weil Du bei Deiner vollen Leistungsfähigkeit ohne weiteres in der Lage seist, die Lehrkanzel weiterzuführen. Auch [...] auf Deine intensive theoretische und experimentelle Arbeit habe ich nachdrücklich hingewiesen. Drimmel zeigte für meine Argumente volles Verständnis und erlaubte mir nach einer ausführlichen Besprechung aller Details, Dir Folgendes mit der Bitte mitzuteilen, es an die Fakultät weiterzuleiten:
Das Unterrichtsministerium erwartet einen Antrag der Fakultät auf Deine Ernennung zum Honorarprofessor unter Betrauung mit der Weiterführung aller Geschäfte. Einen namentlichen Besetzungsvorschlag für die geplanten beiden Extraordinariate wünscht das Ministerium nicht vor November 1954, weil gegenwärtig noch gar nicht feststeht, ob die Verhandlungen mit dem Finanzministerium diese Lösung ermöglichen (womit Drimmel aber rechnet). Als ich erwähnte, dass die für die Extraordinariate in Frage kommenden Herren gegenwärtig noch mit wissenschaftlichen Arbeiten beschäftigt sind, die für ihre Ernennung von Bedeutung wären, und dass Bücher im Druck sind, die bis zum Besetzungsvorschlag vorliegen sollten, meinte er, dass diese Gründe schwerwiegend genug seien, um die Ausarbeitung der Vorschläge bis gegen Weihnachten zu verschieben.

Die Fakultät sollte, schloß Rohracher, „möglichst bald" den Antrag auf Erismanns Honorarprofessur stellen. Wieder gab der gelernte Jurist[36] den Text Wort für Wort gleich vor. Wie ihm Drimmel mitgeteilt habe, werde dieses Gesuch „ohne weiteres" bewilligt werden.
Auch das Problem der „Vorläufigkeit" der zu errichtenden Extraordinariate war von Rohracher in seinem Gespräch mit Ministerialrat Drimmel angesprochen worden: Drimmel behauptete – zu Recht übrigens –, daß im Antrag der Fakultät davon, daß die beiden Lehrstühle

im Lauf der nächsten fünf Jahre in Ordinariate umgewandelt werden sollten, keine Rede gewesen sei. An das – in dem ihm vorliegenden Bericht allerdings aufgenommene – Wort „vorläufig" konnte oder wollte er sich nicht erinnern. Es wäre aber, so ließ der Herr Ministerialrat der Innsbrucker Fakultät ausrichten, „wichtig, dass dies in den weiteren Verhandlungen [...] betont würde."[37]

Erismann war zufrieden: Drimmel schien ihm ein „besonders tüchtiger und einsichtiger Mann zu sein, der ausgezeichnet auf seinen Posten passt" – „ein Segen bei der Bedeutung seiner Stellung im ganzen Hochschulbetrieb."[38]

2.

Wolfgang Stegmüller brachte das Studienjahr 1953/54 als British-Council-Stipendiat in Oxford zu. Von den Vorgängen an der Innsbrucker Fakultät wurde er von Ivo Kohler informiert.[39] In einem mit 19. März 1954 datierten Schreiben wandte sich Stegmüller an Rohracher, um sich Rat zu holen, „ob und was ich zur Förderung meiner Sache tun kann". „Leider", so mußte Stegmüller eingestehen, habe er selbst keine „‚politische Begabung'". Die Anführungszeichen sollten wohl den Doppelsinn andeuten: Als „politisch begabt" galt (und gilt) in Österreich jemand, der über die „richtigen" Beziehungen verfügt. Stegmüller schätzte diese seine „Schwäche" – und wohl auch das, was sein Gegenüber von ihm hören wollte – durchaus realistisch ein:

> Soviel ich weiß, spielen jetzt im allgemeinen neben den wissenschaftlichen Gesichtspunkten auch weltanschaulich-politische hinein. In dieser letzteren Hinsicht würde ich sicherlich anderen Bewerbern gegenüber ins Hintertreffen kommen.

Was Stegmüller sich zugute halten konnte, war seine beachtliche wissenschaftliche Produktivität: Seine „Hauptströmungen" würden – wie er Rohracher schrieb – „keineswegs" seine „einzige größere philosophische Arbeit darstellen". Vielmehr habe er

> 1952 ein umfangreiches Manuskript „Das Wahrheitsproblem und die Idee der Semantik" [Stegmüller, 1957] und letzten Sommer eine andere ca. 300 Seiten umfassende Arbeit „Metaphysik, Wissenschaft, Skepsis" [Stegmüller, 1954] fertiggestellt u[nd] für beide einen schriftlichen Vertrag mit dem Humboldt-Verlag. *Hätte dieser sein Versprechen gehalten, so wäre bereits beides in Buchform erschienen.*

Soviel er – Stegmüller – wisse, habe „Prof. Gabriel in Wien ziemlichen Einfluß auf das Ministerium". Er bat Rohracher, Gabriel auf die Metaphysik-Arbeit aufmerksam zu machen. Das Manuskript liege beim Humboldt-Verlag und stünde „zur Einsichtnahme zur Verfügung". In – wie sich zeigen wird – völliger Verkennung der realen Verhältnisse hielt Stegmüller vor allem ein fachpolitisches Argument zur Wahrung seiner Aussichten für bedeutsam:

> 2 österreichische Philosophen, L. Wittgenstein u. R. Carnap, haben die gesamte englische und amerikan. Philosophie revolutioniert. Es ist geradezu lächerlich, wenn man feststellen muß, daß nun kein Inhaber einer österr. philos. Lehrkanzel von dieser Art von Philosophie eine Ahnung hat. Ich glaube, ohne Übertreibung sagen zu können, daß ich derzeit der einzige bin, der diese Verbindung mit der übrigen westlichen Philos. von heute in Österreich aufrechterhalten könnte."[40]

Rohracher sagte Stegmüller seine Unterstützung zu. Er habe

> bereits zu Weihnachten mit Erismann und Strohal gesprochen, die beide dafür zu haben sind, obwohl sie Ihre gegenwärtige philosophische Einstellung als einen bedauerlichen Irrtum betrachten; da aber beide der Meinung sind, dass es sich dabei um ein vorübergehendes Entwicklungsstadium handle, wird Ihnen der Versuch, über die altmodische Lehre hinauszukommen, nicht weiter übelgenommen. Prof. Kraft, den ich gestern über die Situation in Innsbruck informierte, ist selbstverständlich bereit, ein empfehlendes Gutachten über Ihre Arbeiten abzugeben. Im Ministerium und beim Minister persönlich werde ich ebenfalls bei jeder Gelegenheit für Sie eintreten.

Alles das biete jedoch keine Gewähr dafür, „dass man gegen die Bestrebungen der Politiker, [...] einen betont katholischen Fachvertreter an die erste Stelle zu setzen und mit allen Mitteln zu protegieren, aufkommt". Rohracher empfahl, daß Stegmüller möglichst rasch mit Erismann persönlich in Kontakt treten sollte: „Vielleicht können Sie bei dieser Gelegenheit betonen, dass auch Ihre neuen Untersuchungen rein sachlich sind und keine antichristliche Tendenz aufweisen."[41]

Stegmüller nahm die Anregung auf. Erismann und Strohal hätten ein Manuskript von „Das Wahrheitsproblem und die Semantik" (Stegmüller, 1957) bekommen: „Sie halten aber, glaube ich, beide nichts davon; allerdings haben sie das Manuskript nur sehr flüchtig angesehen." Gekränkt sah sich Stegmüller zu einer grundsätzlichen Erklärung seines „philosophischen Standpunkts" genötigt: Dieser bestehe

> allein darin [...], Probleme möglichst sachlich zu behandeln u. Scheinproblemen aus dem Wege zu gehen. Nicht bereit allerdings bin ich, mich einem Dogma oder einem „Ismus" zu verschreiben, bevor ich anfange, nachzudenken. Ich weiß nicht, warum eine solche Haltung bedauerlich ist.

Erisman und Strohal würden ihn einfach als einen „bösen Positivisten" betrachten. Gerade in seiner „Metaphysik"-Arbeit (Stegmüller, 1954) – die Erismann und Strohal allerdings unbekannt sei – habe er eine gegenüber dem Positivismus kritische Distanz wahrende philosophische Position entwickelt. Offenbar um Rohracher mit den notwendigen philosophischen Argumenten zu versorgen, schloß Stegmüller gleich eine ausführliche Zusammenfassung seines Manuskripts an. Darauf kam wieder das Ersuchen, „vielleicht auch Prof. Gabriel auf diese [...] Arbeit aufmerksam [zu] machen".[42]

Eben das hielt Rohracher für keine besonders gute Idee: „Mit Prof. Gabriel zu sprechen", habe „vorläufig keinen Sinn". Wenn irgendwie möglich, sollte man „ihn überhaupt aus dem Spiel lassen". Bei Erismann hingegen habe er mit seiner Ansicht, „dass Sie der einzige geeignete österreichische Kandidat für das geplante Extraordinariat seien, volles Verständnis gefunden."[43]

Rohracher begann nun auch direkt im Unterrichtsministerium für Stegmüller zu intervenieren: In einem mit 3. Juli 1954 datierten Brief berichtete er, daß

> ich Sie gegenüber dem Leiter der Hochschulsektion im Unterrichtsministerium, Ministerialrat Dr. Drimmel, sehr gerühmt [habe]; er behauptete, dass ihm ihre Leistungen wohl bekannt seien.

Daß Drimmels Vertrautheit mit den Leistungen Stegmüllers nichts Gutes zu verheißen hatte, konnte Rohracher nicht wissen.

3.
Am 8. Mai 1954 teilte Theodor Erismann Rohracher mit, daß tags zuvor die Fakultät das „entsprechend Deiner Angaben" eingebrachte Gesuch auf seine Ernennung zum Honorarprofessor „einstimmig (mit zwei Enthaltungen)" beschlossen habe.[44] Der Antrag wurde vom Inns-

brucker Dekan aber erst Ende Juni dem Unterrichtsministerium zur Genehmigung vorgelegt.[45] Erismann scheint von dieser Verzögerung nichts gewußt zu haben. In der ersten Juli-Woche erhielt er seinen Pensionierungsbescheid zugestellt,[46] dem aber – wie er Rohracher schrieb – „nichts über die Honorarprofessur beigegeben war".[47] Rohracher ging der Sache persönlich nach. Bei seinem Besuch im Unterrichtsministerium erhielt er vom „Referenten für die philosophischen Fakultäten" folgende Auskunft:

> Sowohl Deine Honorarprofessur für das Studienjahr 1954/55 wie die Teilung der Lehrkanzel in zwei Extraordinariate ist bewilligt. Das Dekret wurde noch nicht hingegeben, weil der Referent wissen möchte, welches der beiden Extraordinariate später besetzt werden wird. Wenn nämlich beide schon im Wintersemester besetzt würden, so wäre keine Lehrkanzel mehr da, für welche Du die Honorarprofessur haben könntest.

Rohracher erschien es „zweckmässig [...], wenn das Extraordinariat für Philosophie früher besetzt würde, weil der Vorschlag Stegmüller schwerer durchzubringen ist als derjenige für Kohler".[48] Erismann entschied sich jedoch für eine bevorzugte Behandlung der psychologischen Lehrkanzel.

Ein Extraordinariat für Psychologie: Die Ernennung Ivo Kohlers

1.

> Ueber Kohler laufen dauernd die glänzendsten Gutachten aus Deutschland und aus Amerika ein. Ich glaube, ich brauche der Kommission überhaupt kein eigenes längeres Gutachten vorzulegen, sondern nur diese Briefe vorzulesen, die ihn als einen der führenden Psychologen schildern, seinen Vortrag am internat. Kongress als den Höhepunkt der ganzen Veranstaltung bezeichnen, seine Leistung mit derjenigen von Michotte vergleichen usw. usw. Wir werden also unbedingt versuchen, Kohler unico loco durchzubringen.[49]

Für die von der Fakultät eingesetzte Berufungskommission[50] bereitete Erismann ein betont kurz gehaltenes Referat vor, in dessen Präambel er die Namen anderer Psychologen – Vinzenz Neubauer[51], Peter Hofstätter und Erich Mittenecker[52] – nur nebenbei erwähnte. In bezug auf

Kohler beschränkte er sich dann tatsächlich darauf, die eingelangten Gutachten zu verlesen: Die geradezu hymnischen Lobpreisungen Kohlers stammten von Wolfgang Metzger (Universität Münster), Johannes von Allesch (Universität Göttingen), Heinrich Düker (Universität Marburg), James J. Gibson (University of California), Carroll C. Pratt (Princeton University), G.M. Stratton (University of California), James G. Taylor (University of Cape Town), Heinz Werner (Clark University) und Egon Brunswik (University of California). Einstimmig schlossen sich die Kommissionsmitglieder dem von Erismann und Strohal gemeinsam eingebrachten Vorschlag einer „primo-et-unico-loco"-Nennung Kohlers an.[53]

Der Kommissionsbericht wurde am 17. Dezember 1954 dem Professorenkollegium zur Abstimmung vorgelegt. Er stieß auf Ablehnung. Die Fakultät wolle – so wurde begründet – „auch über andere im Bericht erwähnte, jedoch nicht näher besprochene Kandidaten genauere Mitteilung erhalten". Zudem sei die Fakultät nur „im äussersten Fall" dazu bereit, einen unico-Vorschlag dem Ministerium gegenüber zu vertreten. Man wisse schließlich, daß das Ministerium ein derartiges Ansinnen nur ausnahmsweise akzeptieren werde.[54]

2.
Gutachten mußten erstellt werden. Rohracher übernahm die Referate über Kohler, Mittenecker und Neubauer.[55] Der Bericht über Hofstätter wurde von Erismann verfaßt. Aus allen vier Gutachten war ein Schluß zu ziehen: Für das Innsbrucker Extraordinariat kam niemand anderer als Ivo Kohler in Frage. Dem schloß sich auch der „auswärtige Gutachter" Wolfgang Metzger an. Für Erismann und Strohal war es ein leichtes, die Berufungskommission auf die Beibehaltung des unico-Vorschlags einzuschwören. Die Verteidigung dieses Beschlusses vor der Fakultät bedurfte allerdings einer subtilen Inszenierung. Erismann berichtete über die Sitzung das folgende:

> Bevor ich mein zweites Gutachten, mit der genaueren Besprechung der anderen in der Präambel erwähnten Kandidaten in der Fakultät vorlas, sprach Strohal noch ein paar einleitende Worte, sehr geschickt und eindrucksvoll. Darauf las ich also das Gutachten vor, wobei ich Deine Stellungnahme in extenso brachte. Diesmal konnte die Fakultät sich dem Eindruck nicht mehr entziehen, dass unsere erste Stellungnahme vollkommen berechtigt gewesen, – wie sie dies ja auch schon bei der ersten Sitzung mit der Zeit immer mehr gemerkt hatte. Nach meinem Vorlesen fragte der

Dekan, ob jemand etwas zu bemerken habe, – es meldete sich niemand zu Wort. Und dennoch ergab die Abstimmung (die ja geheim geführt werden muss in solchen Angelegenheiten) nicht ein einstimmiges Resultat: dafür 24, Enthaltungen 5 und 2 dagegen. Wie ich vermute: die eine Stimme wohl sicher von Windischer, der als Dozentenvertreter in der Fakultät ist, und die andere wahrscheinlich von Muth.

Wenn Rohracher Gelegenheit hätte, „den Unterrichtsminister in dieser Angelegenheit zu sprechen", wäre das – wie Erismann weiter schrieb – „ausserordentlich dankenswert". Es sei nämlich zu befürchten, daß der unico-Vorschlag jetzt vom Ministerium zurückgewiesen wird.[56]

Rohracher hatte schon in den Tagen zuvor den früheren Chef der Hochschulsektion und nunmehrigen Minister Heinrich Drimmel „unter vier Augen" gesprochen. Dabei habe er auch die Vorschläge Kohler und Stegmüller zur Sprache gebracht. Es sei genau das Gegenteil dessen eingetreten, was er erwartet habe:

Der Minister erklärte, dass er Stegmüller von zwei kurzen Begegnungen kenne und sein letztes Buch [Stegmüller, 1954] gelesen habe, dass es sich hier um einen ganz ausgezeichneten Gelehrten handle, dem man unbedingt durch eine Ernennung zum a.o. Professor eine Chance für seine weitere Entwicklung geben müsste. Auf meine Erwiderung, dass sein Konkurrent Windischer sei, zeigte er sich auch über diesen gut informiert; er habe von ihm zwei Aufsätze gelesen, die er in drastischer Weise so ähnlich apostrophierte wie Strohal Windischers letzten Vortrag. Stegmüller scheint mir also vollkommen gesichert zu sein. Als ich dann über Kohler zu sprechen begann, machte er ein bedenkliches Gesicht und sagte, dass er über ihn gar nichts wisse; ich hatte sofort den Eindruck, dass für andere Herren, wahrscheinlich für Neubauer und Hofstätter bei ihm interveniert worden war. Ich schilderte ihm dann die Qualitäten Kohlers, hatte aber nicht den Eindruck, dass er dies mit Begeisterung aufnahm, und suchte dann nach einem Weg, der ihm ein Eintreten für Kohler gegenüber den Protektoren der oben genannten Herren erleichtern würde; ich glaube, eine solche Möglichkeit durch den Hinweis gefunden zu haben, dass Kohler bereits von Minister Kolb für diese Professur in Aussicht genommen worden sei. Drimmel erklärte jedenfalls erleichtert: „Ich darf ihn also als Protegé von Kolb betrachten", womit er eine Entschuldigung gegenüber den Kreisen hat, die sich für die anderen

Herren einsetzen. Dass Drimmel in erster Linie und so weit als irgend möglich sachlich eingestellt ist – wofür ja sein Eintreten für Stegmüller, der ihm weltanschaulich entgegengesetzt ist, einen guten Beweis darstellt –, zweifle ich nicht, dass ihm die Beurteilungen Kohlers einen grossen Eindruck machen werden, sobald er den Akt in die Hände bekommt. Trotzdem halte ich es für nicht ausgeschlossen, dass [...] aus prinzipiellen Gründen ein Terna-Vorschlag verlangt wird.[57]

Wie sich in der Folge zeigen wird, hatte Rohracher Drimmel völlig falsch eingeschätzt: Von einer „so weit als irgend möglich sachlich[en]" Einstellung konnte nämlich bei dem sich als Vertreter eines von der Tradition des politischen Katholizismus der dreißiger Jahre geprägten „Weltanschauungs'-Konservatismus" (Staudinger, 1995, S. 120) profilierenden neuen Minister keineswegs die Rede sein.[58]

3.
Die Antwort aus Wien ließ auf sich warten. Über den Stand der Causa Kohler hatte Erismann inzwischen von Leo Gabriel Informationen bekommen:

Als Gabriel hier [in Innsbruck] war und der Minister und er zusammen im Auto fuhren, kam Gabriel auf die Angelegenheit zu sprechen[,] und auch ihm gegenüber erwähnte der Minister, es sei aber doch auch noch einer da, der berücksichtigungswürdig wäre, der Hofstätter. Allerdings wird er unsere Eingabe mit den wunderbaren Gutachten noch gar nicht gelesen haben, – aber eine gewisse Einstellung, auch den Hofstätter mitzuberücksichtigen, scheint er doch zu haben.[59]

Für Hofstätter sprach – neben seinen unbestreitbar hohen wissenschaftlichen Qualifikationen – auch sein offensichtliches Naheverhältnis zum Katholizismus. Immerhin unterrichtete er seit 1950 an der Catholic University of America, Washington D.C., einer päpstlichen Universität, die unter der Aufsicht der amerikanischen Bischöfe stand (Hofstätter, 1992, S. 125). Hofstätter selbst war übrigens schon in jungen Jahren vom Protestantismus zum Katholizismus übergetreten.
Erismann überlegte, ob er nicht in einem persönlich gehaltenen Brief an Minister Drimmel für Kohler intervenieren sollte. Rohracher hatte sich inzwischen im Ministerium um- und immer noch eine positive Grundstimmung sowohl gegenüber Kohler als auch gegenüber

Stegmüller herausgehört. Ein „geschickt abgefasster Brief", schrieb er an Erismann, könnte durchaus „Eindruck machen". Allerdings würde er es vorziehen, nicht an Drimmel, sondern an dessen Vorgänger Kolb zu schreiben und diesen zu bitten,

> dass er Deine Fürsprache an Drimmel weitergibt. Dadurch würde eine Situation geschaffen, die dem gegenwärtigen Minister die Möglichkeit gibt, allen, die für Hofstätter oder jemanden anderen intervenieren, mit dem Hinweis zu entgegnen, dass er mit der Ernennung Kohlers einen Wunsch seines Vorgängers zu erfüllen habe. Auf diese Weise macht man ihm die Entscheidung viel leichter.

Von der „Angelegenheit Stegmüller" würde er – Rohracher – gegenüber Kolb nichts erwähnen, weil der frühere Minister „in dieser Frage vielleicht nicht so weitherzig eingestellt ist wie Drimmel".[60]

4.
Alles Taktieren – „mit Kolb hatte Strohal zweimal gesprochen, ebenfalls auch mit Dr[immel]" – half letztlich nichts: Am 18. Juli 1955 erging der Bescheid des Unterrichtsministeriums, daß die Innsbrucker Fakultät anstelle des unico-loco-Votums für Kohler einen Terna-Vorschlag einzubringen habe.[61]

Der inzwischen mit den Gepflogenheiten im Unterrichtsministerium unter der Leitung Drimmels offenbar besser vertraute Erismann zeigte sich erleichtert, daß „der Minister uns nicht etwa durch irgendwelche Namennennungen zu bestimmen" gesucht habe: „Wir werden also", schrieb er an Rohracher, „bei Nennung von Experimentalpsychologen bleiben – mit, natürlich, starker Vortrittsstellung Kohlers – als desjenigen, welcher der Fakultät ‚eigentlich' entspricht".[62] Rohracher zeigte sich über die Abweisung des unico-loco-Vorschlags wenig überrascht. Bedauerlich sei es aber, weil dadurch „eventuellen Konkurrenten" von Kohler und auch von Stegmüller[63] „Gelegenheit geboten" werde, „auf dunklen Wegen das Ministerium zu bearbeiten". Daß dies geschehe, spüre er „aus Andeutungen verschiedener Art". Trotz dieser „verpatzten Situation" sei er aber immer noch „ziemlich überzeugt", daß „der Herr Minister Kohler ernennen" werde. Zur Aufnahme in die Terna schlug Rohracher dann den Marburger Assistenten Reinhard Tausch vor. „Was sonst in Deutschland an jungen Leuten herum" sei, reiche nach seinen „Informationen nicht an Tausch heran, mit Ausnahme vielleicht des Edwin Rausch", den er aber persönlich nicht kenne.[64]

Wieder folgte die Innsbrucker Berufungskommission[65] dem Ratschlag Rohrachers. Nach Kohler wurde im neuen Terna-Vorschlag der von Rohracher fälschlicherweise als „Nachwuchskraft" empfohlene Gestaltpsychologe und Frankfurter Extraordinarius Edwin Rausch an die zweite Stelle gereiht.[66] An dritter Stelle nannte man Reinhard Tausch, dem Heinrich Düker ein glänzendes Zeugnis ausgestellt hatte.[67] Am Schluß des am 16. Dezember 1955 der Fakultät vorgelegten Berichts wurde aber nochmals mit „Nachdruck" darauf verwiesen, daß „die beiden nun angeschlossenen Psychologen" nach Überzeugung der Kommissionsmitglieder „die sowohl durch seine Tätigkeit am Innsbrucker Psychologischen Institut wie durch die sehr zahlreichen Gutachten führender Psychologen erwiesene wissenschaftliche Kapazität Kohlers nicht erreichen" würden.[68]

Die Zustimmung im Professorenkollegium hielt sich in Grenzen: 21 Ja-Stimmen standen 12-Nein-Stimmen gegenüber.[69] Der in diesem Ergebnis zum Ausdruck kommende Widerstand dürfte sich aber weniger gegen die Person Kohlers, als gegen die Nichtberücksichtigung „lokaler" Kandidaten – vor allem Vinzenz Neubauers – gerichtet haben.

Erst ab diesem Zeitpunkt war die Ernennung Kohlers wirklich nur mehr eine Formsache: Am 20. März 1956 kam der Antrag auf seine Berufung vor den Ministerrat. Genau eine Woche später wurde Kohler von Bundespräsident Körner zum Extraordinarius an der Universität Innsbruck ernannt.[70]

„Es bleibt für mich nur zu hoffen übrig, daß es mir gelingen wird, in nicht allzu ferner Zukunft im Ausland Fuß zu fassen"

1.

Mit Beginn des Wintersemesters 1954/55 kam langsam auch in die zweite Besetzungsangelegenheit Bewegung. Rohracher hatte sich nun doch dazu entschlossen, bei seinem Wiener Kollegen Leo Gabriel über dessen Haltung zu Stegmüller Erkundigungen einzuholen. Das Ergebnis der Unterredung war überraschend positiv. „In Ihrer Angelegenheit", berichtete Rohracher am 13. Oktober 1954 an Stegmüller, „hatte ich heute eine längere Besprechung mit Prof. Gabriel, die mit seiner Zusage endete, dass er überall für Ihre Ernennung zum a.o. Professor an der Universität Innsbruck eintreten wird".[71]

Erismann, den Rohracher über die Äußerung Gabriels informiert hatte,[72] reagierte zurückhaltend:

> Glaubst Du, dass man auf die Zusage von Gabriel vertrauen kann, falls als Gegenkandidat Windischer auftritt? Er kann ja auch für Stegmüller eintreten, – aber Windischer den Vorzug dabei geben. Strohal und ich werden auf jeden Fall versuchen, die beiden nicht an gleicher Stelle zu nennen. Aber Muth wird wahrscheinlich auch seine Begleitpersonen haben, die für Gleichstellung eintreten werden.[73]

Rohracher versuchte die Bedenken auszuräumen: „Auf Gabriel habe ich in der Angelegenheit volles Vertrauen, weil ich bei meiner Unterredung mit ihm das Gespräch auch auf Windischer brachte, den er sofort selbst als nicht in Frage kommend bezeichnete, weil er in erster Linie Pädagoge sei." Daß Windischer „an gleicher Stelle mit Stegmüller" genannt werden könnte, erschien Rohracher als „wirklich vollkommen unberechtigt und geradezu ungerecht." Windischer habe ihm sein Buch geschickt, „in dem er überall dort, wo ein wissenschaftlicher Beweis zu führen wäre, ein Gedicht von Rilke zitiert".[74]

Im November lieferte Gabriel schließlich für die Innsbrucker Fakultät ein Gutachten über Windischer ab, in dem er ausführlich auch auf Stegmüller zu sprechen kam.[75] Gabriels Urteil sei – wie Rohracher Stegmüller sofort vertraulich mitteilte – „ausserordentlich günstig ausgefallen", so daß er – Rohracher – „jetzt nicht mehr im geringsten daran zweifle, dass das Ministerium Ihre Ernennung durchführt, auch wenn von der Fakultät ausser Ihnen noch andere Herren in Vorschlag gebracht werden." Professor Gabriel habe ihm gegenüber übrigens sogar erklärt, „dass er in den grundsätzlichen Ausführungen Ihres neuen Buches [Stegmüller, 1954] weitgehend mit Ihnen übereinstimmt".[76]

„Glücklicherweise hattest Du betr. Gabriel recht behalten", zeigte sich auch Erismann erleichtert. Trotzdem werde die Besetzung der philosophischen Lehrkanzel „Schwierigkeiten" machen:

> Muth scheint mit Drimmel sehr intim zu sein (auf Du). Windischer kommt sicher auf die Liste – und wird das nicht schon hinreichen (wie die Reihung auch sein mag, – und auch das ist ja noch nicht ganz sicher), damit er v. Minister auch gewählt wird?[77]

2.

Am 3. Mai 1955 fand im Philosophischen Dekanat eine Sitzung der zur Beratung der Besetzung des Extraordinariats für Philosophie eingerichteten Fakultätskommission statt. Der Kommission gehörten neben

Strohal, Erismann und dem den Vorsitz führenden Dekan Pivec die Professoren Vietoris, March, Amman, Hampl, Kuhn und Muth an. Erismann fungierte als Berichterstatter, Muth als Schriftführer.

In dem von Erismann im Einvernehmen mit Strohal verfaßten Referat wurden zunächst zehn Kandidaten aufgelistet, die bezüglich ihrer Eignung für das Extraordinariat beurteilt werden sollten: die Privatdozenten Rudolf Berlinger (München), Rudolf Freundlich (Graz), Hermann Krings (München), Wilhelm Perpect (Bonn), Walter Ruegg (Zürich), Wolfgang Stegmüller (Innsbruck), Ernst Topitsch (Wien) und der tit. Prof. Hans Windischer (Innsbruck), zudem der wissenschaftliche Leiter des Forum Alpbach und Professor für Philosophie an der TH in Karlsruhe Simon Moser und der Marburger außerpl. Professor Klaus Reich.[78]

Nach Umschreibung des Anforderungsprofils, das sich aus der besonderen Stellung des zu schaffenden Extraordinariats im Gefüge des philosophischen Unterrichts an der Philosophischen Fakultät der Universität Innsbruck ergab,[79] waren Berlinger und Krings wegen ihrer engen Bindung an die Existenzialphilosophie sowie Topitsch und Perpect wegen der Festlegung ihrer Arbeit auf die „Randgebiete" Sozialphilosophie bzw. Ästhetik ausgeschieden worden. Walter Ruegg kam, weil sein eigentlicher Schwerpunkt in der Pädagogik lag, nicht in Frage, und Rudolf Freundlich deshalb nicht, weil seine Arbeitsinteressen jenen des – wie man argumentierte – wissenschaftlich weit besser ausgewiesenen Wolfgang Stegmüller zu ähnlich waren.[80] So konnten sich Erismann und Strohal auf die Besprechung der Arbeiten von Moser, Reich, Stegmüller und Windischer beschränken. Ihre Taktik war offensichtlich. Trotz der grundsätzlich positiv gehaltenen Beurteilung fand sich bei allen Kandidaten Kritikwürdiges – außer bei Stegmüller: Moser äußere sich im Rahmen seiner Tätigkeit beim Forum Alpbach in der Öffentlichkeit gelegentlich auch zu Themen, die fernab seiner Fachkenntnisse liegen; zudem habe er relativ wenig publiziert; auch sei ihm eine „gewisse Schwerfälligkeit" eigen: Er – so hieß es im Kommissionsbericht wörtlich – besitze „nicht die überlegene Raschheit der Neuauffassung und Immerbereitschaft eines Stegmüller".[81] Windischer wiederum sei – Erismann und Strohal stützten sich dabei auf das Gutachten Gabriels, aus dem sie ausführlich zitierten – eher für einen Lehrstuhl der Pädagogik als für einen der Philosophie geeignet;[82] zudem wären – wie Gabriel wörtlich schrieb – „Schärfe und Genauigkeit der Begriffsbildung, die argumentative Gedankenführung, die Stützung und Fundierung durch Einzelheiten sowie die philologische Sorgfalt der Interpretation [...] weniger seine Sache".[83] Der Kantianer Reich wurde durch die sich gegenüber den anderen Referaten deutlich abhebende

Kürze der Besprechung zurechtgestutzt. So blieb als Kernstück des Berichts eine mehr als sieben Manuskriptseiten umfassende Lobpreisung Stegmüllers, der prominente Gutachter aus dem In- und Ausland ihre Stimme liehen: Erwin Schrödinger, der während seiner Gastprofessur im Winter 1950/51 gemeinsam mit Stegmüller ein Seminar abgehalten hatte; Viktor Kraft, mit dessen Wiener Arbeitskreis Stegmüller in Kontakt stand; Friedrich Waismann, der mit Stegmüller bei dessen Stipendium-Aufenthalt in Oxford persönlich bekannt geworden war; der Grazer Ordinarius Theodor Radakovic, der Freiburger Heidegger-Nachfolger W. Szilasi und – nicht zuletzt – der Wiener Ordinarius Leo Gabriel.

Gabriel hatte in sein – im eigentlichen der Beurteilung Windischers gewidmetes – Gutachten die folgende Passage über Stegmüller aufgenommen:

Ich kann mich nicht einer Äußerung über einen Kandidaten enthalten, den Sie, sehr verehrter Herr Kollege [d.i. Erismann], zwar nicht nannten, der aber unbedingt in dem erwähnten Berufungsvorschlag aufscheinen müsste: ich meine den Innsbrucker Dozenten W. Stegmüller. Er ist in der Art seines Denkens der Gegenpol zu Windischer. Denn seine Art ist analytisch, kritisch, von einer Genauigkeit der Begriffsbildung und Strenge der argumentativen Begründung, die nicht genug hervorgehoben werden kann. Er kennt die ausgedehnte angloamerikanische Literatur zur Logistik und ist mit den Subtilitäten dieser modernen Logik in außerordentlichem Maße vertraut, wie er ja auch der neuesten Entwicklung auf diesem Gebiet, der Semantik, seine besondere Aufmerksamkeit schenkt. Ich rechne es ihm besonders hoch an, daß er sich in den formalistischen Betrieb der Logistik nicht einspinnen läßt, wohl ihre Grenzen kennt, vor allem aber die Grenzen des mit der Logistik oft gekoppelt gewesenen Positivismus. Sein letztes Buch „Metaphysik, Wissenschaft, Skepsis" [...] hat besonderen Eindruck auf mich gemacht, wenn ich auch die Grundanschauung nicht völlig zu teilen vermag. Ich halte Stegmüller für eine der stärksten philosophischen Potenzen nicht nur in Österreich sondern – seit meiner Teilnahme an der Stuttgarter Philosophentagung – auch des deutschen Sprachgebietes. Da er noch überdies relativ sehr jung ist, so kann ihm eine große Laufbahn vorausgesagt werden.[84]

3.

Der Versuch, Stegmüller in den Vordergrund zu rücken, stieß in der Berufungskommission auf Widerstand. Als Hauptgegner profilierte sich ausgerechnet der Mathematik-Professor Leopold Vietoris: Er war der einzige, der gegen die von Erismann und Strohal verfochtene primo-loco-Nennung Stegmüllers votierte. Und es war Vietoris und nicht – wie man eigentlich erwartet hätte – Robert Muth, der Hans Windischer allein an erster Stelle, d.h. *vor* Stegmüller gereiht haben wollte.[85]

Mit dem seit 25 Jahren als ordentlicher Professor für Mathematik der Innsbrucker Fakultät angehörenden Leopold Vietoris[86] war Stegmüller ein an der Fakultät sehr einflußreicher Widersacher entstanden. Das schlechte Abstimmungsergebnis, das Stegmüller in der Fakultätssitzung vom 6. Mai 1955 erzielte, war also nicht nur der „tüchtigen Arbeit" Robert Muths, sondern – wie Stegmüller im nachhinein wohl zu Recht vermutete[87] – auch der ablehnenden Haltung Vietoris' geschuldet. Der von Erismann und Strohal forcierte Vorschlag: Stegmüller an erster, Moser, Reich und Windischer gemeinsam an zweiter Stelle wurde im Plenum der Fakultät nur mit einer Stimme Mehrheit angenommen: 13 Ja-Stimmen gegen 12 Nein-Stimmen bei 5 Enthaltungen.[88] Alle bereits in der Berufungskommission durchgespielten Alternativlösungen wurden auch im Professorenkollegium noch einmal zur Abstimmung gebracht: In Bezug auf die primo-loco-Reihung entfielen 15 Stimmen auf Stegmüller, 14 auf Stegmüller und Windischer gemeinsam und 12 auf Windischer.[89]

Stegmüller wußte sich die Vorbehalte zu erklären. In einem mit 13.5.1955 datierten Schreiben an Hubert Rohracher heißt es:

> Der Grund dafür, dass der Vorschlag in der Fakultät nur mit knapper Mehrheit angenommen wurde, liegt in einem psychologischen Fehler, den ich vor vier Jahren beging. Im Jahre 1951 hatten verschiedene Professoren der Innsbrucker Universität im „Studium Generale" je eine Arbeit über Wahrscheinlichkeit publiziert [in der Reihenfolge im Heft: Vietoris (1951), Gröbner (1951), March (1951), Strohal (1951) und Erismann (1951)]. Im Sommer darauf wurde während der Hochschulwochen in Alpbach viel über dieses Problem diskutiert u. teilweise die erwähnten Arbeiten dabei zugrundegelegt. Ich selbst beteiligte mich ziemlich viel an den Diskussionen, vor allem in Form von kritischen Stellungnahmen. Ein Professor aus Deutschland machte mir dann den Vorschlag, ich solle doch ebenfalls eine Abhandlung schreiben, er könne sie im Studium Generale unterbringen, und zwar sollte ich zu den ange-

führten anderen Arbeiten kritische Diskussionsbemerkungen machen. Ich wollte zuerst nicht, liess mich dann aber doch dazu überreden. Ich sandte ihm die Arbeit und hörte nichts mehr davon. Ich hatte lediglich die Nachricht erhalten, dass die Arbeit einem gewissen Prof. Weizsäcker zur Behandlung gesandt worden war. Ich sollte im Falle der Annahme in der Zeitschrift in einigen Wochen benachrichtigt werden. Zwei Jahre später, als ich bereits längst nicht mehr daran dachte, dass die Sache veröffentlicht werde, erhalte ich die Fahnen ohne vorherige Ankündigung. Jedenfalls ist die Arbeit dann im Vorjahre erschienen [Stegmüller (1953)]. Einer der Herren (Mathematik) [gemeint ist Vietoris] scheint mir die Sache sehr übel genommen zu haben u. hat vor der Fakultät unter Bezugnahme darauf gegen mich Stellung genommen. Ich selbst kann zur Entschuldigung nur dies anführen, dass ich erstens nicht glaube, irgend eine unsachliche Feststellung gemacht zu haben, sondern auch heute bereit wäre, das dort Gesagte zu vertreten, und zweitens natürlich auch nicht annehmen konnte, dass eine fachwissenschaftliche Auseinandersetzung für mich persönliche oder berufliche Nachteile haben könnte.[90]

Rohracher antwortete mit Ermutigung: Die „Angelegenheit mit dem Mathematiker" sei ihm „vollkommen unverständlich". Vielleicht handle es sich „nur um eine taktische Massnahme, um gegen Sie zugunsten Ihres Konkurrenten Stimmung zu machen." Er zweifle jedenfalls „nicht daran, dass der Minister bei seiner Ansicht bleibt und sich auch durch Interventionen nicht umstimmen lassen wird". Ob er mit Drimmel in nächster Zeit persönlich zusammentreffe, wisse er nicht. Sicher sehe er aber den „Referenten für die Philosophischen Fakultäten [gemeint ist Sektionsrat Dr. Walter Sturminger], mit dem ich sehr gut stehe und den ich eindringlichst auf Sie hinweisen werde. Ich täte mir an Ihrer Stelle keine besonderen Sorgen machen."[91]

Dekan Pivec ließ sich mit der Übermittlung des Fakultätsbeschlusses an das Unterichtsministerium mehr als vier Wochen lang Zeit.[92] Mit Erlaß vom 18. Juli 1955 wurde der unico-loco-Vorschlag Kohler an das Innsbrucker Dekanat zurückgewiesen und die Behandlung der Frage der Besetzung des Extraordinariats für Philosophie bis zum Einlangen eines Terna-Vorschlags für die Psychologie-Lehrkanzel aufgeschoben.[93]

4.

Daß eine „fachwissenschaftliche Auseinandersetzung" für ihn „persönliche oder berufliche Nachteile haben könnte", daran mußte Stegmüller sich offenbar erst gewöhnen. Im ersten Heft des Jahrgangs 1955 erschien in der *Zeitschrift für katholische Theologie* eine von Emerich Coreth verfaßte Rezension von Stegmüllers Buch *Metaphysik, Wissenschaft, Skepsis*. In dieser Schrift sei – so lautete Coreths Urteil – „viel formaler Scharfsinn am Werk, der weitausholende, sprachlogische und logistische Erörterungen ins Feld" führe, „jedoch ein tieferes Verständnis dessen, was Metaphysik ist oder wenigstens sein will, weithin vermissen" lasse. Stegmüller vertrete „nichts Geringeres als ein[en] vollendet[en] Skeptizismus", der „folgerichtig im Irrationalismus – und schließlich im Nihilismus" münden würde. (Coreth, 1955a, S. 102-103). Stegmüller schien die weitgehende Bedeutung dieses Anwurfs aus dem Munde eines christlichen Philosophen zu ahnen: „Was das Wort ‚Nihilismus'" betreffe, so müsse er bemerken, „daß dieser Ausdruck nicht nur höchst vage ist, sondern heute wegen der mit ihm verbundenen weltanschaulich-politischen Assoziationen auch kaum geeignet sein dürfte, um eine erkenntnistheoretische Position zu kennzeichnen" (Stegmüller, 1955, S. 476). Um die von Stegmüller eingeforderte Sachlichkeit der Auseinandersetzung dürfte es Coreth aber, der gerade zum Ordinarius für Philosophie und Vorstand des Philosophischen Instituts an der Theologischen Fakultät der Universität Innsbruck ernannt wurde (Coreth, 1968, S. 200), eben nicht zu tun gewesen sein. Daß Stegmüller dagegen protestierte, öffentlich als Nihilist gebrandmarkt zu werden, fand er in seiner die Kontroverse abschließenden Replik (Coreth, 1955b) jedenfalls keines Kommentars mehr würdig. Hängen bleiben sollte offenbar, daß Stegmüllers Denken mit den Prinzipien christlichen Philosophierens unvereinbar sei.

Auf lokaler Ebene hatten sich die Gegner Stegmüllers aus dem katholischen Lager bereits zu formieren begonnen. Es war nur eine Frage der Zeit, bis die Stimmen der Verfechter einer katholischen Weltanschauungsphilosophie auch von Wien aus eine Verstärkung erfuhren.

5.

Zu Jahresbeginn 1956 war die Frage der Besetzung des Extraordinariats für Geschichte der Philosophie und systematische Philosophie zu Ungunsten Stegmüllers entschieden. Am 5. Jänner wurde vom Referenten im Ministerium unter dem Fakultätsvorschlag – primo loco Stegmüller; secundo et aequo loco Moser, Reich und Windischer –

lakonisch im Akt vermerkt: „Zunächst wäre mit tit.ao. Prof. Dr. Hans Windischer in Berufungsverhandlungen einzutreten." Noch am selben Tag erging an Windischer die Anfrage, ob er grundsätzlich dazu bereit wäre, der Berufung auf die Innsbrucker Lehrkanzel Folge zu leisten.[94]

Die Wahl Windischers zu begründen, fiel den Beamten im Ministerium offensichtlich schwer: Die Interessen Prof. Windischers lägen – so heißt es im Akt – „stark im philosophisch-ethischen und religiösen Gebiet. Dem entspricht [?], daß er einer der ganz wenigen Philosophen in Österreich ist, dem die pädagogischen Probleme sehr am Herzen liegen." Diese Formulierung ist insofern bemerkenswert, als darin die Argumentation der Innsbrucker Fakultät gleichsam auf den Kopf gestellt wurde: In den Innsbrucker Verhandlungen war gegen eine Erstreihung Windischers stets eingewendet worden, daß er gerade seiner stark pädagogischen Orientierung wegen für einen ausschließlich der Vertretung der Philosophie gewidmeten Lehrstuhl eher nicht geeignet sei. Befremdlich wirkt auch der mehr auf die wissenschaftliche Qualifikation abgestellte Teil der Begründung: „Von den Arbeiten Windischers" komme „sein Buch ‚Geist und Bildung'" in Betracht, „welches mit großem Interesse gelesen [von wem ?] und von namhaften Wissenschaftern philosophisch für gut [!] befunden worden ist".[95]

Stegmüller erhielt die für ihn böse Nachricht wie in kleinen Dosen verabreicht. Am 13. Jänner 1956 schrieb er an Rohracher:

> Vor einigen Tagen erhielt ich von Prof. Gabriel ein Schreiben, in dem steht (ich zitiere wörtlich): „Vor einigen Tagen erfahre ich, dass von seiten der Katholischen Akademie durch ihren Präsidenten eine Aktion gegen Sie in katholischen Kreisen und sogar bis zum Minister hinauf gestartet worden sei, mit dem Argument, Sie seien Marxist und Mitglied der SPÖ." Prof. Gabriel fügte hinzu, dass er beim Minister dagegen Stellung nehmen werde.
> Heute erfuhr ich von Prof. Muth, dass Windischer ein Schreiben von Prof. Gabriel erhalten habe, dass seine Berufung so gut wie sicher sei (ich habe dies übrigens nicht von Muth persönlich, sondern von Prof. Strohal erfahren, dem Muth es mitteilte).

Stegmüller sah seinen guten Ruf als Wissenschafter gefährdet: Es könnte „für die ganze Zukunft" an ihm „etwas von den verlogenen Gerüchten" hängenbleiben:

> Denn wenn wirklich Windischer ernannt werden sollte, dann zweifle ich keinen Augenblick daran, dass man allgemein folgendermas-

sen schliessen wird: „Da fast immer der primo loco Genannte die Ernennung erhält, und in diesem Falle doch davon abgegangen wurde, müssen gewichtige sonstige Gründe gegen Ste[gmüller] gesprochen haben; also dürften die Gerüchte, dass er ein Marxist ist, doch zutreffen."[96]

Eine Woche später hatte Stegmüller Gewißheit: Dekan Hayek habe ihm mitgeteilt, daß das Ministerium schon mit Windischer bezüglich der Lehrkanzel in Verbindung stehe. „Es bleibt" – so schloß Stegmüller resigniert sein Schreiben an Rohracher – „für mich nur zu hoffen übrig, dass es mir gelingen wird, in nicht allzu ferner Zukunft im Ausland Fuss zu fassen".[97]

6.

„Die glaubens- und kirchenfeindlichen Tendenzen des Liberalismus, des Marxismus und des liberalen Nationalismus haben dazu beigetragen, große Teile der Intelligenz dem Glauben und dem kirchlichen Leben nicht nur weitgehend zu entfremden, sondern vielfach auch zu aggressiven Feinden der Religion und aller kirchlichen Einrichtungen werden zu lassen. Es war daher nur eine logische Folge dieser negativen Entwicklung, daß die Kirche in ihrer wohlbegründeten Sorge um den eigenen Nachwuchs und um die geistige Entwicklung schlechthin bemüht war, die dem Glauben und der Kirche treugebliebenen katholischen Akademiker und vor allem die katholischen Gelehrten in eigenen Verbänden, Organisationen und Institutionen zusammenzuschließen." (Krones, 1957a, S. 18)

Mit diesen Worten erinnerte der Sekretär der *Wiener Katholischen Akademie,* Ferdinand Krones an die Motive, die der Gründung der *Leo-Gesellschaft. Östereichischer Verein christlicher Gelehrter und Freunde der Wissenschaft* 1891/92 zugrundegelegen waren. 1939 wurde die als eine Art „katholische Akademie der Wissenschaften" gedachte Leo-Gesellschaft von den nationalsozialistischen Behörden aufgelöst. Am 8. Oktober 1945 fand die feierliche Eröffnung der Nachfolge-Vereinigung, der Wiener Katholischen Akademie, mit einem Pontifikalamt in der Abteikirche „Unserer Lieben Frau zu den Schotten" statt. Die neue Organisation sollte, wie ihr Begründer Kardinal Theodor Innitzer in seiner Programmrede darlegte, die in der ehemaligen Leo-Gesellschaft verwirklichte Idee eines Zusammenschlusses katholischer Intellektueller fortsetzen und – über die Zielsetzungen der Leo-Gesellschaft hinausgehend – gleichzeitig auch als eine Art „Katholische Volkshochschule" zur Verbreitung und Vertiefung katholischer Weltanschauung dienen (Innitzer, 1957).

Im April 1949 gab sich die Wiener Katholische Akademie – zur Straffung ihres organisatorischen Aufbaus, wie es hieß (Schöndorfer, 1957, S. 55) – ein Organisationsstatut. Die Leitung der Akademie oblag demnach dem Präsidium und dem Rat der Akademie, die Durchführung aller Aufgaben dem Generalsekretariat. Zudem wurde ein „Beirat" von sogenannten Konsultoren eingerichtet, zu denen „der Erzbischof von Wien führende Persönlichkeiten des kirchlichen und öffentlichen Lebens [...], die sich um die Akademie besondere Verdienste erworben haben und bereit sind, in ihrem Wirkungskreis die Tätigkeit der Akademie zu fördern", bestellen konnte. Zu Mitgliedern der Akademie wurden – auf Vorschlag des Rates – „katholische Gelehrte [...] auf Grund ihrer wissenschaftlichen Leistung und ihrer Mitarbeit an der Akademie" vom Erzbischof persönlich ernannt. Es gab ordentliche, korrespondierende, außerordentliche und Ehrenmitglieder. (Ebd., S. 55) Ziel und Aufgabe der Akademie war – wie §2 des Statuts bestimmte – in Forschung und Lehre die „Synthese von Wissen und Glauben" zu verwirklichen (Krones, 1957b, S. 46).

Von 1945 an entwickelte die Akademie ein reges Vortragsprogramm in und rund um Wien. Die Mitglieder trafen sich zunächst in den regelmäßig stattfindenden „Dozentenrunden", aus denen später die Akademie-Sitzungen hervorgehen sollten. Ab dem Wintersemester 1949/50 schlossen sich die Angehörigen der einzelnen Fachgebiete zu „wissenschaftlichen Arbeitsgemeinschaften" zusammen: Neben einer psychologisch-pädagogischen, historischen, anthropologischen, sozialwissenschaftlichen und einer für „Deutsche Sprach- und Literaturwissenschaft" bestand von Anfang an auch eine eigene philosophische Arbeitsgemeinschaft. Geleitet wurde sie von Leo Gabriel.[98]

Als Präsident der Akademie amtierte in den Tagen der Ausbootung des protestantischen Innsbrucker Dozenten Wolfgang Stegmüller der Abt des Schottenstiftes in Wien, Hermann Peichl. Vizepräsidenten waren der Vorstand des Botanischen Instituts der Hochschule für Bodenkultur Josef Kisser und der Ordinarius für Völkerrecht an der Universität Wien Alfred Verdroß-Droßberg. Als Generalsekretär führte der damalige Direktor des Bundes(real-)gymnasiums Wien V und Privatdozent für Philosophie an der Universität Wien Ulrich Schöndorfer die Geschäfte der Akademie. Schöndorfer war übrigens über Vorschlag des in der Gründungszeit der Akademie sehr aktiven Philosophen Alois Dempf zum Leiter des Sekretariats ernannt worden (Krones 1957b, S. 46).[99]

Zum Unterrichtsministerium hatte die Wiener Katholische Akademie seit jeher gute Verbindungen. Otto Skrbensky, der von 1945 bis zu seinem Tode 1952 die Hochschulsektion im Ministerium geleitet hatte, war seit April 1949 „als Konsultor aufs engste mit der Wiener Katholischen Akademie verbunden" gewesen (Zeißl, 1952, S. 3). Sein Nachfolger und später als Minister die Causa Stegmüller entscheidende Heinrich Drimmel war im Juni 1953 von Kardinal Innitzer zum „Konsultor" ernannt worden. Gemeinsam mit Drimmel hatte man diese Ehre auch gleich dem innerhalb der Hochschulsektion als Referent für die Philosophischen Fakultäten zuständigen Sektionsrat Walter Sturminger zuteil werden lassen.[100] Verwiesen sei nochmals auf das Kriterium, das für die Bestellung von Konsultoren maßgeblich sein sollte: In Frage kamen „führende Persönlichkeiten des kirchlichen und öffentlichen Lebens", die dazu bereit waren, „in *ihrem Wirkungskreis* die Tätigkeit der Akademie zu fördern".

„Für Wien reserviert?"

1.
Rohracher bereitete das Nicht-Zustandekommen der Berufung Stegmüllers eine „grosse Enttäuschung". Nach allem, was ihm „vom Minister selbst und von Prof. Gabriel [...] mitgeteilt" worden wäre, habe er – schrieb er an Stegmüller – „überzeugt sein [müssen], dass die Lehrkanzel Ihnen zufällt". In einer Kommissionssitzung an der Wiener Philosophischen Fakultät, „bei der alle hiesigen Vertreter der Philosophie und ihrer Nachbargebiete anwesend waren", habe er die Gelegenheit benützt, „um Ihren Fall zu schildern und meinen Unmut über das doppelte Spiel, das mit Ihne[n] und auch mit mir getrieben wurde, eindeutig und scharf zum Ausdruck zu bringen". Gabriel gab sich ahnungslos. Er – so berichtete Rohracher weiter – habe erklärt, daß „in dieser Angelegenheit [...] das letzte Wort noch nicht gesprochen" sei und daß „die Mitteilung, die ich über die Berufung Ihres Konkurrenten erhalten hätte, [...] nur auf Gerüchten beruhen" könnte.[101]

Noch am Abend desselben Tages erhielt Rohracher einen Anruf Gabriels. Den Inhalt des Gesprächs faßte Rohracher am Schluß seines Briefes an Stegmüller zusammen:

Der Minister sei so stark unter Druck gesetzt worden, daß er die Ernennung Ihres Konkurrenten nicht habe vermeiden können. Er sehe aber selbst ein, daß dies Ihnen gegenüber ein Unrecht bedeute, welches er auf Antrag Gabriel dadurch gutmachen wolle, dass er in Wien für Sie ein Extraordinariat für Naturphilosophie schaffe. Mit dem Finanzministerium habe der Minister darüber bereits verhandelt und dessen Zustimmung erreicht, so dass nichts anderes notwendig sei, als auf schellstem Wege die Schaffung dieser Stelle zu beantragen und zugleich einen Dreiervorschlag, bei dem Sie an der Spitze stünden, zu erstatten. Ich habe Gabriel, der selbst für die 2. Stelle Dr. Schöndorfer vorschlug, darauf hingewiesen, dass dies eine Gefahr bedeute, weil es dann ja wieder so sein könne wie in Innsbruck, nämlich ein überstarker Druck der Katholischen Akademie, der Ihre Ernennung unmöglich mache. Er gab mir zu, dass man diese Gefahr ausschliessen müsse, was man am leichtesten dadurch erreiche, dass man Schöndorfer überhaupt nicht, sondern zwei Ausländer an 2. und 3. Stelle vorschlage, die sicher nicht kommen. Ich sagte Gabriel, dass ich mich sehr freuen würde, wenn Sie nach Wien kommen, dass ich alle erdenklichen Garantien dafür fordere, dass nicht wieder Sie für einen katholischen Philosophen vorgeschoben werden. Ihnen würde ich auf alle Fälle, falls Sie gerne nach Wien kommen, den Rat geben, deutsche Angebote von Extraordinariaten vorläufig zwar nicht abzulehnen, aber hinauszuziehen.[102]

Rohracher, inzwischen gewarnt, daß „Gabriels Behauptungen sehr unverlässlich sind"[103], nahm tags darauf gleich Kontakt mit dem Dekan der Wiener Philosophischen Fakultät auf: Dieser bestätigte ihm, was er ohnehin selbst schon vermutet hatte: Der Minister kann „auch mit Genehmigung des Finanzministers keine neuen Stellen schaffen". Dazu bedarf es einer entsprechenden Änderung im Stellenplan, der wiederum erst im Spätherbst für das folgende Jahr „vom Parlament im Rahmen der Budgetverhandlungen bewilligt werden" muß. Stegmüllers Aussichten auf einen raschen Ersatz für das entgangene Innsbrucker Extraordinariat waren also alles andere als günstig: „Ihre Berufung nach Wien", schrieb Rohracher, dürfte „eine langwierige Angelegenheit" werden.[104]

2.
An der Innsbrucker Fakultät kursierten Gerüchte: Windischer habe sich – so berichtete Stegmüller – neulich gegenüber einem Universitätsprofessor, „wie man zu sagen pflegt, ‚verschnappt'". Dabei sei „zutage getreten, dass er von Anbeginn sowohl vom Ministerium wie von Gabriel die Zusicherung erhalten" hätte, „die Lehrkanzel zu bekommen"

– also bereits zu einer Zeit, als Stegmüller von Gabriel „eine absolute gegenteilige Zusicherung" gehört hatte. Man könne daraus „ungefähr erschliessen, was von der Wiener Lehrkanzel zu halten" sei.
Zudem habe ihm ein ihm bekannter Innsbrucker „Strafrechtler" einen neuen Aspekt der leidigen Berufungsangelegenheit eröffnet: Der Jurist habe nämlich in einem Telefongespräch „mit jemandem im Wiener Ministerium" auch die Berufung Windischers zur Sprache gebracht:

> Dabei erfuhr er, dass ein sog. Parteienkuhhandel gemacht worden sei. Kohler scheint von der sozialistischen Partei gestützt worden zu sein. Dafür verlangte die Gegenseite Windischer. Soweit jedenfalls die Auskunft, die Prof. N. erhielt.[105]

Anfang Februar meldete Stegmüller nach Wien, daß er wieder Post von Gabriel bekommen habe: Darin werde ausführlich der Stand der Dinge in Wien erörtert: Gabriel sei vom Wiener Dekan darauf aufmerksam gemacht worden, daß „bei den vielen unerledigten Anträgen gleicher Art aber älteren Rechtes" ein „Kampf" um sein Gesuch auf Schaffung eines Extraordinariats für Naturphilosophie „entbrennen" würde. Auch wenn er – Gabriel – dazu bereit wäre, den eigenen Antrag hinter die vorher eingebrachten zurückzustellen, glaube er, daß er – Stegmüller zitierte diese Passage wörtlich – „das nicht alleine machen kann". In diesem Zusammenhang habe Gabriel auch einige „ganz unklare Bemerkungen" über Rohracher fallen lassen: „Er schreibt, dass er fürchte, der Gegenseite sei es gelungen, Sie ‚in ihre Atmosphäre einzubeziehen'". Stegmüller mutmaßte, daß „Prof. G. für den Fall des Scheiterns des Versuches der Einführung einer neuen Lehrkanzel bereits jetzt beginnt, die Schuld von sich abzuschieben." Trotzdem bat er, Rohracher möge Gabriel „vorläufig in dieser Sache unterstützen": „Denn wenn ich auch gar nicht weiss, was da nun wirklich gespielt wird, eröffnet sich für mich zumindest eine neue Chance. Die Tatsache, dass ich jetzt regelmässig von Prof. G. alle drei Wochen einen Brief erhalte, scheint immerhin darauf hinzudeuten, dass er es diesmal vielleicht ehrlich meint".[106]

3.

Am 3. März 1956 erschien in der großformatigen Wochenzeitschrift *Die Wochen-Presse* ein ganzseitiger Artikel unter dem Titel: „Für Wien reserviert". Nach einem kurzen biographischen Abriß über Theodor Erismann leitete der anonym bleibende Autor zum eigentlichen Thema seiner Abhandlung über: der Teilung von Erismanns Lehrstuhl in zwei

Der "Fall" Stegmüller

Extraordinariate und der Geschichte ihrer Besetzung. Hinter der Idee der Lehrstuhl-Teilung sei, wie der Verfasser wußte, der – den LeserInnen unter einem auch gleich als in universitätspolitischen Dingen äußerst einflußreiche Persönlichkeit vorgestellte – „Erismann-Schüler Prof. Dr. Hubert Rohracher" gestanden. Rohracher habe zunächst seinen Standpunkt, „daß auch in Innsbruck die Psychologie allein eine Professur ausfülle, [...] in der Fakultät in Innsbruck und im Unterrichtsministerium" durchsetzen können. Die Besetzung dieses Psychologie-Lehrstuhls sei von Anfang an „klar" gewesen: Fakultät und Ministerium hätten gegenüber Ivo Kohler fachlich nichts einzuwenden gehabt.

Unter der Zwischenüberschrift „Für positivistische Philosophie" kam der Autor dann endlich zu seiner Sache: Daß sich die Besetzung des zweiten, der Philosophie gewidmeten Extraordinariats in Innsbruck schwierig gestaltet hatte, sei wiederum dem Eingreifen Hubert Rohrachers zu verdanken gewesen:

> Prof. Rohracher wird in Professorenkreisen als Vertrauensmann der Sozialisten bezeichnet. Ständiger Wunsch aller sozialistischen Kulturenqueten aber ist die Lehrkanzel für positivistische Philosophie, die natürlich nur im „roten Wien" errichtet werden könnte. Wenn auch Fakultät und Ministerium sich einig sind, daß an die Errichtung einer derartigen Lehrkanzel in absehbarer Zeit nicht zu denken ist, so hält man in sozialistischen Hochschullehrerkreisen doch schon lebhaft nach einem geeigneten Mann für sie Ausschau.

Als „aussichtsreichster Kandidat" für den zukünftigen neuen Wiener Lehrstuhl gelte „in Fachkreisen der Innsbrucker Dozent Dr. Dr. Wolfgang Stegmüller". Stegmüller sei aber auch in Innsbruck an erster Stelle für das Extraordinariat nach Erismann vorgeschlagen worden. Das Ministerium habe sich schließlich für Windischer entschieden, weil „auf Rat Prof. Rohrachers Stegmüller für Wien ‚reserviert' werden sollte". Die kulturpolitische Dimension dieser Lösung hatte der Autor dieses phantastischen Berichts bereits in einem voranstehenden Absatz durchblicken lassen: Schon 1949, nachdem Alois Dempf nach München berufen worden war, hätte es Bemühungen gegeben, für Wien einen Positivisten zu gewinnen. In der Fakultät habe sich aber dann doch die Überzeugung durchgesetzt, „daß es nicht zuviel verlangt sei, wenn einer der vielen philosophischen Lehrstühle an der größten Universität des katholischen Österreichs von einem Vertreter der katholischen Richtung besetzt würde, so daß Prof. Leo Gabriel die Ernennung erhielt."[107]

4.

Stegmüller sah sich zu einer Loyalitätsbekundung veranlaßt: Die Ausführungen seien – so hieß es in dem Brief, den er noch am Tag des Erscheinens des Artikels an Rohracher sandte – „in allen Hauptpunkten [...] unrichtig". „Ganz besonders unglaublich" finde er die Schlußbehauptung, in der seine Nichtberufung in Innsbruck auf Rohrachers Intervention zurückgeführt werde. Es sei nicht auszuschließen, daß letzteres „auf Auskünfte von Gabriel zurückgehe".

In Innsbruck habe Strohal vor kurzem mit Drimmel gesprochen: „Der Minister versicherte, dass keinerlei politischen Erwägungen, sondern bloss sachliche Momente bei der Entscheidung massgebend waren." Wenn „sachlich" so viel bedeute wie „fachlich" – „um so schlimmer" für ihn, wie Stegmüller trocken feststellte. In Bezug auf das von Gabriel ins Spiel gebrachte Extraordinariat in Wien habe es Drimmel bei vagen Andeutungen belassen.

In einem handschriftlich angefügten Postskriptum wurde noch rasch das neueste Gerücht über Gabriels Rolle im Ränkespiel übermittelt:

> P.S. Ich hatte vor einiger Zeit einem mir befreundeten Philosophieprofessor bei den Franziskanern von der Äußerung Prof. Gabriels Mitteilung gemacht, daß der Präsident der kathol. Akademie Wiens die Nachricht verbreitet habe, ich sei Marxist und Mitglied der SPÖ. Er erwiderte darauf folgendes: „L. Gabriel will verhindern, daß Du erfährst, daß seine Intervention für jemand unter den heute gegebenen Einstellungen zu ihm kein Vorteil, sondern eher ein Nachteil ist; so kommt es laufend zu handgreiflichen und nachweislichen Entstellungen des Sachverhaltes."[108]

Nachdem ihm der *Wochen-Presse*-Artikel zur Kenntnis gekommen war – und bevor ihn noch das Schreiben Stegmüllers erreicht hatte – begann Rohracher einen Brief an Stegmüller zu entwerfen. Er könne sich, so hieß es darin zu Anfang, vorstellen,

> dass Sie nach Ihrer bisherigen Erfahrung auf Grund dieses Artikels nun auch gegen mich misstrauisch werden, bitte Sie aber, mir zu glauben, dass ich mich immer genau so verhalten habe, wie ich es Ihnen jeweils schilderte.

Gabriel sei am Nachmittag persönlich vorbeigekommen, um zu versichern, daß er mit dem Artikel nichts zu tun habe. Durch Briefdurchschläge habe er – „überzeugend", wie Rohracher meinte – nachzuweisen versucht,

> dass er mit [?] der Katholischen Akademie gegen das Gerücht, Sie seien Marxist, tatsächlich aufgetreten ist, was offenbar auch nicht erfolglos war. Mit diesem Argument wird die Katholische Akademie in Wien gegen Sie nicht mehr kämpfen. Gleichzeitig teilte mir Gabriel noch einmal mit, dass er mit dem Minister die Schaffung eines Lehrstuhles für Sie in Wien nicht nur besprochen, sondern geradezu vereinbart habe. Er zeigte mir auch den Durchschlag eines Antrages an die hiesige Fakultät auf Schaffung eines planmässigen Extraordinariats für Naturphilosophie. Dieser Antrag wird in der nächsten Fakultätssitzung zur Sprache kommen. Gabriel meinte, dass man dann gleich eine Kommission über die Besetzung der Stellung einsetzen müsste, was natürlich unrichtig ist, weil die Stelle zuerst bewilligt werden muss. Ich habe ihm geraten, den Minister zu bitten, dass ein irgendwo vorhandenes unbesetztes Extraordinariat „ausgeliehen" werde, um es vorläufig für die Naturphilosophie zu verwenden, bis die eigentliche Stelle dafür geschaffen ist. Ausdrücklich vereinbart habe ich mit Gabriel, dass in dem Vorschlag für diese Stelle Dozent Schöndorfer nicht genannt wird, damit für Sie keine klerikale Konkurrenz besteht; genannt würden ausser Ihnen nur ausländische Berühmtheiten, von denen nicht anzunehmen ist, dass sie nach Wien gingen. Ob sich, wenn dieser Plan einmal konkrete Formen annimmt, nicht ein neues Intrigenspiel entwickelt, kann ich nicht voraussagen.

Stegmüllers Brief gelangte schließlich doch noch in Rohrachers Hände, bevor er sein eigenes Schreiben zur Post gab. In einem nachträglich beigelegten Blatt konnte er befriedigt feststellen, daß Stegmüller „den Wochenpresse-Artikel vollkommen richtig beurteilt" habe. Zudem kündigte er einen Leserbrief an, in dem er „die notwendigen Richtigstellungen durchführen werde".[109]

5.
Die Formulierungen, die Rohracher fand, um seiner Haltung gegenüber Stegmüller und der von ihm vertretenen Philosophie öffentlich Ausdruck zu verleihen, sind in der am 17. März 1956 erschienenen Ausgabe der *Wochen-Presse* unter der Rubrik „Leserbriefe" nachzulesen.

Seine Argumentation nahm in der Bestimmung des Begriffs „positivistische Philosophie" ihren Ausgang:

„Positivistische Philosophie" ist ein vieldeutiger Begriff. Wenn dieser Ausdruck in Ihrem Bericht in seinem einfachsten Sinn verstanden werden soll, so ist mit ihm die Philosophie gemeint, die auf den Ergebnissen der Naturwissenschaften aufbaut, sich auf den Bereich der wissenschaftlichen Erfahrung beschränkt und metaphysische Überlegungen ablehnt. Die moderne Form dieser Lehre hat Stegmüller in seinem ausgezeichneten Buche „Hauptströmungen der Gegenwartsphilosophie" sehr klar dargestellt und scharfsinnig kritisiert, wobei er zu der Auffassung gelangt, daß die Widerlegung der Metaphysik nicht gelungen sei. Zur Politik und insbesondere zum Sozialismus hat Stegmüllers philosophische Arbeit nicht die geringsten Beziehungen; ebensowenig (wie er mir schrieb) er selbst.

Ob von den Sozialisten eine Lehrkanzel für positivistische Philosophie „als Gegengewicht gegen die christliche Philosophie gewünscht" werde, könne er – da er weder zur SPÖ noch zu einer anderen der politischen Parteien „irgendwelche Beziehungen" unterhalte – nicht beurteilen.[110] So „berechtigt die Forderung" sei, daß „bei der überwiegend katholischen Bevölkerung unseres Landes die christliche Philosophie an der Universität vertreten" sein müsse, so „unberechtigt wäre die Forderung, daß in Österreich *nur* christliche Philosophie gelehrt" werden sollte. Tatsächlich werde seinen Informationen nach die Schaffung einer Lehrkanzel für Naturphilosophie, „in deren Rahmen auch die positivistische Philosophie zur Darstellung" gelange, praktisch von allen philosophischen und politischen Richtungen „dringend gewünscht". Stegmüller, „über dessen bisherige Arbeit glänzende Gutachten hervorragender in- und ausländischer Fachleute vorliegen", sei seiner „persönlichen Meinung" nach der „geeignetste Vertreter dieses Faches in deutschem Sprachgebiet." Er – Rohracher – habe aber nicht das Mindeste dazu getan, daß Stegmüller in Innsbruck nicht ernannt wurde, damit er „für Wien reserviert" bleibe. (Rohracher, 1956)

6.
Das „dringend gewünschte" Extraordinariat für Naturphilosophie wurde an der Universität Wien nicht eingerichtet. Jahre später schuf man eine Professur für Logistik, die Curt Christian erhielt. Christian hatte sich 1955/56 an der Universität Wien für Philosophie habilitiert. In

Der „Fall" Stegmüller

diesem Verfahren war Stegmüller – er konnte sich damals noch Hoffnungen auf das Innsbrucker Extraordinariat machen – von Leo Gabriel um Hilfestellung ersucht worden. Stegmüller erinnerte sich in einem Brief an Rohracher:

> Wie ich Ihnen seinerzeit [anläßlich eines persönlichen Zusammentreffens] schon berichtete, hatte ich im letzten Jahr von Prof. Schir, dem Leiter des Innsbrucker Institutes für Leibeserziehung, ein Kuvert erhalten, in welchem sich die Habilit.-arbeit von Dr. Christian befand, sowie ein Brief, in welchem mich Prof. Gabriel bat, die Arbeit in kürzester Frist durchzusehen u. kritische Bemerkungen dazu zu machen, sodass er sich ein Bild von dem Inhalt und seiner Wichtigkeit machen könne. Ich bin der Bitte nachgekommen, und ich glaube nicht, dass sich in meinen Ausführungen unrichtige Behauptungen finden.

Obzwar Gabriel es „strikt in Abrede" stellte, seine „kritische Bemerkungen" vor der Fakultät verlesen zu haben – er habe „vielmehr ein eigenes Gutachten" verfaßt und „nur an ein paar Stellen technische Einzelheiten" aus dem Brief Stegmüllers übernommen – war an der Wiener Universität in Fakultätskreisen allgemein bekannt, daß Stegmüller gegen den fest in der Wiener Katholischen Akademie verankerten Curt Christian aufgetreten sei. Erich Heintel, den Stegmüller anläßlich einer Unesco-Tagung getroffen hatte, habe ihm, wie er Rohracher berichtete, mitgeteilt, „daß mir die Einmischung (!) in der Habilitationssache Christian sehr geschadet" hätte. Von Heintel mußte Stegmüller schließlich noch erfahren, daß auch „Prof. Kainz der Meinung" sei, daß sein „Verhalten in der Angelegenheit [...] nicht ganz einwandfrei" gewesen wäre.[111] Rohracher, der mit dem Habilitationsverfahren von Christian nicht befaßt war, hatte schon Monate zuvor durchklingen lassen, er habe „den Eindruck, dass die dem Dr. Christian nahestehenden Professoren" Stegmüllers Berufung nach Wien „nicht freundlich gegenüberstehen."[112]

War also gar erst seine Verbindung mit der Causa Christian die Ursache für Stegmüllers Scheitern in Innsbruck? Die Spuren, die die Vorgänge in den Akten des Unterrichtsministeriums und in der Korrespondenz Hubert Rohrachers hinterlassen haben, könnten unter dieser Annahme wie die Einzelstücke eines Mosaiks zu einem einheitlichen Bild zusammengesetzt werden: zu einem Bild einer glänzend inszenierten Intrige, deren Erfinder und Regisseur der christliche Philosoph Leo Gabriel war: Mit Stegmüller in Wien gegen Christian aufzutreten, brachte Windischer auf das Extraordinariat in Innsbruck. Mit dem so „freigespielten" Stegmüller war dann noch eine Zeitlang an der Universität Wien Politik zu machen: Für Schöndorfer, gegen Christian – oder umgekehrt, wie auch immer die Kräfteverhältnisse im katholischen Lager gerade gestaltet waren.

Schluß

„Wer dagegen in Österreich sich der erkenntnislogischen Grundlagenforschung widmet, bleibt entweder zeitlebens Dozent [...], oder er sieht sich genötigt abzuwandern." Ersteres traf für den Autor dieser Zeilen, für Béla Juhos, letzteres für Paul Feyerabend, Rudolf Freundlich, Wolfgang Stegmüller und Ernst Topitsch zu.

Der wahre Grund dafür, so hieß es bei Juhos weiter, daß hierzulande „kein einziger wissenschaftlicher Erkenntnislogiker eine Lehrkanzel bekleidet", sei der, „daß der erkenntnislogische Forscher durch keine Weltanschauung gebunden sein darf" (Juhos, 1961, S. 2). Im Österreich der Nachkriegszeit herrschte nicht nur in Fragen der Philosophie ein anderer „Zeitgeist". Die Wissenschaftspolitik des Landes war geprägt durch ein engmaschiges Netz persönlicher Beziehungen, das sich im Schutze von Institutionen wie dem Österreichischen Cartellverband oder der Wiener Katholischen Akademie entwickeln konnte. Hier wurden Positionen vergeben, Karrieren behindert etc. – all das im Namen einer „katholischen Weltanschauung", die nach Meinung der politisch bestimmenden Kreise sämtliche Bereiche des kulturellen und wissenschaftlichen Lebens durchdringen sollte.

Hubert Rohracher zählte zu einer Minderheit, die öffentlich gegen jede Vermengung von Ideologie und Wissenschaft aufzutreten bereit war. In wissenschaftspolitischer Hinsicht ging es in der Causa Stegmüller um die Erweiterung von Ideologie-freien Räumen auf akademischem Boden, die – wovon Rohracher überzeugt war – Grundbedingung für die Fortentwicklung jeder ernsthaften (einzel-)wissenschaftlichen Forschung war.

Der Kampf gegen den „Zeitgeist" hinterließ aber offenbar Spuren: Mit seiner in der ersten Auflage seines „Gehirnbuchs" (Rohracher, 1939) vorgelegten „Theorie der letzten Wirkung" hatte Rohracher behauptet, daß das nervöse Erregungsgeschehen im Gehirn die letzte faßbare Ursache aller Bewußtseinsvorgänge sei. Psychisches könne kein – von nervösen Erregungen unabhängiges – Eigendasein führen. Weil das, was selbst ohne Erregungen nicht bestehen kann, auch keine neuen Erregungen zu erzeugen imstande ist, war eine (Rück-) Wirkung auf Körperliches nicht vorstellbar.

Daß Rohracher sich ob solchen Denkens mit dem Vorwurf, ein „Materialist" zu sein, auseinanderzusetzen hatte, ist nicht weiter verwunderlich. War es den „Zeitumständen" geschuldet, daß er in der vierten, umgearbeiteten Fassung seines Buches über *Die Arbeitsweise des Gehirns und die psychischen Vorgänge* auch eine metaphysische Spekulation zur „Lösung" des „Leib-Seele-Problems" anbot? „Daß Freude und Begeisterung, Angst und Verzweiflung, das Verantwortungsbewußtsein und das Gewissen des Menschen aus elektrischen und chemischen Prozessen zustandekommen" (Rohracher, 1967, S. 188), das zu glauben, falle sogar so manchem Naturwissenschafter schwer. Was solle man, so fragte Rohracher, jemandem entgegnen, der darauf besteht, daß neben den Gehirnprozessen noch etwas anderes existieren muß, von dem das Entstehen von Psychischem abhängig ist? Die Gehirnvorgänge könnten zwar eine notwendige, aber keine hinreichende Bedingung für das Auftreten von bewußtem Erleben sein. Die in diesem Kontext vorgestellte „vis extrinsica-Theorie" postulierte schließlich eine im Weltall vorhandene universelle Naturkraft, die durch ihr Einwirken auf Gehirnzellen Bewußtsein erzeugt.

Nachsatz

Im Gegensatz zu Österreich war Stegmüller in der BRD ein gefragter Mann. Dort konnte er sich nach seinem Scheitern in Innsbruck bald schon der Angebote kaum mehr erwehren. Mit sichtlicher Genugtuung informierte er am 20. Dezember 1958 den Dekan der Innsbrucker Fakultät:

> Ich erlaube mir, Ihnen folgendes mitzuteilen: Ich erhielt vor einiger Zeit während meiner Bonner Gasttätigkeit [im Studienjahr 1957/58] eine Berufung auf den Philosophischen Lehrstuhl an der Technischen Hochschule Hannover. Kurz nachdem die Bonner Philosophische Fakultät von meiner Berufung erfahren hatte, erhielt ich die Mitteilung, daß beschlossen worden sei, den Antrag zu stellen, für das von mir gastweise vertretene Fach „Logik und Grundlagenforschung" eine planmäßige Professur einzuführen. Der Herr Dekan der Bonner Fakultät verlieh in einem Schreiben der Hoffnung Ausdruck, daß ich bald nach Bonn zurückkehren werde. Überraschenderweise erhielt ich dann eine weitere Berufung auf das Philoso-

phische Ordinariat der Universität München. Da es sich hierbei um die berühmte Schellingsche Lehrkanzel für Philosophie handelt, fiel mir die Wahl nicht schwer und ich habe mich für die Annahme des Rufes nach München entschieden.[113]

Literatur

Benetka, Gerhard, (1998). „Entnazifizierung und verhinderte Rückkehr. Zur personellen Situation der akademischen Psychologie in Österreich." *Österreichische Zeitschrift für Geschichtswissenschaften*, 9, (2), S. 188-217.
Benetka, Gerhard u. Guttmann, Giselher, (1999). „Akademische Psychologie in Österreich: Ein historischer Überblick." In: Karl Acham (Hg.), *Geschichte der österreichischen Humanwissenschaften*. Bd. 2: *Lebensraum, Organismus und Verhalten des Menschen.* Wien: Passagen Verlag (im Druck).
Coreth, Emerich, (1955a). (Rezension). Wolfgang Stegmüller, Metaphysik – Wissenschaft – Skepsis. *Zeitschrift für katholische Theologie*, 77, S. 102-103.
Coreth, Emerich, (1955b). „,Metaphysik – Wissenschaft – Skepsis'. Eine Aussprache zwischen Wolfgang Stegmüller und Emerich Coreth." *Zeitschrift für katholische Theologie*, 77, S. 476-481.
Coreth, Emerich, (1968). „Die Philosophie an der Theologischen Fakultät der Universität Innsbruck." In Leo Gabriel & Johann Mader (Hg.), *Philosophie in Österreich.* Wien: Bundesverlag, S. 189-201.
Dahms, Hans-Joachim, (1987). „Die Emigration des Wiener Kreises." In: Friedrich Stadler (Hg.), *Vertriebene Vernunft I. Emigration und Exil österreichischer Wissenschaft 1930-1940.* Wien: Jugend und Volk, S. 66-122.
Drimmel, Heinrich, (1966). „Der Staat und die Hochschulautonomie." In: ders., *Die Hochschule zwischen gestern und morgen. Analysen und Perspektiven.* Wien: Herder, S. 49-68.
Drimmel, Heinrich, (1975). *Die Häuser meines Lebens. Erinnerungen eines Engagierten.* Wien: Amalthea.
Erismann, Theodor, (1926). „Verstehen und Erklären in der Psychologie". *Archiv für die gesamte Psychologie,* 55, S. 111-136.
Erismann, Theodor, (1951). „Wahrscheinlichkeit im Sein und Denken." *Studium Generale,* 4, S. 88-109.
Feyerabend, Paul, (1980). *Erkenntnis für freie Menschen.* Frankfurt a. M.: Suhrkamp.

Feyerabend, Paul, (1995). *Zeitverschwendung.* Frankfurt a. M.: Suhrkamp, 1997.
Fischer, Heinz, (1965). „Universität zwischen Tradition und Fortschritt." In: Forum Verlag (Hg.), *Österreich – geistige Provinz?* Wien: Forum, S. 204-231.
Goller, Peter, (1989). *Die Lehrkanzeln für Philosophie an der Philosophischen Fakultät der Universität Innsbruck.* Innsbruck: Wagner'sche Kommissionsbuchhandlung.
Gröbner, Wolfgang, (1951). „Über die Anwendung des Wahrscheinlichkeitsbegriffes in der Physik." *Studium Generale,* 4, S. 72-77.
Haller, Rudolf, (1986). „Die philosophische Entwicklung im Österreich der fünfziger Jahre." In: ders., *Fragen zu Wittgenstein und Aufsätze zur Österreichischen Philosophie.* Amsterdam: Rodopi, S. 219-245.
Hofstätter, Peter R., (1992). (Selbstdarstellung). In: Ernst G. Wehner (Hg.), *Psychologie in Selbstdarstellungen.* Band 3. Bern: Huber, S. 107-134.
Innitzer, Theodor, (1957). „Vom Werden und Sinn der Wiener Katholischen Akademie. Programmrede bei der Festsitzung am 8. Oktober 1945." In Hermann Peichl (Hg.), *Katholischer Glaube und Wissenschaft in Österreich. Jahresberichte der Wiener Katholischen Akademie. Bd. 1 (1945 bis 1955).* Wien: Herder, S. 35-39.
Juhos, Béla, (1961). „Nichtmaterielle Gründe der Abwanderung einheimischer Wissenschaftler." *Österreichische Hochschulzeitung,* 13, Nr. 10 vom 15.5.1961, S. 2-3.
Juhos, Béla, (1965). „Gibt es in Österreich eine wissenschaftliche Philosophie?" In: Forum Verlag (Hg.), *Österreich – geistige Provinz?* Wien: Forum, S. 232-244.
Kainz, Friedrich, (1973). „Hubert Rohracher. Versuch eines Psycho- und Ergogramms." *Anzeiger der phil.-hist. Klasse der Akademie der Wissenschaften,* 110, S. 32-75.
Kohler, Ivo, (1951a). *Über Aufbau und Wandlungen der Wahrnehmungswelt. Insbesondere über „bedingte Empfindungen".* Wien: Rohrer (= Österreichische Akademie der Wissenschaften, Philosophisch-historische Klasse, Sitzungsberichte, 227. Band, 1. Abhandlung).
Kohler, Ivo, (1951b). „Gedanken zur instinktiven Anwendung der Wahrscheinlichkeit." *Studium Generale,* 4, S. 110-114.
Krohn, Wolfgang & Küppers, Günter, (1989). *Die Selbstorganisation der Wissenschaft.* Frankfurt a. M.: Suhrkamp.

Krohn, Wolfgang & Küppers, Günter, (1990). "Wissenschaft als selbstorganisierendes System. Eine neue Sicht alter Probleme." In: dies. (Hg.), *Selbstorganisation. Aspekte einer wissenschaftlichen Revolution.* Braunschweig: Vieweg, S. 303-327.

Krones, Ferdinand, (1957a). "Vorgeschichte und Gründung der Wiener Katholischen Akademie." In: Hermann Peichl (Hg.), *Katholischer Glaube und Wissenschaft in Österreich. Jahresberichte der Wiener Katholischen Akademie. Bd. 1 (1945 bis 1955).* Wien: Herder, S. 18-28.

Krones, Ferdinand, (1957b). "Die Entwicklung der Wiener Katholischen Akademie in den ersten vier Jahren ihres Bestehens (1945 bis 1949)." In: Hermann Peichl (Hg.), *Katholischer Glaube und Wissenschaft in Österreich. Jahresberichte der Wiener Katholischen Akademie. Bd. 1 (1945 bis 1955).* Wien: Herder, S. 40-51.

Krones, Ferdinand, (1957c). "Bericht über die Veranstaltungen der Wiener Katholischen Akademie außerhalb des allgemeinen Vorlesungsprogramms in den zehn Arbeitsjahren von 1945/46 bis 1954/55." In: Hermann Peichl (Hg.), *Katholischer Glaube und Wissenschaft in Österreich. Jahresberichte der Wiener Katholischen Akademie. Bd. 1 (1945 bis 1955).* Wien: Herder, S. 86-115.

March, Arthur, (1951). "Wahrscheinlichkeit und Physik." *Studium Generale*, 4, S. 78-79.

Molden, Otto, (1981). *Der andere Zauberberg. Das Phänomen Alpbach. Persönlichkeiten und Probleme Europas im Spiegelbild geistiger Auseinandersetzungen.* Wien: Molden.

Neider, Heinrich, (1977). "Gespräch mit Heinrich Neider: Persönliche Erinnerungen an den Wiener Kreis." In: Johann Christian Marek, Josef Zelger, Heinrich Ganthaler u. Rainer Born (Hg.), *Österreichische Philosophen und ihr Einfluß auf die analytische Philosophie der Gegenwart.* Innsbruck: Conceptus-Sonderband, Jg XI, Nr. 28-30, S. 21-42.

Rohracher, Hubert, (1939). *Die Vorgänge im Gehirn und das geistige Leben. Versuch einer Gehirntheorie.* Leipzig: Barth.

Rohracher, Hubert, (1956). Leserbrief. *Wochen-Presse* vom 17.3. 1956; S. 2.

Rohracher, Hubert, (1967). *Die Arbeitsweise des Gehirns und die psychischen Vorgänge.* München: Barth (Vierte, umgearbeitete und erweiterte Auflage von Rohracher, 1939).

Rohracher, Hubert, (1972). (Selbstdarstellung). In: Ludwig J. Pongratz, Werner Traxel u. Ernst G. Wehner (Hg.), *Psychologie in Selbstdarstellungen.* Bern: Huber, S. 256-287.

Schleichert, Hubert, (1971). „Denker ohne Wirkung. Béla Juhos – ein typisches Schicksal." *Conceptus,* 5, S. 5-12.

Schöndorfer, Ulrich, (1957). „Die Konstituierende Sitzung der Wiener Katholischen Akademie am 6. April 1949." In: Hermann Peichl (Hg.), *Katholischer Glaube und Wissenschaft in Österreich. Jahresberichte der Wiener Katholischen Akademie. Bd. 1 (1945 bis 1955).* Wien: Herder, S. 55-56.

Schrödinger, Erwin, (1960). „Mein Leben." In: ders., *Mein Leben, meine Weltansicht.* Wien: Zsolnay, 1985, S. 11-40.

Schwarz, Karl, (1995). „Vom Mariazeller Manifest zum Protestantengesetz. Kirche(n) – Staat – Gesellschaft." In: Thomas Albrich, Klaus Eisterer, Michael Gehler u. Rolf Steininger (Hg.), *Österreich in den Fünfzigern.* Innsbruck: Österreichischer StudienVerlag, S. 137-167.

Schweinhammer, Sonja, (1995). *Die Geschichte des Instituts für Experimentelle Psychologie an der Universität Innsbruck. Die Anfangsphase 1897 bis 1926.* Diplomarbeit, Universität Wien.

Stadler, Friedrich, (1997). *Studien zum Wiener Kreis. Ursprung, Entwicklung und Wirkung des Logischen Empirismus im Kontext.* Frankfurt a. M.: Suhrkamp.

Staudinger, Anton, (1995). „Heinrich Drimmel." In: Herbert Dachs, Peter Gerlich u. Wolfgang C. Müller (Hg.), *Die Politiker. Karrieren und Wirken bedeutender Repräsentanten der Zweiten Republik.* Wien: Manz, S. 118-124.

Stegmüller, Wolfgang, (1952). *Hauptströmungen der Gegenwartsphilosophie.* Wien: Humboldt.

Stegmüller, Wolfgang, (1953). „Bemerkungen zum Wahrscheinlichkeitsproblem." *Studium Generale,* 6, S. 563-593.

Stegmüller, Wolfgang, (1954). *Metaphysik, Wissenschaft, Skepsis.* Wien: Humboldt.

Stegmüller, Wolfgang, (1955). „'Metaphysik – Wissenschaft – Skepsis'. Eine Aussprache zwischen Wolfgang Stegmüller und Emerich Coreth." *Zeitschrift für katholische Theologie,* 77, S. 472-476.

Stegmüller, Wolfgang, (1957). *Das Wahrheitsproblem und die Idee der Semantik.* Wien: Springer.

Stegmüller, Wolfgang, (1979). „Autobiographische Einleitung." In: ders., *Rationale Rekonstruktion von Wissenschaft und ihrem Wandel.* Stuttgart: Reclam, S. 4-26.

Strohal, Richard, (1951). „Bemerkungen zur Hypothesenwahrscheinlichkeit." *Studium Generale,* 4, S. 80-88.

Vietoris, Leopold, (1951). "Wie kann Wahrscheinlichkeit definiert werden?" *Studium Generale,* 4, S. 69-72.
Windischer, Hans, (1964). "Aus der Werkstatt des Forschers." *Österreichische Hochschulzeitung,* 16, 1.5.1964.
Zeißl, Hermann, (1953). Sektionschef Dr. Otto Skrbensky †. *Mitteilungen der Wiener Katholischen Akademie,* 4, Folge 1 vom 1.1. 1953, S. 2-3.

Archivalien

AdR   Österreichisches Staatsarchiv; Archiv der Republik
02 Gruppe Unterricht/Wissenschaft
    BMU-Hr   Bundesministerium für Unterricht-Hauptreihe
    BMU-Pa   Bundesministerium für Unterricht-Personalakten Erismann, Kohler, Windischer

AIP   Archiv des Instituts für Psychologie der Universität Wien
Korrespondenz Rohracher, Mappen 1951–1953; 1953/54 u. 1954–1956

UAI   Universitätsarchiv Innsbruck
Phil. Habilitationsakt Stegmüller
Phil. Berufungsakten/Nachfolge Theodor Erismann 1954–1955
Personalakt Stegmüller

Anmerkungen

1. Die dem Text zugrundeliegenden Archivrecherchen wurden im Rahmen des vom Jubiläumsfonds der Oesterreichischen Nationalbank finanzierten Forschungsprojekts Nr. 5733: „Die Entwicklung der Psychologie in Österreich. Psychologie als Wissenschaft und Beruf" durchgeführt. Herrn Dr. Peter Goller bin ich für die Überlassung von Dokumenten aus dem Innsbrucker Universitätsarchiv zu Dank verpflichtet.
2. Vgl. dazu auch die Autobiographie Erwin Schrödingers, dessen Ernennung an der Universität Wien 1956 im Zusammenhang mit dem neuen Gesetz erfolgt war. Schrödinger dankte Hubert Rohracher ausdrücklich dafür, daß er „sich um das Zustandekommen des Emeritierungsgesetzes erfolgreich bemüht" habe (Schrödinger, 1985, S. 40).

Der „Fall" Stegmüller 171

3. AIP-Korrespondenz Rohracher, Mappe 1954–1956; „Enquete im Parlament: Die Not der Wissenschaft"; Protokoll der Sitzung der Nationalräte des Finanz- und Budgetausschusses vom 18.3.1954 betreffs Erhöhung des Kulturbudgets pro 1955. Zu dieser Sitzung waren auch Vertreter der Wissenschaft geladen, um ihre Wünsche vorzutragen. Das Referat für die Gewerkschaftssektion der Hochschullehrer wurde von Hubert Rohracher gehalten.
4. Zur Geschichte der Entwicklung des „Österreichischen Forschungsrates" – der Vorläuferorganisation des *Österreichischen Fonds zur Förderung der wissenschaftlichen Forschung* – vgl. „Gutachten des Präsidenten R. Meister betreffend ‚Österreichischer Forschungsrat (1949–1960)'"; AdR-02-BMU-Hr Zl. 35370-1/60.
5. AIP-Korrespondenz Rohracher, Mappe 1953/54; Rohracher an Otto Langbein vom 3.6.1953. Langbein hatte Rohracher dazu eingeladen, in den Vorstand der Österreichisch-Sowjetischen Gesellschaft einzutreten.
6. Zur Emigration des Wiener Kreises vgl. Dahms (1987).
7. Immerhin hatte Kraft auf eine Gruppe begabter Studenten Einfluß genommen, die sich im Rahmen des Österreichischen College im sogenannten „Kraft-Kreis" zusammenfanden. Der nachmals bekannteste Teilnehmer dieses Diskussionszirkels war Paul Feyerabend, der der Gruppe sowohl in seiner *Erkenntnis für freie Menschen* (Feyerabend, 1980) als auch in seiner Autobiographie (Feyerabend, 1995) Portraits widmete.
8. Hurdes war von 1945 bis 1952, Ernst Kolb von 1952 bis Herbst 1954, Heinrich Drimmel von 1954 bis 1964 Unterrichtsminister.
9. Zur Geschichte der Lehrkanzeln für Philosophie an der Universität Innsbruck vgl. Goller (1989).
10. Vgl. Rohracher (1972, S. 261).
11. Zur Gründungsgeschichte des Innsbrucker Psychologischen Instituts vgl. Schweinhammer (1993).
12. Eine kurze Zusammenfassung der Hauptergebnisse der Kohlerschen Untersuchungen findet sich in Benetka u. Guttmann (1999).
13. Erlaß des BMU vom 21.7.1950, Zl. 34697/I-2/50; vgl. AdR-02-BMU-Pa Kohler, fol. 29-37.
14. Erlaß des BMU vom 18.3.1953, Zl. 34232/I-4/53; vgl. AdR-02-BMU-Pa Kohler, fol. 42-45.
15. Der Antrag auf Erteilung des Ehrenjahres wurde am 2.6.1953 vom Professorenkollegium einstimmig angenommen. Die Genehmigung durch das BMU erfolgte mit Erlaß vom 20.6.1953, Zl. 54110/I-4/53; vgl. AdR-02-BMU-Pa Erismann, fol. 84-86.
16. AIP-Korrespondenz Rohracher, Mappe 1954–56; Erismann an Rohracher vom 13.1.1954.
17. Die Bestätigung der Habilitation durch das BMU erfolgte mit Erlaß vom 28.11.1936, Zl. 390003-I/1/36. Vgl. AdR-02-BMU-Pa Windischer, fol. 127.
18. Reichskommissar für die Wiedervereinigung Österreichs mit dem Deutschen Reich an das Ministerium für innere und kulturelle Angelegenheiten, Abteilung IV, vom 29.4.1940 unter Zl. U2c-11016/2/40 in AdR-02-BMU-Pa Windischer, fol. 125.
19. „Lebenslauf"; ebd., Zl.77630/I-2/50, fol. 97.
20. Mit Entschließung des die Funktion des Bundespräsidenten ausübenden Bundeskanzlers (Figl) vom 24.1.1951. Zur Philosophie Windischers vgl. seine Selbstdarstellung (Windischer, 1964).
21. Richard Strohal war Inhaber der zweiten philosophischen Lehrkanzel, die der Vertretung von „Philosophie und Pädagogik" gewidmet war.
22. AIP-Korrespondenz Rohracher, Mappe 1954–56; Erismann an Rohracher vom 13.1.1954.

23. Jene Lehrkanzel, die Richard Strohal innehatte.
24. AIP-Korrespondenz Rohracher, Mappe 1954–56; Rohracher an Erismann vom 20.1.1954.
25. Ebd., Erismann an Rohracher vom 28.1.1954.
26. Ebd.; Rohracher an Erismann vom 30.1.1954.
27. Ebd.; Heinrich Drimmel war nach dem Tod Otto Skrbenskys 1952 Chef der Hochschulsektion im Unterrichtsministerium geworden.
28. Zur Geschichte des Forum Alpbach vgl. Molden (1981).
29. Vgl. dazu auch die Lebenserinnerungen Paul Feyerabends (1995, insbes. Kap. 6, S. 87-110).
30. UAI-Phil. Habilitationsakt Stegmüller; Ausschußbericht Erismanns vom 24.1.1949.
31. AdR-02-BMU-Hr Zl. 40849-I/41954; Bericht der Kommission zur Ausarbeitung von Wahlvorschlägen für die Neubesetzung der bis dahin von Prof. Erismann vertretenen Lehrkanzel.
32. Ebd.; Dekan der Philosophischen Fakultät an das BMU vom 23.3.1954.
33. Ebd.; Erlaß des BMU, Zl. 40849-I/4/1954, vom 13.4.1954.
34. AIP-Korrespondenz Rohracher, Mappe 1954–1956; Erismann an Rohracher vom 26.4.1954.
35. Ebd.
36. Rohracher hatte neben einem Philosophie-Studium in München auch ein Studium der Rechtswissenschaften an der Universität Innsbruck abgeschlossen und nach Absolvierung des Gerichtsjahres als Konzipient in verschiedenen Rechtsanwaltskanzleien gearbeitet. Vgl. dazu Benetka u. Guttmann (1999).
37. AIP-Korrespondenz Rohracher, Mappe 1954–1956; Rohracher an Erismann vom 28.4.1954.
38. Ebd.; Erismann an Rohracher vom 2.5.1954.
39. Ebd.; Rohracher an Kohler vom 4.3.1954. Rohracher informierte Kohler in diesem Brief über ein Zusammentreffen mit Minister Kolb, „mit dem ich bei dieser Gelegenheit über Sie sprechen konnte". Kohlers Aussichten wären – so Rohracher – sehr gut. Bezüglich der Chancen von Wolfgang Stegmüller sei er sich allerdings „nicht so sicher". Falls „Sie mir einen Hinweis geben könnten, was man zu seiner Unterstützung unternehmen kann, wäre ich Ihnen dankbar, weil er selbst in seiner Ungeschicklichkeit kaum die richtigen Wege finden wird und wahrscheinlich von dem ganzen Plan überhaupt noch nichts weiss." Kohler hatte den Hinweis verstanden. In seiner Antwort an Rohracher hieß es: „An Dr. Stegmüller in Oxford habe ich geschrieben und ihn, soweit ich kann, informiert. [...] Er wird in der nächsten Zeit wohl auch mit Ihnen brieflich in Verbindung treten." Ebd.; Kohler an Rohracher vom 19.3.1954.
40. Ebd.; Stegmüller an Rohracher vom 19.3.1954.
41. Ebd.; Rohracher an Stegmüller vom 24.3.1954.
42. Ebd.; Stegmüller an Rohracher vom 28.4.1954.
43. Ebd.; Rohracher an Stegmüller vom 3.5.1954.
44. Ebd.; Erismann an Rohracher vom 8.5.1954.
45. AdR-02-BMU-Pa Erismann; Dekan an das BMU vom 23.6.1954 unter Zl. 58673-I/4/1954, fol. 94.
46. Ebd.; Erlaß des BMU vom 22.6.1954 unter Zl. 56079/I-4/1954.
47. AIP-Korrespondenz Rohracher, Mappe 1954-1956; Erismann an Rohracher vom 4.7.1954.
48. Ebd.; Rohracher an Erismann vom 6.7.1954.

49. Ebd.; Erismann an Rohracher vom 5.11.1954.
 Mit „internat. Kongress" war der 14. Internationale Kongress für Psychologie 1954 in Montreal gemeint, an dem Ivo Kohler den einleitenden Hauptvortrag zu einem Symposion über neueste Entwicklungen in der Wahrnehmungspsychologie gehalten hatte.
50. Die Kommission setzte sich aus den Herren Erismann, Hayek, March, Strohal und Dekan Pivec zusammen.
51. Der am 3.10.1899 in Wien geborene Vinzenz Neubauer hatte sich 1937 an der TH Wien für angewandte Psychologie habilitiert und fungierte als Leiter des Innsbrucker Berufsberatungsamts. Nach 1945 wurde ihm die Lehrbefugnis an die Universität Innsbruck übertragen. 1950 erhielt er den Titel eines ao. Professors.
52. Um eine „rühmende Erwähnung" Mitteneckers hatte Hubert Rohracher gebeten. AIP-Korrespondenz Rohracher, Mappe 1954–1956; Rohracher an Erismann vom 13.10.1954 und vom 9.11.1954.
53. AdR-02-BMU Pa Kohler; unter Zl. 43116/I-4/55, „Erste Fassung des Vorschlages", fol. 57-70.
54. Ebd.
55. Rohracher übermittelte sein Gutachten in einem Brief an Erismann vom 18.1. 1955. Zu seinem Referat über Neubauer notierte er: „Ich habe mich bemüht, ihn in meinem Gutachten trotz seiner dürftigen Leistungen zu loben, jedoch nur so weit, dass er für die Lehrkanzel bestimmt nicht in Frage kommt. Ich hoffe, dass bei dem jetzigen Minister der Umstand, dass Neubauer beim CV ist, nicht mehr die gleiche grosse Rolle spielt wie früher." AIP-Korrespondenz Rohracher, Mappe 1954–1956. Der „jetzige Minister" war Heinrich Drimmel, den Bundeskanzler – und CV-Mitglied – Julius Raab nach der Resignation Ernst Kolbs im Oktober 1954 zum Unterrichtsminister gemacht hatte. Drimmels politische Karriere hatte nach 1945 übrigens ausgerechnet von seiner führenden Beteiligung an der Reaktivierung des „Österreichischen Cartell-Verbands" ihren Ausgang genommen. Vgl. dazu Staudinger (1995, S. 119) und weiter unten im Text.
56. AIP-Korrespondenz Rohracher, Mappe 1954–1956; Erismann an Rohracher vom 15.3.1955.
57. Ebd.; Rohracher an Erismann vom 17.3.1955.
58. Vgl. dazu die Autobiographie (Drimmel, 1975); zu seiner Auffassung von Hochschulpolitik vgl. etwa Drimmel (1966).
 „Daß Drimmel bereits als Kabinettschef des Ministers Kolb die graue Eminenz im Unterrichtsministerium gewesen war, steht außer Zweifel, ebenso auch, daß er sich in der Rolle des konservativen Reformpolitikers gefiel, sozusagen als ein ‚Leo Thun-Hohenstein des 20. Jahrhunderts', als der er im Ministerium tituliert wurde." (Schwarz, 1995, S. 158)
59. AIP-Korrespondenz Rohracher, Mappe 1954–1956; Erismann an Rohracher vom 30.5.1955.
60. Ebd.; Erismann an Rohracher vom 22.6.1955.
61. Erlaß des BMU vom 18.7.1955 zur Zl. 43116/I-4/55; in AdR-02-BMU-Pa Kohler, fol. 55.
62. AIP-Korrespondenz Rohracher, Mappe 1954–1956; Erismann an Rohracher vom 27.10.1955.
63. Mit Zurückweisung des unico-loco-Antrags wurde verfügt, daß die Entscheidung über die Besetzung des Extraordinariats für Philosophie erst nach Einlangen des Psychologie-Vorschlags getroffen werde. Erlaß des BMU vom 18.7.1955 zur Zl. 43116/I-4/55; in AdR-02-BMU-Pa Kohler, fol. 55.
64. AIP-Korrespondenz Rohracher, Mappe 1954–1956; Rohracher an Erismann vom 5.11.1955.

65. Die personelle Zuammensetzung der Kommission hatte sich inzwischen geändert. Der Physiker Arthur March war ausgeschieden; an seiner Stelle wurden bereits im Sommer 1955 die Professoren Schaumann und Kuhn als Mitglieder kooptiert. Den Vorsitz führte Dekan Hayek.
66. Der 1906 geborene Edwin Rausch war nicht einmal drei Jahre jünger als Rohracher.
67. Der am 6.11.1921 in Braunschweig geborene Reinhard Tausch hatte bei Johannes von Allesch und Kurt Wilde in Göttingen Psychologie strudiert und war bislang vor allem mit Beiträgen zur Wahrnehmungspsychologie in Erscheinung getreten.
68. AdR-02-BMU-Pa Kohler unter Zl. 108907/I-4/55; „Bericht der zweiten (erweiterten) Vorschlagskommission der Philosophischen Fakultät der Universität Innsbruck zur Besetzung der neugegründeten Lehrkanzel für die gesamte Psychologie und ihre philosophischen Grundlagen" vom 13.12.1955, fol. 94.
69. Ebd.; Dekan Hayek an das BMU vom 22.12.1955.
70. Vgl. ebd. unter Zl. 29355/I-4/56.
71. AIP-Korrespondenz Rohracher, Mappe 1954–1956; Rohracher an Erismann vom 13.10.1954.
72. Ebd.; Rohracher an Erismann vom 13.10.1954.
73. Ebd.; Erismann an Rohracher vom 5.11.1954.
74. Ebd.; Rohracher an Erismann vom 9.11.1954.
75. Vgl. dazu weiter unten im Text.
76. AIP-Korrespondez Rohracher, Mappe 1954–1956; Rohracher an Stegmüller vom 27.11.1954.
77. Ebd.; Erismann an Rohracher vom 11.12.1954.
78. AdR-02-BMU-Hr unter Zl. 63030/I-4/55; „Bericht der Referenten, Professor Dr. Theodor Erismann und Magnifizenz Professor Dr. Richard Strohal an die Vorschlagskommission für die Besetzung des neugeschaffenen Extraordinariats für Geschichte der Philosophie und systematische Philosophie", S. 1.
79. Der künftige Lehrstuhlinhaber müsse „eingehende und weitausgreifende Kenntnisse in der gesamten Geschichte der Philosophie" aufweisen, dürfe sich nicht „einer besonderen philosophischen Richtung oder Schule" verschrieben haben und solle sich in seiner eigenen produktiven Arbeit gerade „den zentralen Gebieten der Philosophie" widmen. Ebd.; S. 1-2.
80. Ebd.; S. 2-5.
81. Ebd.; S. 5-7.
82. Ebd.; S. 16.
83. Ebd.; S. 18.
84. Ebd.; S. 13-14.
85. Muth votierte für Stegmüller und Windischer gemeinsam an erster Stelle. Vgl. dazu „Protokoll über die am 3. Mai 1955 [...] abgehaltene Ausschußsitzung in Angelegenheit der Philosophischen Lehrkanzeln; UAI-Phil. Berufungsakten/ Nachfolge Theodor Erismann 1954-1955".
86. Der am 4. Juni 1891 geborene Leopold Vietoris hatte an der Technischen Hochschule und der Universität in Wien studiert und war 1927 zum ao. Prof. an der Universität Innsbruck, 1928 zum o. Prof. an der TH Wien und 1930 schließlich zum o. Prof in Innsbruck ernannt worden. In den Studienjahre 1934/35 und 1945/46 war er Dekan der Innsbrucker Philosophischen Fakultät.
87. Ebd.; Stegmüller an Rohracher vom 13.5.1955.
88. AdR-02-BMU-Hr unter Zl. 63030/I-4/55; Dekan Pivec an das BMU vom 8.6.1955.
89. AIP-Korrespondenz Rohracher, Mappe 1954–1956; Erismann an Rohracher vom 30.5.1955.

90. Ebd.; Stegmüller an Rohracher vom 13.5.1955. In der Reihe der in Heft 2 des 4. Jahrgangs 1951 abgedruckten Arbeiten zum Begriff der Wahrscheinlichkeit war auch ein Beitrag von Ivo Kohler (1951b) aufgenommen, auf den Stegmüller in seiner Replik von 1953 aber nicht Bezug nahm.
91. AIP-Korrespondenz Rohracher, Mappe 1954–1956; Rohracher an Stegmüller vom 16.5.1955.
92. AdR-02-BMU-Hr unter Zl. 63030/I-4/55; Dekan Pivec an das BMU vom 6.6.1955.
93. Ebd.; Erlaß des BMU vom 18.7.1955, Zl. 63030/I-4/55.
94. Ebd.; BMU an Windischer vom 5.1.1956. Am selben Tag erging auch eine entsprechende Anfrage an Ivo Kohler bezügliche des Extraordinariats für Psychologie. Vgl. AdR-02-BMU-Pa Kohler unter Zl. 109907/I-4/55; MR Meznik an Kohler vom 5.1.1956.
95. AdR-02-BMU-Pa Windischer unter Zl. 25086/I-4/56; Referentenerinnerung vom 5.1.1956, fol. 89b.
96. AIP-Korrespondenz Rohracher, Mappe 1954–1956; Stegmüller an Rohracher vom 13.1.1956.
97. Ebd.; Stegmüller an Rohracher vom 20.1.1956.
98. Das Programm der „Philosophischen Arbeitsgemeinschaft" stand in den ersten beiden Semestern noch ganz im Zeichen des Überblicks über die verschiedenen Richtungen der zeitgenössischen Philosophie: Referate hielten: Paul Feyerabend, „Der logische Positivismus" (9.1.1950); Johann Grümm, „Die philosophischen Grundlagen des dialektischen Materialismus" (13.2.1950); Erich Heintel „Grundpositionen des kritischen Idealismus" (24.4.1950); Ulrich Schöndorfer, „Die erkenntnistheoretischen Grundlagen des kritischen Realismus" (5.6.1950). Ab dem Wintersemester 1950 rückte dann die Auseinandersetzung mit verschiedenen Traditionen christlichen Philosophierens in den Vordergrund. Das Arbeitsjahr 1952/53 stand dann überhaupt ganz im Zeichen einer „eingehenden Behandlung der Philosophie der Scholastik". Probleme der Logik wurden vor allem in Beiträgen von Kurt Christian diskutiert: Christian bestritt am 21.2., 21.3. und am 25.4. 1955 drei Abende hintereinander mit Vorträgen über „Die klassische und die moderne Logik". Die Arbeitsprogramme der philosophischen Arbeitsgemeinschaft von 1949 bis 1955 finden sich in Krones (1957c) abgedruckt.
99. Dempf hatte von 1945 bis 1949 in der Katholischen Akademie die Fachsektion Philosophie geleitet.
100. Neue Mitglieder der Wiener Katholischen Akademie. In Mitteilungen der Wiener Katholischen Akademie, 4, Folge 3 vom 1.9.1953, S. 3.
101. AIP-Korrespondenz Rohracher, Mappe 1954–1956; Rohracher an Stegmüller vom 23.1.1956. „Ich hörte dies, dass Windischer ernannt würde, bereits vor über einem Monat von ihm", schrieb Stegmüller in seiner Antwort an Rohracher. Ebd.; Stegmüller an Rohracher vom 29.1.1956.
102. Ebd.; Rohracher an Stegmüller vom 23.1.1956.
103. Ebd.; Rohracher an Erismann vom 2.2.1956.
104. Ebd.; Rohracher an Stegmüller vom 23.1.1956.
105. Ebd.; Stegmüller an Rohracher vom 29.1.1956.
106. Ebd.; Stegmüller an Rohracher vom 7.2.1956.
107. *Wochen-Presse* vom 3.3.1956, S. 4.
108. AIP-Korrespondenz Rohracher, Mappe 1954–1956; Stegmüller an Rohracher vom 2.3.1956.
109. Ebd.; Rohracher an Stegmüller vom 3.3.1956.

110. Daß er ein „Vertrauensmann der SPÖ" sei, wurde von Rohracher am Schluß seines Leserbriefs entschieden dementiert: „In diesem Zusammenhang ist eine Berichtigung notwendig, auf die nicht nur ich selbst ein Recht habe, sondern auch die Sozialistische Partei: ich bin nicht Vertrauensmann der Sozialisten und kann auch nicht annehmen, daß ich in Professorenkreisen als solcher betrachtet werde; ich bin auch nicht Vertrauensmann einer anderen politischen Partei, sondern habe zu keiner der politischen Parteien irgendwelche Beziehungen."
111. AIP-Korrespondenz Rohracher, Mappe 1954–1956; Stegmüller an Rohracher vom 15.9.1956.
112. Ebd.; Rohracher an Stegmüller vom 3.3.1956.
113. UAI-Personalakt Stegmüller; Stegmüller an Ladurner vom 20.12.1958.

KURT BLAUKOPF

KUNSTFORSCHUNG ALS EXAKTE WISSENSCHAFT. VON DIDEROT ZUR ENZYKLOPÄDIE DES WIENER KREISES

Dem Versuch, das Verhältnis der Wissenschaftlichen Weltauffassung zu den Künsten zu erforschen, liegt ein Konzept zugrunde, das Otto Neurath im Titel eines Aufsatzes benannt hat: Einheitswissenschaft als enzyklopädische Integration.[1] In dieser und in anderen Schriften hat sich Neurath auch auf die Vorgeschichte enzyklopädischer Bemühungen bezogen und insbesondere auf die von Denis Diderot und (im mathematischen Teil) von Jean Le Rond d'Alembert von 1751 bis 1780 herausgegebene *Encyclopédie*.[2] Es ist äußerst lehrreich, die *Encyclopédie* von Diderot mit der Torso gebliebenen Neurath-Enzyklopädie zu vergleichen. Eine derartige Gegenüberstellung bietet Hans-Joachim Dahms.[3] Diese regt dazu an, der Bedeutung der enzyklopädistischen Denktradition für die Kunstforschung nachzuspüren. Für ein solches Beginnen spricht zweierlei: erstens die Tatsache, daß die *Encyclopédie* von Diderot nicht nur den Wissenschaften und Technologien seiner Zeit gewidmet war, sondern auch den Künsten, und zweitens der Umstand, daß sich Otto Neuraths enzyklopädisches Konzept auch auf die Gesellschaftswissenschaften erstreckt und damit auch auf den Umgang der Menschen mit den Künsten. Der Versuch, die Geschichte dieser Denkweise zu skizzieren, kann zeigen, daß Kunstforschung als exakte Wissenschaft schon seit geraumer Zeit nichts radikal Neues darstellt, sondern in bedeutsamen Ansätzen zu konstatieren ist.

Enzyklopädistische Tradition und Kunstforschung in Österreich

Manchen mag es überraschen, wenn hier von einer enzyklopädistischen Tradition in Österreich die Rede ist. Wir sind immer noch geneigt, das Geschichtsbild von einem rückständigen Österreich zu akzeptieren, das auf den Import neuartiger Ideen aus dem Ausland angewiesen war. Eben darum muß nachdrücklich darauf hingewiesen werden, daß die französische *Encyclopédie*, noch ehe sie in Paris zum Abschluß gelangt war, schon Eingang in das intellektuelle Leben der habsburgischen Länder gefunden hat. Diesen Stellenwert erlangte die *Encyclopédie* in der Toscana, die vom Großherzog Leopold regiert wurde, der seinen Herrschaftsbereich zu einem Land der Aufklärung zu machen wünschte und der 1790 als Kaiser seinem Bruder Joseph II. nachfolgte.

Schon von 1758 an erschien in Lucca eine Ausgabe der Pariser *Encyclopédie*, freilich gekürzt und mit kritischen, vom kirchlichen Standpunkt verfaßten Kommentaren. Als die ersten 17 Textbände in Paris erschienen waren, faßte ein Drucker in Livorno den Entschluß, eine weitere Ausgabe zu veranstalten. Dem mit der Edition betrauten Arbeitsteam stand ein Künstler vor, der Lyriker und Dramatiker Pier Antonio Bicchierai. Dieser wandte sich an die toscanischen Behörden und versicherte, daß er sich vorsichtshalber an die Kürzungen und Kommentare der Ausgabe von Lucca halten würde. Er erhielt den Bescheid, daß der Großherzog die Ausgabe nicht nur billige, sondern darüber hinaus empfehle, von Streichungen und kritischen Kommentaren abzusehen, weil dadurch dem Unternehmen größeres Ansehen verliehen würde. Bicchierai traute diesem Rat zu verlegerischer Kühnheit nicht recht, fragte nochmals an und erhielt nochmals den gleichen Rat.[4]

Pier Antonio Bicchierai und seine Mitherausgeber waren nicht ganz so mutig, wie der Großherzog erwartete, denn die neue Edition übernahm schließlich doch die einschränkenden Kommentare der vorangegangenen Ausgabe von Lucca, wohl um einer päpstlichen Verurteilung auszuweichen. Dennoch waren sich die Herausgeber der politischen Bedeutung ihres Unternehmens wohl bewußt. In der Widmung an den Großherzog, die sie der Prachtausgabe von 1770 voranstellten, wird hervorgehoben, daß die Toscana immer schon „ein Vaterland und ein Asyl der Wissenschaften und Künste" gewesen sei und daß nun die neue Ausgabe eines Werkes vorliege, welches am geeignetsten sei, „das Wissen der Menschen zum Vorteil der Menschheit zu erweitern"[5]. Die mit dem Bildnis des Großherzogs versehene Titelseite, die Widmung an den Großherzog und der ausdrückliche Vermerk, daß es sich um eine behördlich genehmigte Ausgabe handelte, sicherten der *Encyclopédie* einen besonderen Status. Diese Feststellung ist nicht etwa durch unser Interesse an der Provinzialgeschichte der Toscana motiviert. Nein, wir müssen uns vorstellen, daß die *Encyclopédie* in den von der Familie Habsburg-Lothringen beherrschten Ländern den Charakter einer Inlandspublikation erhielt, der die geltenden Zensurvorschriften kaum etwas anhaben konnten, und daß die Subskribenten wegen ihres Interesses nichts zu befürchten hatten. Das Gedankengut der *Encyclopédie* konnte also in den geistigen Kreislauf auch der österreichischen Länder gelangen.

ENCYCLOPÉDIE,

OU
DICTIONNAIRE RAISONNÉ
DES SCIENCES,
DES ARTS ET DES MÉTIERS,

PAR UNE SOCIÉTÉ DE GENS DE LETTRES.

Mis en ordre & publié par M. *DIDEROT*, de l'Académie Royale des Sciences & des Belles-Lettres de Prusse; & quant à la Partie Mathématique, par M. *D'ALEMBERT*, de l'Académie Royale des Sciences de Paris, de celle de Prusse, & de la Société Royale de Londres.

Tantum series juncturaque pollet,
Tantum de medio sumptis accedit honoris! HORAT.

TROISIÈME ÉDITION ENRICHIE DE PLUSIEURS NOTES

DÉDIÉE
À SON ALTESSE ROYALE
MONSEIGNEUR L'ARCHIDUC
PIERRE LÉOPOLD
Prince Royal de Hongrie et de Bohème, Archiduc d'Autriche,
GRAND-DUC DE TOSCANE &c. &c. &c.

TOME PREMIER.

À LIVOURNE
DANS L'IMPRIMERIE DE LA SOCIÉTÉ

M. DCC. LXX.
AVEC APPROBATION.

Noch ehe die 35 Bände der *Encyclopédie* in Paris vollständig erschienen waren, gestatteten und förderten die toscanischen Behörden also die Publikation einer eigenen Ausgabe, die von 1770 an in 33 Bänden in Livorno gedruckt wurde und für die nicht weniger als 1200 Subskribenten geworben worden waren. Das erklärt, warum wir diese Edition nicht nur in der Wiener Hofbibliothek (der heutigen Nationalbibliothek) finden, sondern auch in den Büchereien mancher österreichischer Klöster. Die geistliche ebenso wie die weltliche Intelligenz der habsburgischen Länder konnte sich mit der *Encyclopédie* vertraut machen und auch die Grundgedanken der Ästhetik Diderots kennenlernen.

Einen zentralen Gedanken seiner Ästhetik hat Diderot schon im 1751 erschienenen ersten Band der *Encyclopédie* fomuliert. Im Artikel über das Schöne („Le Beau") entwickelt er einen Begriff, der sich sowohl auf den schönen Gegenstand wie auch auf die subjektive Wahrnehmung des Schönen bezieht. Als objektiv schön bezeichnet er einen Gegenstand, der in sich Elemente enthält, die geeignet sind, in uns die Empfindung von Beziehungen zu erwecken. Das subjektiv Schöne ist für Diderot alles, was diese Idee der Beziehungen in uns erweckt. Der Reichtum an inneren Beziehungen ist für Diderot das entscheidende Merkmal des Schönen. Der französische Wortlaut[6] drückt dies deutlicher aus als manche spätere deutsche Übersetzung.[7] Diderot will also in dem formalen Begriff der Beziehungen und ihrer Regelhaftigkeit ein zentrales Merkmal des Schönen erblicken. Dies ähnelt der Auffassung, die viel später von Herbart kundgetan worden ist, und deckt sich auch wiederum mit einer Hauptthese, die Bernard Bolzano in seinen ästhetischen Schriften vertreten hat. Nach Bolzano entspringt unser Vergnügen an der Schönheit der gelungenen Entdeckung einer Regel, „aus der wir die sämtlichen an dem schönen Gegenstand zu gewahrenden Einrichtungen abzuleiten vermögen".[8] Auch Robert Zimmermann hat für seine eigene Ästhetik als Formwissenschaft ins Treffen geführt, daß die Auffassung der ästhetischen Form als „Ausdruck einer Regel" die Billigung Bolzanos gefunden hätte.[9] Meines Wissens jedoch war Diderot der erste Denker, der die Suche nach den regelhaften inneren Beziehungen des Kunstwerks aufgenommen hat. Damit hat Diderot den Weg zur analytischen und danach sogar mathematischen Bestimmung der Elemente des Schönen eröffnet, den spätere Denker beschritten haben: von Herbart über Bolzano und Zimmermann bis zu jenen, die im 20. Jahrhundert die Informationstheorie auf die Kunstforschung angewandt haben.

Daß derartige Gedanken auf dem Weg über die in Livorno publizierte *Encyclopédie* an die Denker im Habsburgerreich gelangt sind, vermag ich zur Zeit nicht nachzuweisen. Es steht jedoch fest, daß der Gedanke einer enzyklopädischen Zusammenfassung von Erkenntnissen – auf welchem Weg sie auch in den Habsburgerstaat gelangt sein mögen – auch hier realisiert worden ist. Dazu gehört die Idee des Zusammenschlusses von Wissenschaftlern, wie ihn schon der Titel des französischen Unternehmens andeutet, in dem von einer „Société des gens de lettres" die Rede ist. Die Gründung einer wissenschaftlichen Privatgesellschaft in Prag, die von 1775 an eine Publikationsreihe herausgab, mag als Beispiel dafür gelten.[10] Diese Schriftenserie widmete sich, wie es in ihrem Titel hieß, der Mathematik, der Geschichte und der Naturgeschichte. Ihr Herausgeber war der Mineraloge und Kunstfreund Ignaz von Born. Aus der von ihm geführten Vereinigung von Wissenschaftlern ist später die Böhmische Gesellschaft der Wissenschaften hervorgegangen.

Gewiß hat die französische *Encyclopédie* eine Anzahl von Autoren ermutigt, ihr nachzueifern. Viele der auch unter Kaiser Franz immer noch an der Aufklärung orientierten Denker schöpften daraus die Kraft zu ihren eigenen Unternehmungen, die häufig enzyklopädischen Charakter annahmen. Dies gilt zum Beispiel für die von 1808 an erscheinenden *Vaterländischen Blätter für den österreichischen Kaiserstaat,* die, wie es in der Ankündigung hieß, von mehreren Geschäftsmännern und Gelehrten herausgegeben wurden. Ihr Ziel sahen die Herausgeber darin, „die Vaterlandsliebe durch Vaterlandskunde zu befördern". Zu den höchst aktiven Mitarbeitern dieser Blätter gehörte Ignaz Franz von Mosel (1772–1844), der eine musikalische Ausbildung genossen, eine Zeichenklasse an der Akademie der Bildenden Künste absolviert hat, der später Vizedirektor beider Hoftheater und schließlich erster Kustos der Hofbibliothek wurde. 1820 veröffentlichte Mosel Auszüge aus dem musikalischen Wörterbuch von Jean-Jacques Rousseau.[11] Zu eben dieser Zeit befaßte er sich mit der seit 1810 erscheinenden *Encyclopaedia Londinensis,* einem zuletzt 24-bändigen Wörterbuch der Künste, der Wissenschaften und der Literatur.[12] Aus diesem Werk übersetzte und publizierte Mosel auszugsweise jenen Teil, der sich mit der Tonkunst befaßte.[13] Mosel war einer jener Spätjosefiner, die an den Grundsätzen der Aufklärung festhielten. Er hat der Statue Josephs II. in Schönbrunn eine sozusagen bekenntnishafte Studie[14] gewidmet, hat das Programm einer musikalischen Bildungsanstalt entworfen,[15] das in der Wiener Gesellschaft der Musikfreunde realisiert werden konnte, und hat die Geschichte der von ihm geleiteten Hofbibliothek verfaßt.[16]

Eine weitere Etappe des österreichischen Enzyklopädismus ist durch das Wirken eines Mannes gekennzeichnet, der nach eigenem Eingeständnis ein bißchen zuviel publiziert hat: des Buchhändlers und Bibliothekars Franz Gräffer. 1827 veröffentlichte Gräffer ein Geographisch-statistisches Handwörterbuch des österreichischen Kaiserstaates, das den unmittelbar praktischen Bedürfnissen der Beamtenschaft, der Reisenden und der Studierenden dienen sollte.[17] Bald danach verfaßte Gräffer gemeinsam mit dem Geographen Johann Jakob Heinrich Czikann eine sechsbändige *Österreichische National-Encyklopädie,* die die Herausgeber auf eigene Kosten drucken ließen und die von 1835 bis 1837 erschien.[18] Das Werk verstand sich als Beitrag zu einer Vaterlandskunde, die nach spätjosefinischem Begriff wichtige Informationen wissenschaftlichen Charakters einzuschließen hatte.

Den entscheidenden Schritt zum enzyklopädischen Kunstdenken in Österreich markierte ein alphabetisches Handbuch, das sich als *Ästhetisches Lexikon*[19] bezeichnete und das in den Jahren 1835 bis 1837 erschien. Der Herausgeber Ignaz Jeitteles bemühte sich darin um eine Theorie der Philosophie des Schönen und der schönen Künste. Er versicherte sich der Mitarbeit von Fachleuten anderer Disziplinen wie des Mathematikers und Komponisten Eduard von Lannoy und des philosophisch erfahrenen Schriftstellers Friedrich Wähner, den er für einen umfangreichen Beitrag zur Geschichte der Ästhetik gewann. Das Lexikon erwies sich als so erfolgreich, daß kurz danach eine zweite Ausgabe[20] veranstaltet werden konnte.

Das objektivistische Konzept dieser Enzyklopädie des Schönen gibt sich in einem Artikel kund, den wir in einem Handbuch der Ästhetik kaum erwarten würden und der die Herkunft aus der Denkweise Diderots oder auch aus Bolzanos Begriffskritik verrät. Dieser Artikel gilt einem Schlüsselbegriff, den man in einem Lexikon der Ästhetik kaum erwarten würde, nämlich dem Stichwort „Exakt". Als exakter Begriff wird darin ein wohl erwogener, scharf begrenzter Ausdruck bezeichnet, der nicht mehr sagt, als er sagen soll. Der Herausgeber dieses Handbuchs will Ästhetik nicht als Summe von philosophischen Gesetzen verstehen, sondern ist darauf aus, die Regeln der Künste aus den Künsten selbst abzuleiten. Sein Mitarbeiter Friedrich Wähner schreitet sogar zu einem empiristischen Bekenntnis fort. Als erstrebenswert gilt ihm eine Kunstbetrachtung, die, wie er wörtlich sagt, „von Anfang bis zu Ende die Frucht eines glücklichen Empirismus, welcher mit den

Hilfsmitteln des Geschmacks, der Beobachtung und Belesenheit seine Lehren zu ordnen und abzuschließen sucht".[21]

Diese Grundsatzerklärung erlaubt es, den Beginn einer empiristischen und exakten Kunstforschung in Österreich mit der ästhetischen Enzyklopädie von Jeitteles anzusetzen. Ihr folgte bald darauf eine *Wissenschaftlich-literarische Encyklopädie der Ästhetik*. Ihr Verfasser Wilhelm Hebenstreit hatte in Göttingen Philosophie studiert und war 1811 nach Österreich gelangt. Hebenstreit schrieb 1816–1818 Beiträge zur *Wiener Zeitschrift für Kunst und Literatur*, wirkte 1819–1821 mit dem späteren Herausgeber der *Österreichischen National-Encyklopädie* Franz Gräffer zusammen und verfaßte schließlich in Gmunden seine 1843 publizierte Kunst-Enzyklopädie.[22]

Anders als das Handbuch von Jeitteles bezog Hebenstreit keinen entschieden empiristischen Standpunkt, sondern suchte, eine von der Rezeption ausgehende realistische Ästhetik mit der spekulativen Ästhetik des deutschen Idealismus zu einer Betrachtungsweise zu verbinden, der er den Namen „Ästhetischer Ideal-Realismus" gab. Bernard Bolzano war mit Hebenstreits *Encyklopädie der Ästhetik* vertraut. Er zitierte Hebenstreit sogar beifällig, um die von der Rezeption unabhängige objektive Existenz von Kunstwerken hervorzuheben.[23] Für Hebenstreit stand fest, daß „ein Kunstwerk seinen Zweck in sich hat, und es nicht darauf ankommt, ob es von Vielen oder Wenigen gesehen und gehört wird".[24] Dramen und Musikwerke entstünden schon mit der Niederschrift und nicht erst mit der Aufführung. Auch Bolzano huldigte dieser Auffassung, doch blieb er, wie man weiß, bei einer solch objektivistischen Feststellung nicht stehen, sondern entwickelte schon das, was wir heute Rezeptionsästhetik nennen.

Die überragende Bedeutung Bolzanos für den Übergang von der philosophisch-spekulativen Ästhetik zur empirischen Wissenschaft ist von Robert Zimmermann 1849 in einem Gedenkvortrag in der Akademie der Wissenschaften hervorgehoben worden. Man habe sich allzulange mit dem bloßen Erfühlen ästhetischer Begriffe begnügt, so führte Zimmermann aus, und habe deswegen die Kunstlehre den philosophischen und nicht den empirischen Wissenschaften zugezählt. Dieser herkömmlichen Denkweise habe die scharfe Sonde von Bolzanos Denken eine streng wissenschaftliche Behandlung entgegengesetzt, wie sie „bisher noch unbekannt, ja nicht selten geradezu verpönt war."[25]

Durch Robert Zimmermann, der ab 1861 als Ordinarius für Philosophie an der Wiener Universität wirkte, sind manche Gedanken Bolzanos auch an Zimmermanns Schüler gelangt, wenngleich in jener modifizierten Fassung, die sie in Zimmermanns an J.F. Herbart orientierter Ästhetik erhielten. Diese Art der Kunstbetrachtung übte mächtigen Einfluß aus – nicht so sehr in ästhetisch-philosophischer Hinsicht, sondern in den einzelnen Fachbereichen der Kunstforschung, die in zunehmendem Maße vom Positivismus geprägt wurden und die Wende von der allgemeinen Philosophie der Kunst zur empirischen Erforschung der einzelnen Künste bewirkt haben. Ein zentrales Merkmal dieser Entwicklung ist das, was ich die Soziologisierung der Kunstforschung genannt habe. Diese vollzog sich unter dem Einfluß des Positivismus.

Der Einzug des Positivismus in die Kunstforschung

Die österreichische Kunstwissenschaft hat den Schritt zur Erweiterung der Fachgrenzen radikal-praktisch und ohne allzu ausführliche programmatische Erklärungen vorgenommen. So sorgte Rudolf von Eitelberger (1817–1885) für die institutionalisierte Verbindung von Kunst und industrieller Produktion mit der Schaffung des Museums für Kunst und Industrie in Wien; er befaßte sich mit dem ökonomischen Schicksal des österreichischen Kunstgewerbes,[26] und er fand es auch nicht unter seiner Würde als Kunsthistoriker, die staatliche Subventionspolitik zu analysieren.[27] Eitelberger hat also schon Gebiete bearbeitet, die manche Kunstsoziologen heute als das von ihnen entdeckte Neuland ansehen.

Methodische Gedanken zur Begründung der Kunstgeschichte als Wissenschaft entwickelte Moriz Thausing (1838–1884), der 1873 an die Wiener Universität berufen wurde. Er entwarf eine Forschungsstrategie, die die herkömmliche ästhetisch-philosophische Spekulation durch positivistische Sachbezogenheit zu ersetzen suchte. Für Thausing ist die Kunstwissenschaft ein Wissengebiet, das er ausdrücklich exakt nennt. Die Kunstgeschichte bedürfe keiner „geheimen Methode", sondern der genauen Anschauung und Kenntnis.

Um zu dieser Kenntnis zu gelangen, bedarf es jedoch keiner besonderen Eingebung oder Divination. Vielmehr ist es nur der Weg der genauen Prüfung und fortwährenden Vergleichung, ähnlich demjenigen, den die realsten unserer Wissenschaften, die Naturwissenschaften einzuschlagen pflegen.[28]

Thausings Schüler Alois Riegl (1858–1905) bekannte sich zu ähnlichen Auffassungen und überdies ausdrücklich zum Positivismus. Er ist mit einigem Recht als „einer der ersten Kunstsoziologen"[29] bezeichnet worden. Der von Riegl geprägte Begriff „Kunstwollen"[30] ist häufig nebulös mißverstanden worden. Es handelt sich beim Kunstwollen jedoch, wie Riegls Schüler Hans Tietze (1880–1954) hervorgehoben hat, nicht um eine mystische Kraft, „sondern um einen lediglich aus den Werken und sonstigen Äusserungen gewonnenen Begriff".[31] Es überrascht also keineswegs, daß diese empirisch entwickelte soziologische Kategorie das Interesse von Georg Lukács fand und schließlich auch von Max Weber genutzt worden ist.

Als Leitfaden für das Studium der „Soziologisierung" der Kunstwissenschaft kann die Darstellung der Wiener Schule dienen, die Julius von Schlosser (1866–1938) im Jahre 1934 veröffentlicht hat.[32] Darin ist als bis dahin letztes Mitglied der „Wiener Schule" der 1909 geborene Ernst Gombrich genannt, der bis in die jüngste Zeit wesentliche Beiträge zum Verhältnis von Kunst- und Sozialwissenschaften geleistet hat. Dazu gehört die Anwendung der Gedanken Karl Poppers auf die Kunstwissenschaften,[33] die Poppers Beifall gefunden hat, ebenso wie andere Studien, die das Verhältnis der Kunstgeschichte zu den Nachbardisziplinen beleuchten.[34] Untersuchungen dieser Art haben sich als besonders ergiebig erwiesen, weil sie den Blick über die Fachgrenze hinaus eröffnen, wie dies etwa dem Vorschlag von Curt Sachs[35] entsprach. Die Wiener Schule der Kunstgeschichte hat diese Herausforderung in zumindest zwei Fällen angenommen: Otto Benesch (1896–1964) untersuchte das Verhältnis von Max Webers „Musiksoziologie" zu den Gedanken Alois Riegls;[36] Julius von Schlosser verfaßte den Katalog der Wiener Sammlung alter Musikinstrumente[37] und bezog sich in einer anschließenden Publikation auf das 1920 erschienene *Handbuch der Musikinstrumente* von Curt Sachs, dessen Erkenntnisse er „umstürzend"[38] nannte.

Guido Adler (1855–1941), der als Begründer der Musikwissenschaft gilt, hat im Jahre 1885 seine Methoden umschrieben, die er in der Diskussion mit dem Philosophen Alexius Meinong und in der Auseinandersetzung mit den Gedanken des Kunsthistorikers Thausing zu gewinnen suchte.[39] Dies weist Adler als Grenzgänger zwischen den Fächern aus – ebenso wie sein methodisches Anknüpfen an den von Ernst Mach geprägten Begriff der Funktion. Adlers Anteil an der „Soziologisierung" seiner Disziplin wird durch seine These bestätigt, daß die Gesamtkultur, das Klima und die Wirtschaft Faktoren darstellen, „die oft von unübersehbarem Einfluß auf die Entwicklung der Kunst sind".[40] Adler stellte der Forschung sogar die Aufgabe, die „Verbindungsfäden aufzuwickeln", die von der Musik zu den sozialen, ökonomischen und politischen Bedingungen führen.[41] Er insistierte auch auf dem Nutzen statistischer Methoden für die exaktere Bestimmung von Stilbegriffen und für die Musikforschung insgesamt, ein Verfahren, das erst 1937 im Wiener Institut für Statistik[42] entwickelt und später in den U.S.A. von John H. Mueller[43] auch logisch begründet worden ist. Auch die soziologische Kategorie des „Kunstwollens" übernahm Adler von dem Riegl-Schüler Hans Tietze, wenn auch nicht vorbehaltlos.[44]

Eine Brücke von der Ethnologie zur Kunstforschung baute Richard Wallaschek (1860–1917). Er plädierte für die Erweiterung des Gebietes der Kunstforschung durch die Ethnologie.[45] Wallascheks Beitrag zur fachübergreifenden Forschung ist bisher noch nicht ausreichend gewürdigt worden. Seine wissenschaftliche Laufbahn belegt die Universalität seiner Interessen. Er habilitierte sich 1887 für Philosophie und Ästhetik, 1888 für die Rechtswissenschaft und 1896 für Psychologie und Ästhetik der Tonkunst. Sein in London erschienenes Buch über die Ursprünge der Tonkunst[46] fand die Aufmerksamkeit von Ernst Mach, der ihn zur Herausgabe einer deutschen Version ermunterte. Eine noch wenig beachtete Facette des Wirkens von Wallaschek bilden schließlich seine Beiträge zur Wiener Tageszeitung *Die Zeit*, die ergiebige Aufschlüsse über den Zusammenhang von Wissenschaft und Kunst in dieser Ära liefern.[47]

Auch in der Geschichte der österreichischen Germanistik sind ähnliche Tendenzen zu konstatieren.[48] So begnügte sich Richard Heinzel (1839–1905) in seiner Analyse mittelalterlicher Schauspiele nicht mit der Prüfung der Texte, sondern suchte daraus die etappenweise Vertiefung der Wahrnehmung durch das „Publikum" zu rekonstruieren. Mit diesem Ansatz, den wir heute kommunikationswissenschaftlich nennen würden, wollte Heinzel jenen Prozeß erkennen lassen, „der das volle Verständnis des Dargestellten und den entsprechenden ästhetischen Genuß zur Folge hat".[49]

Auch der Germanist Wilhelm Scherer (1841–1886) bekannte sich zu einem fachübergreifenden Empirismus.

Scherer wollte in seiner Neigung zu strengster empirisch-induktiver Methode zugleich ein universeller Gelehrter sein, der sich die Ergebnisse der Musik- und Kunstgeschichte, der Theologie, der sozialen wie der politischen Geschichte zu vergegenwärtigen suchte und sie für die Literaturgeschichte auf seine Weise nutzbar machte.[50]

In seiner *Poetik* befaßte sich Scherer sogar mit dem „Tauschwert der Poesie und dem literarischen Verkehr" und zeigte, daß Buchdruck und Buchhandel zu dem beigetragen haben, was er die Anerkennung der Poesie als Ware nannte.[51]

Diese Beispiele belegen, daß bedeutende österreichische Kunstforscher des 19. Jahrhunderts ihre Aufmerksamkeit auf die Nachbardisziplinen richteten und sich vor allem von der Eingliederung dessen, was wir heute den „sozialen Tatsachen" zurechnen, bessere und gründlichere Aufschlüsse über die Künste selbst erwarteten. Sie nahmen Abschied vom abstrakten Begriff der Kunst in der Einzahl und von der Sitte, die vermeintlich allgemein-gültigen philosophischen Sätze über die Kunst im allgemeinen auf die Vielzahl der Künste anzuwenden. Ihr Interesse galt zwar den spezifischen Merkmalen der einzelnen Künste, doch verharrten sie keineswegs in monodisziplinärer Haltung. Im Gegenteil: vieles von dem, was sie geleistet haben, verdankt sich der Überschreitung der Grenzen des eigenen Faches. Eben deswegen möchte ich diese Etappe der österreichischen Kunstforschung als eine Vorschule bezeichnen: als Vorschule zur enzyklopädischen Integration der Einheitswissenschaft im Sinne von Otto Neurath. Einige ihrer methodischen Grundsätze sind von zwei Physikern entwickelt worden, die sich auch selbst mit künstlerischen Fragen auseinandergesetzt haben: Hermann von Helmholtz und Ernst Mach.

Der Weg zur Kunstforschung als exakter Wissenschaft

Moritz Schlick hat mit besonderem Nachdruck betont, daß es vor allem die erkenntnistheoretischen Ansätze von Helmholtz[52] sind, die ungebrochene Aktualität besitzen. Dies gilt insbesondere für den Grundsatz der Interdisziplinarität, wie Helmholtz ihn vertrat. Diesem Thema hat Helmholtz 1862 eine Rede gewidmet, die den Titel führt: *Über das Verhältnis der Naturwissenschaften zur Gesamtheit der Wissenschaften.*[53] Darin ging Helmholtz von der neuzeitlichen Aufspaltung der Wissenschaften in zahlreiche Äste und Zweige aus und stellte die Frage, ob die Fakultätsstruktur der Universitäten nicht etwa ein Überbleibsel mittelalterlichen Denkens sei, mit dem man aufräumen sollte. Er sprach sich ausdrücklich dagegen aus, denn dadurch würde „der Zusammenhang zwischen den verschiedenen Wissenschaften zerrissen werden".[54] Dieser Zusammenhang erschien ihm auch für die Geisteswissenschaften unumgänglich. Sie seien zwar meist nicht imstande, ihre Induktionen bis zu scharf formulierten Regeln und Gesetzen zu entwickeln, doch spielten gerade diese im Vergleich mit den Naturwissenschaften unvollkommenen Induktionen im menschlichen Leben eine ungeheuer ausgebreitete Rolle, denn auf ihnen beruhe, wie er sagte, die „ganze Ausbildung unserer Sinneswahrnehmungen".[55] Der bewußt logische Schluß unterscheide sich von den mit „psychologischem Takt" vorzunehmenden Schlüssen über den Ablauf menschlicher Handlungen nicht grundsätzlich, denn es ginge dabei um denselben „geistigen Prozeß". Diese Überlegung hat Helmholtz sogar veranlaßt, der logischen Induktion eine künstlerische Induktion an die Seite zu stellen, weil diese „im höchsten Grade bei den ausgezeichneteren Kunstwerken hervortritt".[56] Voraussetzung für die Verbindung von logischer und künstlerischer Induktion sei jedoch der Wille zur Interdisziplinarität. Dafür nennt Helmholtz einige Beispiele, darunter die von seinem Freund Ernst Brücke geschaffene Möglichkeit, ein System der von den menschlichen Sprachwerkzeugen gebildeten Laute aufzustellen und daraus eine allen Sprachen dienende Buchstabenschrift zu entwickeln.[57]

Der Hinweis auf den in Wien wirkenden Physiologen Ernst Brücke ist auch in unserem Zusammenhang bedeutsam, denn Brücke war ein Vorkämpfer interdisziplinärer Kunstforschung. Brückes Schrift über die *Physiologie und Systematik der Sprachlaute*[58] fand die Aufmerksamkeit des Germanisten Wilhelm Scherer. Brücke befaßte sich auch auf Anregung des Kunsthistorikers Rudolf Eitelberger mit der Physiologie der Farbwahrnehmung,[59] er untersuchte die physiologischen Grundlagen der deutschen Verskunst[60] und entwarf eine Theorie der bildenden Künste.[61] Brücke war es auch, der sogleich nach der Erfindung des Phonographen (1878) für dessen Nutzung für die Sprachforschung als Instrument der historischen Forschung eintrat.[62] Man wisse heute nicht, wie vor hundert Jahren in Paris französisch gesprochen worden ist, schrieb er an Du Bois Reymond. Einem derartigen Mangel könnte in Hinkunft durch phonographische Aufzeichnungen abgeholfen werden. Brückes Idee wurde 1899 mit der Schaffung des Phonogrammarchivs der Akademie der Wissenschaften realisiert, und diese unter der Leitung des Physiologen Sigmund Exner ins Leben gerufene Institution erwies sich, wie man weiß, nicht nur als Werkzeug der Sprachforschung, sondern auch als hervorragendes Instrument der Völkerkunde, insbesondere der Musikethnologie.

Im Anschluß an die Nennung von Ernst Brücke erwähnt Helmholtz in höchst bescheidener Weise auch seine eigene epochale Arbeit. Er bezeichnet sie als einen Versuch, durch die Physik des Schalls und die Physiologie der Tonempfindungen die Elemente der Konstruktion unseres musikalischen Systems zu begründen, welche Aufgabe wesentlich in das Fach der Ästhetik gehört.[63]

Diesen Vorstoß aus der Physiologie in das Gebiet der Ästhetik hatte Helmholtz zu eben dieser Zeit vollzogen. 1863 lag die erste Ausgabe der Lehre von den Tonempfindungen vor, die Helmholtz als physiologische Grundlage für die Theorie der Musik verstand.[64] Die darin zutage geförderten Erkenntnisse paßten in auffallender Weise zu Eduard Hanslicks Musikästhetik,[65] die den Weg von der spekulativen Ästhetik zu empirischer Forschung eingeschlagen hatte.[66] Es überrascht also durchaus nicht, daß sowohl Hanslick wie Helmholtz in späteren Auflagen ihrer Werke diese Gemeinsamkeit und damit die Konvergenz von Physiologie und Musikforschung mit spürbarer Genugtuung signalisierten.

Diese Übereinstimmung mußte Helmholtz als Bestätigung seiner interdisziplinären Grundsätze erscheinen. Er unterstrich wohl den Unterschied zwischen Geisteswissenschaften und Naturwissenschaften, doch monierte er eben deswegen deren enge Verbindung. Er hat dies in seiner Rede von 1862 in Worten zusammengefaßt, die als Motto für die Etablierung exakter Kunstforschung gelten können. Diese Worte lauten:

Wenn die Naturwissenschaften die grössere Vollendung in der wissenschaftlichen Form voraushaben, so haben die Geisteswissenschaften vor ihnen voraus, dass sie einen reicheren, dem Interesse des Menschen und seinem Gefühl näher liegenden Stoff zu behandeln haben, nämlich den menschlichen Geist selbst in seinen verschiedenen Trieben und Tätigkeiten. Sie haben die höhere und schwerere Aufgabe, aber es ist klar, dass ihnen das Beispiel derjenigen Zweige des Wissens nicht verloren gehen darf, welche des leichter zu bezwingenden Stoffes wegen in formaler Beziehung weiter vorwärts geschritten sind. Sie können von ihnen in der Methode lernen, und von dem Reichtum ihrer Ergebnisse sich Ermutigung holen.[67]

Auch Ernst Mach huldigte dem Gedanken, daß sich die Geisteswissenschaften an den Errungenschaften und Methoden der Naturwissenschaften orientieren sollten. Für Mach stand fest, daß „alle moralischen und intellektuellen Elemente, die im sozialen Leben wirken, und alle psychologischen Prozesse im allgemeinen auch notwendigerweise Gesetzen unterworfen sein müssen."[68] Ihm galt der Einfluß der Naturwissenschaften in allen Wissensbereichen als „maßgebend". In seinen Vorschlägen für die Reform des Mittelschulwesens forderte Mach, über das Studium der alten Sprachen hinauszugehen und die „modernen vergleichenden Sprachwissenschaften" einzubeziehen. Die Bildung der Musiker wollte er durch die Kenntnis der Theorien von Helmholtz verbessert wissen, die er durch populäre Vorträge verbreiten half.[69]

Sowohl Mach wie Helmholtz bahnten damit auch den Weg zur Kunstforschung als exakter Wissenschaft. Im Gegensatz zu den methodologischen Erwägungen, die in Deutschland mit dem Namen Wilhelm Dilthey verbunden sind und die auf eine grundsätzliche Trennung der nomothetischen von den idiographischen Wissenschaften abzielten, hat Mach auch von den sogenannten Geisteswissenschaften exakte Strenge gefordert. Er trat für die Auffassung ein, daß „Strenge nichts ist, was für eine Gattung der Wissenschaften typisch sei, sondern daß ‚exakt' oder ‚nicht exakt' bloß Entwicklungsstufen einer wissenschaftlichen Disziplin markieren [...]"[70]

Ein entscheidender Schritt in die Richtung exakter Kunstforschung ist einem Philosophen zu danken, der seine wissenschaftliche Laufbahn als Astronom begann: Robert Zimmermann (1824–1898). Ein vollständiges Bild der wissenschaftlich-künstlerischen Kultur des 19. Jahrhunderts in Österreich wird ohne Aufarbeitung der Rolle Zimmermanns kaum zu gewinnen sein. Bisher ist, soweit man sehen kann, Zimmermanns Einfluß auf die Kunstforschung nur fragmentarisch beleuchtet worden. Das ist ein Mangel, wenn wir bedenken, daß Zimmermann mit Hanslick eng befreundet war und auf dessen Reform der Musikästhetik bestimmend eingewirkt hat. Die Spuren von Zimmermanns Denkweise sind auch in der kunstwissenschaftlichen Arbeit von Alois Riegl zu erkennen, der in seiner Studienzeit Zimmermanns Vorlesungen über Psychologie und Geschichte der Philosophie gehört hat. Ein Schüler Zimmermanns war auch der 1890 habilitierte Emil Reich, dessen Arbeiten über Grillparzer und Ibsen seinerzeit überaus geschätzt wurden. Emil Reich ist die 1889 erfolgte Gründung der Grillparzer-Gesellschaft zu danken, der Zimmermann bis zu seinem Tode (1898) präsidierte und in der Emil Reich als Sekretär wirkte. Zimmermanns Einfluß auf das österreichische Kunstleben ist bisher noch kaum systematisch dokumentiert. Seine literaturwissenschaftliche Leistung hat der Philosoph Laurenz Müllner in eindringlichen Worten gewürdigt: Zimmermanns Erforschung der Grillparzer-Zeit sei geeignet, „eine verschärfte Einsicht in die österreichische Eigenart künstlerischer Produktion" zu vermitteln.[71]

Hinzu kommt Zimmermanns Interesse am Kunstleben seiner Zeit, seine Freundschaft mit maßgebenden Schriftstellern wie Marie Ebner-Eschenbach und Ferdinand von Saar, seine Teilnahme an der Ministerialkommission für Kunststipendiaten, sein Wirken in der Akademie der Bildenden Künste und seine enge Verbundenheit mit dem Schrifstellerverein Concordia.

Die Grundlage für solche Anteilnahme am Kunstleben bildet Zimmermanns Streben, eine Ästhetik zu entwickeln, die er exakt nannte. Schon 1854 übte er Kritik an der spekulativen Ästhetik und forderte die Ergründung dessen, „was schön sei, für alle Zeit und an jedem Ort".[72] Im Anschluß an Herbart suchte er die Bestimmungsstücke des Schönen nicht im wahrnehmenden Subjekt, sondern im Objekt der Kunstwahrnehmung zu entdecken: in den formalen Eigenheiten der Kunstwerke, die er so präzise wie möglich zu definieren suchte.

Wenige Jahre danach nahm Zimmermann Kontakt mit jenen deutschen Herbartianern auf, die sich die Entwicklung einer wissenschaftlichen Philosophie im Anschluß an Herbart und Bolzano zum Ziel gesetzt hatten und die ihrem seit 1861 in Leipzig erscheinenden Organ einen programmatischen Titel gaben: *Zeitschrift für exacte Philosophie*. Im zweiten Jahrgang dieser Zeitschrift hat Zimmermann seine Absage an die philosophische Ästhetik alten Stils publiziert und seine Vorschläge zur Reform der Ästhetik als exakter Wissenschaft entwickelt.[73] Die darin enthaltene Kritik an den „Abwegen des metaphysischen Idealismus" blieb für Zimmermann weiterhin so bestimmend, daß er diesen Text nahezu unverändert 1870 in seine *Studien und Kritiken* aufnahm. Darin forderte Zimmermann eine realistische Ästhetik, die sich den Methoden der exakten Wissenschaft zukehre und die er wie folgt umschreibt:

> Widerspruchslose und festbestimmte Begriffe, eine an die Erfahrung genau sich anschliessende, anderseits durch die unwandelbaren Gesetze der Logik gereinigte Methode, für welche beide Eigenschaften die Mathematik Mittel und Vorbild zugleich in vollkommenster Weise darbietet, gelten der realistischen Philosophie wie den vorzugsweise exact genannten Wissenschaften als Maßstab der allein giltigen ernsten Wissenschaftlichkeit.[74]

Dieses Programm hat Zimmermann in seinen beiden umfangreichen Werken zur Geschichte der Ästhetik[75] und zur Ästhetik als Formwissenschaft[76] konsequent verfolgt. Zimmermann war nicht darauf aus, noch ein weiteres System der Ästhetik zu entwerfen; sein Ziel war vielmehr der Entwurf eines hypothetischen Denkgebäudes. Er betrachtete die Geschichte der Ästhetik als den Vordersatz und die Formwissenschaft als den Nachsatz eines hypothetischen Urteils, das er sinngemäß so formulierte: Wenn es wahr sei, daß die Ästhetik nur Formwissenschaft sein könne, dann ergebe sich daraus, daß sie jene Gestalt annehmen dürfe und werde, die er dargelegt hat.[77] Diese Formulierung verweist auf den zukunftsoffenen und jederzeit revidierbaren Charakter seiner ästhetischen Überlegungen. Zimmermann beendete gewissermaßen die Pflege einer Allgemeinen Ästhetik als philosophische Disziplin und vollzog den Übergang zur exakten Erforschung der Einzelkünste, der er sich mehr und mehr zuwandte. Es ist also gewiß kein Zufall, daß der Philosoph Zimmermann in den letzten 20 Jahren seiner akademischen Laufbahn keine Vorlesungen über Ästhetik mehr gehalten hat. Diese Manier seines Wirkens macht ihn zu einer Schlüsselfigur in der Geschichte der exakten Kunstforschung – zumindest in Österreich.

Der Gegenstand der Kunstforschung nach Richard von Mises

Die von Bolzano, Zimmermann und Mach inspirierten Denker haben allmählich auch das Gebiet der Kunstforschung erweitert. Als Gegenstände der Forschung galten ihnen nicht mehr bloß einzelne Kunstwerke, sondern der gesamte gesellschaftliche Umgang mit den Künsten. Das Programm einer Kunstforschung in diesem Sinne hat schließlich der dem Wiener Kreis nahestehende Techniker, Statistiker und Rilke-Forscher Richard von Mises (1883–1953) umschrieben. Mises empfiehlt der Kunstforschung, die gesamte „Kunstübung" ins Visier zu nehmen. Dieser Begriff schließt das Kunstschaffen, das Vermitteln von Kunst und die Kunstrezeption ein. Damit ist ein fachübergreifender Ansatz gefordert, der sich ausdrücklich auch auf Soziologie und Psychologie erstreckt und der zugleich das Tor für die Einbeziehung neuer Disziplinen wie der Kommunikationswissenschaft oder der Informationstheorie öffnet. Die Kunstforschung wird, wie Mises sagt,

> [...] von historisch-geographischen Gesichtspunkten ausgehend, die beobachtbaren Erscheinungen auf dem Gebiete der Kunstübung zu beschreiben und zu ordnen und ihre Zusammenhänge

mit anderen Vorgängen des Gemeinschafts- und Einzellebens (als Teil der Soziologie und der Psychologie) zu erfassen suchen.[78]

Gegenstände der Kunstwissenschaften sind danach nicht etwa bloß die Kunstwerke, ihre Beschaffenheit und ihre Geschichte, sondern die Kunstübung. Als Kunstübung ist jedes gesellschaftliche Handeln zu verstehen, das sich auf die Künste bezieht. Wenn man diese These akzeptiert, dann hätte man der Kunstübung von heute die folgenden Handlungsarten zuzurechnen:

a) Das Hervorbringen von Kunstwerken, die in sich abgeschlossen sind und zu ihrer sozialen Existenz keiner weiteren, spezifisch künstlerischen Tätigkeit mehr bedürfen (wie z.B. Bilder, Skulpturen, synthetisch-elektronische Musik).

b) Das Schaffen von Kunstwerken, die zwar im modernen urheberrechtlichen Sinne als abgeschlossene Werke aufgefaßt werden, denen jedoch zu ihrer sozialen Wirksamkeit noch die Realisierung durch „Aufführungen" abgeht (z.b. musikalische und dramatische Werke).[79]

c) Das Schaffen von Kunstwerken, die den schon genannten Kategorien nicht zwingend zugeordnet werden können oder die abwechselnd in die eine oder die andere Kategorie fallen mögen (z.B. Gedichte und Dramen, die sowohl gelesen wie auch vorgetragen werden können).

d) Das Schaffen von Kunstwerken, die zu ihrer Entstehung ebenso wie zu ihrem sozialen Wirksamwerden eines technischen Verfahrens (z.B. des Films) bedürfen.

e) Die in den Schaffensprozeß eingehenden, unterschiedlichen kunsttechnischen Verfahrensweisen und ihre psychologischen Aspekte.

f) Die institutionellen, technischen und ökonomischen Voraussetzungen des sozialen Wirksamwerdens der Künste (z.B. Museen, Theater, Hörfunk, TV, Konzertsäle, Orchester). Dazu gehören auch die Aufführungspraktiken der schon genannten „darstellenden Künste".

g) Das Verhalten der Kunstkonsumenten und deren in der Nachfrage zutage tretenden Präferenzen als Indikatoren des „Kunstgeschmacks".

Schon diese, noch keineswegs vollständige Liste deutet die Vielfalt der Aufgaben der Kunstforschung an. Eben diese Vielfalt macht das Zusammenwirken mehrerer Disziplinen nötig. Daraus aber ergeben sich terminologische Fragen, deren Beantwortung zu den Aufgaben gehört, die sich dem Enzyklopädismus stellen.

Terminologische Probleme

Jede Disziplin, die zum Verständnis der unterschiedlichen Kunstübungen beitragen kann, hat im Laufe ihrer Geschichte ihre eigene Wissenschaftssprache entwickelt. Die Herausbildung der unterschiedlichen Fach-Vokabularien ist ein unvermeidlicher Bestandteil des Fortschritts der Erkenntnis. Daraus ergibt sich freilich die Möglichkeit von Mißverständnissen und Mißbräuchen. Mises hat z.b. an einem überzeugenden Beispiel gezeigt, welcher Mißbrauch in der Philosophie mit den in der Mathematik verwendeten Ausdrücken „irrational" oder „imaginär" getrieben worden ist, weil übersehen wurde, daß es sich bei diesen Termini der mathematischen Sprache um durchaus willkürliche Festsetzungen handelt, die auch anders hätten getroffen werden können und die nichts mit irgendwelchen philosophisch verstandenen Begriffen des Irrationalen oder Imaginären zu tun haben.[80]

Ähnliche Komplikationen oder Entstellungen können sich beim Versuch des Übergangs von der Sprache einer Fachwissenschaft zu einer anderen ergeben. So wird der Jurist als „Tatbestand" eine im Gesetz eines Landes definierte Handlungsabfolge verstehen, während der mit den Lehren von Emile Durkheim vertraute Soziologe den sozialen Tatbestand („fait social") als eine mit Zwangscharakter ausgestattete soziale Norm auffaßt. Besonders anfällig für Sprachverwirrung sind Versuche, eine schon existierende Fachdisziplin mit dem Vokabular einer noch unausgereiften Fachwissenschaft zu verbinden. So hat Max Weber schon 1904 angemerkt, daß derartige Verfahren „lediglich die Versuchung schaffen, unmittelbar verständlichen und oft geradezu trivialen Tatbeständen einen Schleier dilettantischer Fremdwörtergelehrsamkeit umzuhängen und so den falschen Anschein erhöhter begrifflicher Exaktheit zu erzeugen [...]"[81]

Auch die Verknüpfung der in Theorie und Praxis der einzelnen Künste verwendeten Begriffe mit den Terminologien der Fachwissenschaften kann Schwierigkeiten bereiten. So genügt zum Beispiel für die praktischen Zwecke des Musizierens und Komponierens die Auffassung, daß die Lautstärke der Musik kontinuierlich wachsen oder abnehmen kann. Für den Psychoakustiker steht jedoch die subjektiv empfundene Lautstärke nicht in linearer, sondern in logarithmischer Abhängigkeit von der physikalisch gemessenen Intensität des Schallereignisses, und sie ist zudem noch frequenzabhängig.

Der Enzyklopädismus der Wissenschaften – der immer nur als anzustrebendes Modell, nie als System zu verstehen ist – verlangt die Verknüpfung der Fachsprachen untereinander und überdies – im Falle der Kunstforschung – die Verknüpfung des in der Kunstübung gebräuchlichen Vokabulars mit dem wissenschaftlichen. Vielleicht sollten wir uns deswegen an eine radikale Empfehlung von Otto Neurath halten. Sie lautet:

> Es gibt bestimmte, den Einzelwissenschaften eigene Termini, auf die man verzichten muß, wenn man sich mit einer allgemeinen Terminologie, die man auf alle Wissenschaften anwenden kann, behelfen kann.[82]

Wie aber sollte man festsetzen, welchen Anforderungen das Vokabular und die Aussagen („Sätze") der verwendeten Sprachen genügen müssen, um die Verständigung zu gewährleisten? Wie kann man der von den Denkern des Wiener Kreises verlangten Nachprüfbarkeit von Sätzen entsprechen? Selbst wenn man diese Anforderung nicht stellt, müssen wir mit Mises zumindest verlangen, „daß der betrachtete Satz in eine Gesamtheit von Sätzen, die für ihn als sprachliche Vorschriften gelten, gewissermaßen eingebettet ist".[83] Diese tolerante Haltung unterscheidet sich von der wesentlich strikteren, die sonst im Wiener Kreis vertreten worden ist und die nicht nur zwischen wahren und falschen, sondern auch zwischen sinnhaften und sinnleeren (metaphysischen) Sätzen unterscheidet. Die Methode von Mises erlaubt es, jeden Satz dann gelten zu lassen, wenn er in die ihm eigenen Sprachvorschriften eingebettet, d.h. mit ihnen „verbindbar" ist. Ein auf den ersten Blick unverständlicher Satz muß also nicht sogleich als „sinnleer" diskreditiert werden, sondern kann innerhalb seines eigenen Systems von Sprachvorschriften bestehen bleiben. Ob der Autor derartige Vorschriften explizit oder implizit angegeben hat, bleibt freilich im Einzelfall zu prüfen.

Die Unterscheidung zwischen verbindbaren und unverbindbaren Sätzen ist für die enzyklopädische Orientierung der Kunstforschung bedeutsam. Der von Mises eingeführte Begriff der „Verbindbarkeit" versucht, eine Einteilung zu geben und stellt sich die Aufgabe, „einen möglichst umfassenden Kreis von restlos miteinander verbindbaren, wissenschaftlichen oder sonst lebenswichtigen Aussagen zu schaffen".[84] Voraussetzung dafür ist freilich das, was ich die Harmonisierung der Terminologien nennen möchte.

Die Bedachtnahme auf die Verflechtung der Disziplinen ist also nicht etwa das Resultat irgendeiner universell-philosophischen Absicht. Sie ergibt sich vielmehr aus den Sachzwängen der Forschung selbst. Dennoch hat diese Verflechtung – wie die österreichische

Wissenschaftsgeschichte des 19. und 20. Jahrhunderts belegt – auch eine „erkenntnistheoretische" Dimension, eine methodisch-philosophische, wenn man sie so nennen will. Gerade aus dem Zwang zur Verknüpfung der Disziplinen ergaben und ergeben sich Fragen der Methodologie, in erster Linie Fragen der terminologischen Harmonisierung, deren Lösung angebahnt werden muß, wenn der Dialog zwischen den Disziplinen funktionieren soll. Daraus folgt, daß auch ein erheblicher Teil des philosophischen Vokabulars in ein Wörterbuch der Kunstforschung einbezogen werden muß. Diese Termini – wie z.b. empirisch, phänomenologisch, rational, metaphysisch, idealistisch, materialistisch usw. – werden jedoch in den verschiedenen Philosophien unterschiedlich verstanden. Der Versuch, alle Deutungen und Bedeutungen solcher Wörter anzugeben, wäre mühselig und dennoch wenig hilfreich.

Als weit nutzbringender erweist sich ein jeweils projektbezogenes und deswegen nur zeitweiliges Festlegen, wie derartige Begriffe für bestimmte Zwecke empirisch orientierter Kunstforschung verstanden werden könnten und wie sie sich zu den in den Kunstwissenschaften und in den Kunstpraktiken verwendeten Begriffen verhalten. Damit kann ein Minimalkonsens der an fachübergreifenden Untersuchungen gemeinsam Beteiligten gesichert und zugleich die Kommunikation mit den Nutzern der Forschungsergebnisse erleichtert werden.

Dies entspricht der schon in der Programmschrift des Wiener Kreises 1929 empfohlenen „antimetaphysischen Tatsachenforschung", die auf eine Einheitswissenschaft abzielt. Otto Neurath jedoch hat gezeigt, daß die dadurch geforderte Vereinheitlichung der Wissenschaftssprachen keine ein für allemal zu erfüllende Aufgabe sein kann, sondern eine fortdauernde Aktivität:

> Sehr viele Termini der erfolgreichen Einzelwissenschaften sind nicht eindeutig und klar. Das ist besonders dann der Fall, wenn neue Theorien einem Entwicklungsprozeß unterworfen sind. In solchen Fällen ist nicht sicher, ob die neuen Termini und Formulierungen auch in der Zukunft Verwendung finden werden.[85]

Ein Beispiel hiefür, das auch die Kunstforschung berührt, ist die aus der Informationstheorie entwickelte Unterscheidung zwischen „ästhetischer" und „semantischer Information". Die Frage, inwieweit also Begriffe einer bestimmten und in ihrem Bereich erfolgreichen Fachwissenschaft auch in der Kunstforschung genutzt werden können, ist deswegen kein rein terminologisches Problem, sondern eine Sachfrage, der sich jedes Wörterbuch der Kunstforschung zu stellen hat.

Es ist durchaus denkbar, daß in bestimmten Forschungskontexten diese Frage unterschiedlich zu beantworten sein wird. Die Frage, was ein Begriff nun eigentlich wirklich bedeutet und wie dieser ein für allemal festzulegen sei, kann sich der antimetaphysischen Tatsachenforschung gar nicht stellen.

Dennoch erweist es sich als notwendig, im Kontext eines jeden Forschungsvorhabens ein tunlichst einheitliches Fachvokabular zu nutzen. Als Motto für die Bemühung um solche terminologische Harmonisierung kann eine einprägsame Formulierung von Albert Einstein dienen. Einstein war der Auffassung, daß man die logische Unabhängigkeit eines jeden Begriffes von den Sinneserfahrungen nicht verschleiern sollte. Die Beziehung von Begriff und Sinneserfahrung, so meinte er, „[...] entspricht nicht jener von Suppe zu Rindfleisch, sondern besser: der von Garderobenummer zu Mantel."[86]

Ich denke, daß man nicht drastischer von dem Versuch abraten kann, nach der sogenannten wirklichen Bedeutung eines Begriffes zu suchen. Auch die terminologische Harmonisierung in der Kunstforschung wird sich zu begnügen haben mit einer konventionalistischen Zuordnung von begrifflichen Bezeichnungen und bezeichneter Erfahrung, von Garderobenummern und Mänteln.

Ein Neuer Modus der Wissensproduktion

Terminologische Harmonisierung in der exakten Kunstforschung kann nicht als einmaliges und abschließbares Unternehmen verstanden werden. Sie verlangt nach der Anpassung an die jeweils zu lösenden Aufgaben. Damit entspricht sie zugleich der aktuellen Umstrukturierung des Wissenschaftssystems, die in jüngster Zeit von einem internationalen Expertenteam agnosziert worden ist.[87] Danach tritt an die Seite der herkömmlichen Wissensproduktion, deren Dynamik weitgehend durch die Organisation der Universitäten und die Struktur der Fachwissenschaften bestimmt ist, ein zweiter Modus der Wissensproduktion, dem ein internationales Forscherteam eine ausführliche Darstellung gewidmet hat.[88] Helga Nowotny, die diesem Team angehörte, charakterisiert eine Eigentümlichkeit dieser neuen Art der Produktion von Wissen mit den folgenden Worten:

> Darin kommt eine transdisziplinäre, sich je nach Problemstellung über mehrere Disziplinen und Wissensgebiete verschränkende Arbeitsweise zum Tragen. Die Definition der zu bearbeitenden Pro-

bleme und Forschungsfragen wird dabei lokal, also im jeweiligen Kontext, bestimmt. Dieser gibt auch die Grundlage für die spezifische Art der transdisziplinären Arbeitsweise ab. Wissen entsteht solcherart im Kontext der jeweiligen Anwendung und nicht als Teil einer linearen Sequenz von der Grundlagenforschung zur Anwendung, die in deutlich voneinander getrennten Institutionen erfolgt.[89]

In diesem Neuen Modus der Wissensproduktion gehen die Methoden der Forschung über jede der teilnehmenden Fachwissenschaften hinaus: sie sind transdisziplinär. Das bedeutet, daß schon die Organisation der wissenschaftlichen Arbeit zu jenen Verfahren drängt, die der Enzyklopädismus des Wiener Kreises empfohlen hat. Auch die Ergebnisse derartiger Forschung gehören keiner bestimmten Einzeldisziplin an, und sie müssen auch nicht notwendigerweise durch die traditionellen, institutionalisierten Kanäle verbreitet werden.[90]

Der Neue Modus hat sich, wie seine Darsteller betonen, in den Naturwissenschaften und in der Technologie rascher und deutlicher etabliert als in den sogenannten Geisteswissenschaften. Dennoch sind auch in den Geisteswissenschaften Elemente dieser Transformation zu erkennen. So ist das Studium der klassischen Welt, ehedem die Domäne der Altphilologen, der Historiker und der Archäologen, durch die Erkenntnisse der Anthropologie und der Technologie transformiert worden.[91] Die Untersuchungen von Walter J. Ong über die „Technologisierung des Wortes"[92] können als illustres Beispiel für ein Forschungsunternehmen gelten, das der Transdisziplinarität zu danken ist und dessen Zuordnung zu einem in herkömmlicher Weise definierten Fach Schwierigkeiten bereitet. Gehört es zum linguistischen Bereich der Afrikanistik, den es erhellt? Soll man es wegen seiner Deutung von Platos Stellung zur Schriftkultur der Altphilologie zurechnen? Welcher Disziplin gehört die Veränderung des Rechtsdenkens an, die Ong der Entwicklung der Schrift zumißt? Haben wir ein traditionelles Fach, in dem Ongs Theorie der „zweiten Oralität" des elektronischen Zeitalters Platz finden könnte?

Ähnlich interdisziplinäre Verflechtung weist eine Untersuchung auf, die der von Paul F. Lazarsfeld im Jahre 1932 in Wien begonnenen Rundfunkforschung gewidmet ist.[93] Sie behandelt die österreichische Vorgeschichte der später in den U.S.A. weiter entwickelten Hörerforschung, die ersten Schritte der Kommunikationsforschung, ihre demokratiepolitischen Voraussetzungen in Wien und schließlich auch im Anschluß an Ernst Kreneks Untersuchung der Rundfunkmusik ihre

Bedeutung für das Schicksal der E-Musik und der U-Musik im Hörfunk. Daß diese Studie in einer musiksoziologischen Schriftenreihe erschienen ist, möchte ich eher als Zufall ansehen, denn sie hätte vermutlich ebenso gut in einer Buchreihe zur Geschichte der Medienforschung oder zur Wiener Kulturgeschichte erscheinen können. Mir gilt dies als Symptom dafür, daß die Kunstforschung eben sozusagen von sich aus zur Transdiziplinarität herausfordert.

Den Terminus Transdisziplinarität haben die Verfasser der erwähnten Studie über den Neuen Modus der Wissensproduktion gewählt, um eine Eigenheit der Umstrukturierung des Wissenschaftssystems zu kennzeichnen. Sie beschreiben diese Transdisziplinarität als ein Verfahren, bei dem das Wissen aus einem besonderen Kontext der Anwendung hervorgeht, der seine eigenen theoretischen Strukturen, Forschungsmethoden und Forschungspraktiken aufweist, die nicht ohne weiteres auf der vorhandenen Landkarte der Disziplinen zu lokalisieren sind.[94]

Dieser im Grund enzyklopädische Modus der Wissensproduktion bringt nicht bloß Vorteile mit sich, sondern schafft auch Hindernisse, die aus dem Konflikt der transdisziplinären Orientierung mit der traditionell monodisziplinären Struktur des Wissenschaftsbetriebes herrühren. Auch die Grundsätze herkömmlicher Forschungsförderung sind der Transdisziplinarität noch keineswegs immer angepaßt. Schon die Entscheidung über die Zuwendung von Mitteln für transdisziplinäre Projekte setzt voraus, daß die zuständigen Gremien im Sinne des Neuen Modus verfahren. Die Transdisziplinarität der Entscheidungsträger ist also gefordert, aber durchaus nicht immer gegeben. Für transdisziplinär operierende WissenschaftlerInnen ergibt sich aus ähnlichen Gründen die Schwierigkeit, nach jenen Publikationsorganen zu suchen, die nicht grundsätzlich monodisziplinär operieren. Die historische Genese der meisten Fachzeitschriften macht dies nicht immer leicht. Hinzu kommt noch, daß jüngere Forscher, die der neuen Forschungsweise zu entsprechen trachten, dem traditionellen Druck der Monodisziplinarität ausgesetzt sind, der sie verleiten mag, auf methodische Innovationen zu verzichten, um ihre akademische Karriere nicht zu gefährden.

Auch der Überwindung derartiger Hürden sollte und könnte die terminologische Harmonisierung im Bereich der Kunstforschung dienen. Diese zielt nicht etwa auf ein verbindliches „Wörterbuch" ab, das als Regulativ für die Verwendung der darin behandelten Termini fungiert, sondern vielmehr auf ein Arbeitsinstrument, das inhaltlich dem jeweiligen Forschungskontext im Sinne des Neuen Modus der Wissensproduktion anzupassen bleibt. Vielleicht sollten wir uns an dieser Stelle erinnern, daß auch die französische *Encyclopédie* von ihren Autoren als ein derartiges Wörterbuch verstanden und als solches bezeichnet wurde, als Dictionnaire raisonné. Es galt für Diderot als Zusammenfassung des Wissensstandes der Epoche und durchaus nicht als der Wahrheiten letzter Schluß.

Wahrheit und Prognose in der Kunstforschung

Der Verzicht auf sogenannte endgültige Wahrheiten ist geradezu ein Kennzeichen des Enzyklopädismus alter und neuer Prägung. Auch aus dem Anspruch der Kunstforschung auf Exaktheit ergibt sich keineswegs die Suche nach sogenannten ewigen Wahrheiten. Die Kunstforschung, die sich von den Gedanken des Logischen Empirismus leiten läßt, sucht nach wahren Aussagen, doch hat ihr Wahrheitsbegriff nicht dogmatischen, sondern historischen Charakter. Die Wahrheit eines Satzes, so lautet die kurze Formel, die wir Hans Hahn verdanken, besteht in seiner Bewährung. Und um der Enttäuschung derer Rechnung zu tragen, die einem metaphysischen Wahrheitsbegriff huldigen, hat Hans Hahn hinzugefügt:

> Freilich wird dadurch die Wahrheit ihres absoluten, ewigen Charakters entkleidet, sie wird relativiert, sie wird vermenschlicht, aber der Wahrheitsbegriff wird anwendbar! Und welchem Zweck könnte ein Wahrheitsbegriff dienen, der nicht anwendbar ist?[95]

Bewährung als Kriterium der Wahrheit gilt nach dem Konzept des Logischen Empirimus für alle Wissenschaften und beseitigt die Trennlinie zwischen Natur- und Geisteswissenschaften. Eine letzte Bastion, von der aus diese Trennung noch gerne verteidigt wird, sehen manche in der angeblich auf die Naturwissenschaften beschränkten Fähigkeit, Prognosen zu erstellen. Die Debatten im Wiener Kreis haben gezeigt, daß diese These nicht haltbar ist und daß auch die Aussagen der Naturwissenschaften probabilistischen Charakter haben. Ihre Prognosen gelten immer nur unter bestimmten Bedingungen. Eben dies trifft auch auf Prognosen der Kunstforschung zu. Sie taugen nur dann, wenn sie die Bedingungen angeben, unter denen sie gültig sein sollen. Ein beliebtes Feld für in dieser Hinsicht sorglose Vorhersagen ist das Verhältnis von Technologie und Kunst. Hier einige Beispiele:

Schon die ersten Versuche der Photographie haben manche veranlaßt, vom daraus resultierenden Ende der Bildkunst zu sprechen. Noch vor 1856 resümierte Paul Delaroche den Einfluß der Photographie auf die Kunst mit den Worten: „Die Malerei ist tot." Seine Prognose setzte voraus, daß die Abbildung der Gegenstandswelt eine notwendige Funktion der Malerei sei. Unter dieser Bedingung mochte die Prognose zutreffend sein. Sie ignorierte freilich die Möglichkeit der Abstraktion des Gegenstandes bis hin zu einer gegenstandslosen Kunst, die offenbar noch nicht erkennbar war und die doch als Bedingung der Gültigkeit der Vorhersage hätte genannt sein müssen.

In ähnlicher Weise wurde in der Frühzeit des Films die Vorstellung geweckt, daß mit dem Kinofilm das Theater sterben müsse. Eine Analyse der Faktoren, die das ästhetische Vergnügen des lebendigen Theaters bestimmen, hätte zur Vorsicht mahnen müssen.

Manchen von uns ist gewiß noch eine Prognose der 1950er Jahre erinnerlich, die sich an die Heraufkunft hochwertiger elektronischer Aufzeichnung musikalischer Kunstwerke knüpfte. High Fidelity und Stereophonie würden, so meinten viele, zu einer Verminderung musikalischer Eigenaktivität führen. Dies hat sich bekanntlich als falsch erwiesen. Wir haben heute mehr musikalische Laienaktivität als je zuvor – von der Volksmusikpflege bis zur Popularmusik des Rock-Typus.

In eben diesem Zeitabschnitt waren wir auch Zeugen der Entstehung eines neuen Kunstmarktes mit zahlreichen Kunstgalerien und einem kaufwilligen Publikum – eines Prozesses also, der unseren sonst so prognosefreundlichen Kunstsoziologen entgangen zu sein scheint, weil sie gebannt auf die neuen technischen Medien blickten und auf deren Rolle in der Vermittlung von Kunst.

Aus eben diesem Grunde sind manche Propheten soeben damit befaßt, dem elektronischen Daten-Highway mächtigen Einfluß auf die Beseitigung der Wissenskluft im Kunstleben zuzuschreiben. Es wird vermutlich nicht lange dauern, bis auch diese Auguren die seit rund zwanzig Jahren vorliegenden Belege der seriösen Kommunikationsforschung zur Kenntnis nehmen werden. Diese Forschung läßt erkennen, daß sich die soziale Wissenskluft durch den Einsatz der Nachrichtentechnik nicht verringert, sondern vergrößert.

Eine zentrale Aufgabe exakter Kunstforschung bestünde darin, eben dieses Versagen von Prognosen zu analysieren. Dem Experiment der Naturwissenschaften stellt die Kunstforschung die Kritik fehlgeschlagener Vorhersagen als Erkenntnisquelle an die Seite. Einer Kunstforschung, die das gesamte Spektrum der Kunstübung im Sinne von Mises ins Visier nimmt, wachsen damit neue Aufgaben zu.

Gut und schön, könnten manche hier einwenden: diese Beispiele beziehen sich vor allem auf die Kunstvermittlung. Wie aber steht es um Prognosen zur Entwicklung der Künste selbst? Muß nicht auch die exakte Kunstforschung vor einer solchen Aufgabe kapitulieren? Mit einem Beispiel kann gezeigt werden, daß gerade der Enzyklopädismus in der Lage ist, auch Prognosen zur künftigen Kunstentwicklung zu erstellen. Wir wählen mit Absicht kein Beispiel aus der Gegenwart, sondern eine Prognose, die rund ein Vierteljahrtausend alt ist. Diderot hat sie 1751, im Jahr des ersten Bandes der *Encyclopédie* formuliert, und sie hat sich rund dreißig Jahre danach bestätigt. Seine Voraussage war freilich an die Angabe der Bedingungen geknüpft, unter denen sie gelten sollte. Sie hatte also schon jenen hypothetischen Charakter, den später Robert Zimmermann für die exakte Kunstforschung ausdrücklich verlangt hat.

Diderot ging von seiner in der *Encyclopédie* gelieferten Begriffsbestimmung des Schönen aus, derzufolge der Reichtum an inneren Beziehungen, wie er sich ausdrückte, ein Merkmal des Schönen sei. Im gleichen Jahr publizierte Diderot anonym auch eine Schrift unter dem Titel „Brief an die Taubstummen zum Gebrauch derer, die hören und sprechen können". Darin suchte er zu erklären, was die Komponisten tun müßten, wenn sie in ihren Werken dem von ihm geforderten Reichtum an Beziehungen entsprechen wollen. Seine Fragestellung bezog sich also auf die künftige Entwicklung der Musik. Er ging von der Hypothese aus, daß seine Begriffsbestimmung des Schönen richtig sei, und wollte ergründen, welche Kompositionsweise in Zukunft anzuwenden wäre, wenn man dieser Hypothese gemäß verfahren wollte.

Diderots Text ist bisher häufig entstellt worden. Er enthält den Begriff „partie chantante", womit Diderot nicht die Singstimme meinte, sondern die „Hauptstimme" (auch eines reinen Instrumentalsatzes). Überdies gebraucht Diderot zwei Zeitwörter im Futurum, um den prognostischen Charakter seines Satzes hervorzukehren. In tunlichst getreuer Übersetzung lautet der Satz:

> Wenn der Musiker seine Kunst verstehen wird, dann werden die begleitenden Stimmen zusammenwirken, um den Ausdruck der Hauptstimme zu verstärken oder neue Ideen hinzuzufügen, nach denen der Gegenstand verlangt und die die Hauptstimme selbst nicht bringen wird können.[96]

In einer neueren Übersetzung ist dieser Satz seiner Anwendbarkeit auf die Instrumentalmusik beraubt und durch die Verwendung des Präsens anstelle des Futurums auch seines prognostischen Charakters entkleidet.[97] Diderot hat jedoch mit seiner Formulierung nicht etwa nur einen subjektiven Wunsch ausgedrückt, sondern eine Vorhersage, die dann gelten soll, wenn das ästhetische Ideal des inneren Beziehungsreichtums in der Instrumentalmusik angestrebt wird.

Diese Prognose hat sich als zutreffend erwiesen. Rund dreißig Jahre nach Diderots Äußerung hat Joseph Haydn in Streichquartetten, die er selbst als „auf eine neue Art" geschaffen bezeichnete, diese stilistischen Merkmale errungen. Die Beschreibung dieser Kompositionstechnik deckt sich mit dem später von Beethoven gebrauchten Begriff des „obligaten Akkompagnements". Eben diesen Begriff benützt die Musikwissenschaft seit Guido Adler, um den Beziehungsreichtum dieser Komponierweise zu bezeichnen. Adlers Definition des obligaten Akkompagnements liest sich wie eine Paraphrase von Diderots Text. Bei Adler heißt es: „Alles zielt auf eine von der Hauptstimme verschiedene Bewegung, wenngleich die Nebenstimmen in einer Art Dienstverhältnis zu der oder den Hauptstimmen stehen."[98]

Ich glaube nicht zu übertreiben, wenn ich sage, daß Diderot eine bedeutende stilistische Neuerung der Wiener Klassik gedanklich um einige Jahrzehnte antizipiert hat. Dazu befähigte ihn die Schärfe der ästhetischen Begriffsbildung ebenso wie die hypothetische Form seiner Aussage, die sich post festum etwa so formulieren ließe: „Wenn meine These vom Beziehungsreichtum des Schönen zutrifft und wenn der Musiker diese These akzeptiert, dann wird er als Komponist in der von mir angegebenen Weise handeln wollen [...]"

Was befähigte Diderot zu einer derartigen Prognose? Worin bestand seine Forschungsstrategie in Kunstdingen? Hat er diese Strategie jemals explizit dargestellt? Wenn man danach suchen will, dann darf man sich angesichts des enzyklopädischen Konzepts von Diderot nicht auf die Schriften beschränken, die die Kunst im Titel führen. Schon drei Jahre vor Erscheinungsbeginn der *Encyclopédie* hat Diderot seine Ideen zur Kunstforschung dargelegt und zwar in einer mehr als 200 Seiten starken Schrift, die sich mit Problemen der Mathematik befaßt.[99] Darin werden so unterschiedliche Fragen behandelt wie das Verhältnis der Krümmung des Kreises zur Tangente, die mechanischen Prinzipien der Spannung von Saiten, die technische Beschreibung einer neuen Orgel und die Rolle des Luftwiderstands in der Pendelbewegung. Den Beginn dieser Sammlung von Studien aber bildet ein Text, der den Titel führt: „Allgemeine Prinzipien der Akustik". Und eben dieser Text enthält gleich zu Beginn die Grundsätze der Kunstforschung, wie Diderot sie versteht.

Diderot geht von Betrachtungen über die Musik verschiedener Völker aus. Er wendet sich gegen die Annahme, daß die eben jetzt anerkannten musikalischen Meisterwerke dauernde Gültigkeit besäßen und daß sie, wie er wörtlich sagt, „vor zehntausend Jahren dasselbe gewesen wären wie heute und daß sie in der Mitte Asiens ebenso bewunderungswürdige Musikstücke sein würden wie in Paris".[100] Diese Auffassung von der dauernden Gültigkeit des Schönen sei falsch. Sie widerspreche „aller Erfahrung". Darauf weise schon der Unterschied des französischen und des italienischen Geschmacks hin, der damals heftig diskutiert wurde, und darauf gründet Diderot auch seine Vermutung, daß für die Menschen der Antike die schönsten Pariser Konzerte „sehr langweilig gewesen wären".[101] Daran knüpft Diderot die provozierende Frage, ob die Musik nicht etwa zu den Dingen gehöre, die durch das Kunstwollen der Völker ebenso bestimmt werden wie durch das Milieu, in dem sie entstehen und die gesellschaftlichen Wandlungen, denen sie unterworfen sind. Diderot bedient sich zwar nicht des von mir hier verwendeten Vokabulars, doch er drückt eben diese Ideen auf seine ureigene Weise aus: „Wie also: die Musik sollte eins von den Dingen sein, die der Laune der Völker, der Verschiedenheit der Gegenden und dem Wechsel („révolution") der Zeiten unterworfen sind?"[102]

Unsere Interpretation, die den zukunftsträchtigen wissenschaftlichen Enzyklopädismus Diderots hervorkehrt, wird durch dessen anschließende Bemerkungen über das Verhältnis des Kunsturteils zum Kunstgegenstand bestärkt. Diese Bemerkungen gelten durchaus nicht nur für die Musik, sondern für alle Künste. Diderot unterscheidet zwischen dem Objekt der Wahrnehmung und dem Objekt-Eindruck des Menschen. Die Beschaffenheit des Objektes sei bisweilen vom Geist des Wahrnehmenden unabhängig. Die wissenschaftliche Betrachtung müsse jedoch den Gebrauch berücksichtigen, für den der Gegenstand bestimmt ist, und damit auch die Beschaffenheit des Wahrnehmenden. Daraus ergibt sich für Diderot die Notwendigkeit dessen, was wir heute Kunstpsychologie und Sozialpsychologie nennen. Seine Formulierung, in der freilich unsere neuen Termini nicht vorkommen können, lautet:

Das Bild, also der Eindruck, ändert sich mit der Beschaffenheit des Organs. Der Geist ist durchgreifenden Umwälzungen („révolutions") unterworfen, und daraus ergibt sich eine große Verschiedenheit der Urteile.[103]

In dieser elegant formulierten Aufforderung, neben der Analyse der Kunstobjekte auch die Analyse der Kunstwahrnehmung und ihre psychologischen und sozialen Wandlungen einzubeziehen, ist schon das Programm einer empiristisch-enzyklopädischen Kunstforschung im modernen Sinne vorgeprägt. Die Abkehr vom Gedanken allgemeiner und ewig gültiger Kunstgesetze ist jedenfalls vollzogen und der Übergang von der philosophischen Ästhetik „von oben" zu einer empirischen Kunstforschung „von unten" angebahnt. Es lag mir daran, diese Herkunft der modernen Kunstforschung aus dem Enzyklopädismus des 18. Jahrhunderts hervorzuheben und dessen Bedeutung für den Enzyklopädismus des Wiener Kreises und der von seinen Vertretern konzipierten Kunstforschung einsichtig zu machen. Ich möchte nicht verheimlichen, daß mit diesem Hinweis meine propagandistische Absicht verbunden ist, der immer noch grassierenden philosophischen Verwirrung eine empiristische Front entgegenzusetzen. Den Mut dazu verdanke ich dem Verfasser eines vor 200 Jahren geschriebenen Briefes, der an einen Naturwissenschaftler gerichtet war. Der Schreiber stellte fest, daß die Philosophen es verstünden, ihr Handwerk streng und unerbittlich zu treiben, und er knüpfte daran die Frage: „[...] warum wollten wir Empiriker und Realisten nicht auch unseren Kreis kennen und unsern Vorteil verstehn?"[104]

Diese Einladung, einen Kreis der Empiriker und Realisten zu bilden, stammt von einem berühmten Diderot-Übersetzer, der auch einiges von der Kunsttheorie verstanden hat. Er hieß Johann Wolfgang Goethe.

Anmerkungen

1. Otto Neurath, „Einheitswissenschaft als enzyklopädische Integration". In: Otto Neurath *Gesammelte philosophische und methodologische Schriften*, hrsg. von Rudolf Haller und Heiner Rutte. Wien: Hölder-Pichler-Tempsky, 1981, Bd. 2, 873-894.
2. *Encyclopédie ou Dictionnaire raisonné des sciences, des arts et des métiers*, par une société de gens de lettres. Paris, 1751-1780.
3. Hans-Joachim Dahms, „Vienna Circle and French Enlightenment. A Comparison of Diderot's *Encyclopédie* with Neurath's International Encyclopedia of Unified Science". In: *Encyclopedia and Utopia, The Life and Work of Otto Neurath (1882-1945)*. Vienna Circle Institute Yearbook 4 (1996). Edited by Elisabeth Nemeth and Friedrich Stadler. Dordrecht-Boston-London: Kluwer Academic Publishers, 1996, 53-61.

4. Adam Wandruszka, *Leopold II. Erzherzog von Österreich. Großherzog von Toskana, König von Ungarn und Böhmen, Römischer Kaiser.* 2 Bde. Wien–München: Herold, 1965, Bd. 1, 280.
5. *Encyclopédie ou Dictionnaire raisonné des sciences, des arts et des métiers, par une société de gens de lettres* ... Livorno: In der Druckerei der „Société", 1770. Mit dem Zusatz: Mit Genehmigung (Avec approbation).
6. „J'appelle donc beau hors de moi, tout ce qui contient en soi de quoi réveiller dans mon entendement l'idée de rapports; et beau par rapport à moi, tout ce qui réveille cette idée." (Denis Diderot, *Oeuvres*. Texte établi et annoté par André Billy. Paris: Gallimard, 1951, 1126).
7. „Als ‚Schönes außer mir' bezeichne ich also alles, was in sich irgend etwas hat, das in meinem Verstand die Idee von Beziehungen zu erwecken vermag, und ‚Schönes in Beziehung auf mich' nenne ich alles, was diese Idee in mir erweckt." (Denis Diderot, *Ästhetische Schriften*. Aus dem Französischen übersetzt von Friedrich Bassenge und Theodor Lücke. 2 Bde. Frankfurt am Main: Europäische Verlagsanstalt, 1968, Bd. 1, 120).
8. Bernard Bolzano, „Abhandlungen zur Ästhetik. Erste Lieferung. Über den Begriff des Schönen. Eine philosophische Abhandlung". [1843] Zitiert nach: Ders., *Untersuchungen zur Grundlegung der Ästhetik*. Mit einer Einleitung hrsg. von Dietfried Gerhardus. Frankfurt am Main: Athenäum, 1972, 35.
9. Robert Zimmermann, *Ästhetik. Erster, historisch-kritischer Teil. Geschichte der Ästhetik als philosophische Wissenschaft*. Wien: Braumüller, 1858, 802.
10. *Abhandlungen einer Privatgesellschaft in Böhmen, zur Aufnahme der Mathematik, der vaterländischen Geschichte, und der Naturgeschichte.* Zum Druck befördert von Ignatz Edlen von Born. Prag: Gerle, 1775f.
11. „Sätze, die Ästhetik der Tonkunst betreffend; aus J.J. Rousseaus musikalischem Wörterbuche gezogen von I.F. von Mosel". Erschienen in acht Fortsetzungen in der *Wiener Allgemeinen Musikalischen Zeitung*, Juli-August 1820.
12. John Wilkes (Hrsg.), *Encyclopaedia Londinensis, or Universal Dictionary of the Arts, Sciences and Literature.* 24 Bde. London, 1810–1829.
13. G. Jones, *Geschichte der Tonkunst*. Aus dem Englischen übersetzt und mit Anmerkungen begleitet von J.F. Edlen von Mosel. Wien: Steiner, 1821.
14. I.F. von Mosel, „Statue des Kaisers Josephs II. im kais. kön. botanischen Garten in Schönbrunn." In: *Vaterländische Blätter für den österreichischen Kaiserstaat*, 10. Juli 1810.
15. I.F. von Mosel, „Skizze einer musikalischen Bildungsanstalt für die Haupt- und Residenzstadt des österreichischen Kaiserstaates." In: *Vaterländische Blätter für den österreichischen Kaiserstaat*, 2. und 6. Februar 1811.
16. *Geschichte der kaiserl. königl. Hofbibliothek zu Wien.* Wien: Beck, 1835.
17. Franz Gräffer, *Gedrängtes geographisch-statistisches Handwörterbuch des österreichischen Kaiserthumes*. Wien: J.G. Heubner, 1827.
18. Franz Gräffer & Johann Jakob Heinrich Czikann (Hrsg.), *Oesterreichische National-Encyklopädie, oder alphabetische Darlegung der wissenswürdigsten Eigenthümlichkeiten des österreichischen Kaiserthumes [...] im Geiste der Unbefangenheit bearbeitet.* 6 Bde. Wien: Strauss, 1835–1837.
19. Iganz Jeitteles (Hrsg.), *Ästhetisches Lexikon. Ein alphabetisches Handbuch zur Theorie der Philosophie des Schönen und der schönen Künste. Nebst Erklärung der Kunstausdrücke aller ästhetischen Zweige, als Poesie, Poetik, Rhetorik, Musik, Plastik, Graphik, Architektur, Malerei, Theater etc.* 2 Bde. Wien: Gerold, 1835–1837.
20. Ignaz Jeitteles (Hrsg.), *Ästhetisches Lexikon.* 2 Bde. Wien: Mösle-Braumüller, 1839.

21. Friedrich Wähner, „Zur Literatur der deutschen Ästhetik, hauptsächlich der systematischen". In: Jeitteles, a.a.O., Bd.2, 1837, 481.
22. Wilhelm Hebenstreit, *Wissenschaftlich-literarische Encyklopädie der Ästhetik. Ein etymologisch-kritisches Wörterbuch der ästhetischen Kunstsprache*. Wien: Gerold, 1843.
23. Vgl. hiezu Kurt Blaukopf, *Die Ästhetik Bernard Bolzanos. Begriffskritik, Objektivismus, „echte" Spekulation und Ansätze zum Empirismus*. Beiträge zur Bolzano-Forschung, Band 8. Sankt Augustin: Academia Verlag, 1996.
24. Hebenstreit, a.a.O., 543.
25. „Über den wissenschaftlichen Charakter und die philosophische Bedeutung Bernhard [!] Bolzanos." Gastvortrag in der Sitzung vom 17. Oktober 1849. *Sitzungsberichte der kaiserlichen Akademie der Wissenschaften. Philosophisch-historische Classe*. Jahrgang 1849, Zweite Abteilung, 163-174. Wien: Hof- und Staatsdruckerei, 1849, 171.
26. Rudolf von Eitelberger, *Die österreichische Kunst-Industrie und die heutige Weltlage*. Wien: Braumüller, 1871.
27. Ders., *Bemerkungen über das österreichische Kunstbudget aus Anlass des Staats-Voranschlages 1884*. Wien: Verlag des k.k. österr. Museums für Kunst und Industrie, 1884.
28. Moriz Thausing, „Die Stellung der Kunstgeschichte als Wissenschaft. Aus einer Antrittsrede an der Wiener Universität im Oktober 1873". In: Ders., *Wiener Kunstbriefe*. Leipzig: Seemann,1884, 11.
29. Paul Wimmer, „Ein vergessener Österreicher – der Kunsthistoriker Alois Riegl", in: *Österreichische Akademische Blätter*, 1967, 2, 43.
30. Alois Riegl, *Stilfragen. Grundlegungen zu einer Geschichte der Ornamentik*. Berlin: G. Siemens, 1893. Ders., *Die spätrömische Kunstindustrie nach den Funden in Österreich-Ungarn*. Wien: Hof- und Staatsdruckerei, 1901.
31. Hans Tietze, *Methode der Kunstgeschichte*. Leipzig: E. A. Seemann, 1913, 14.
32. Julius von Schlosser, „Die Wiener Schule der Kunstgeschichte". In: *Mitteilungen des Österreichischen Instituts für Geschichtsforschung*, Ergänzungsband XIII, Heft 2, Innsbruck; Universitäts-Verlag Wagner, 1934.
33. Ernst Gombrich, „The Logic of Vanity Fair. Alternatives to Historicism in the Study of Fashions, Style and Taste". In: Schilpp, Arthur (Hrsg.), *The Philosophy of Karl Popper*. 2 Bde., La Salle, Illinois: Open Court, 1974, 925-957 (Deutsch unter dem Titel: „Vom ‚Jahrmarkt der Eitelkeiten'". In: Ders., *Die Krise der Kulturgeschichte*. München: dtv/Klett-Cotta, 1991, 91-143).
34. Ernst Gombrich, „Kunstgeschichte und Sozialwissenschaft". In: Ders., *Die Krise der Kulturgeschichte*. München: dtv/Klett-Cotta, 1991, 208-262. Ders., „Kunstwissenschaft und Psychologie vor fünfzig Jahren". In: *Akten des XXV. Internationalen Kongresses für Kunstgeschichte*. Wien–Köln–Graz: Böhlau, 1991, 99-104.
35. Curt Sachs, „Kunstwissenschaftliche Wege zur Musikwissenschaft". In: *Archiv für Musikwissenschaft*, I (1918), 451-464.
36. Otto Benesch, „Max Weber als Musikwissenschaftler". In: *Österreichische Rundschau*, Jg. 18, Heft 1-2, Jänner 1922, 387-402.
37. Julius von Schlosser, *Alte Musikinstrumente*. Katalog. Wien: Anton Schroll, 1920.
38. Julius von Schlosser, *Unsere Musikinstrumente. Eine Einführung in ihre Geschichte*. Wien: Anton Schroll, 1922, 7.

39. Gabriele J. Eder, „Guido Adler und Alexius Meinong. Interdisziplinarität als Methode der Lösung wissenschaftlicher Probleme". In: Kurt Blaukopf (Hrsg.), *Philosophie, Literatur und Musik im Orchester der Wissenschaften*. Band 2 der Schriftenreihe „Wissenschaftliche Weltauffassung und Kunst". Wien: Hölder-Pichler-Tempsky, 1996, 90f.
40. Guido Adler, „Umfang, Methode und Ziel der Musikwissenschaft". In: *Vierteljahrsschrift für Musikwissenschaft,* Bd.1 (1885), 12.
41. Guido Adler, „Musik und Musikwissenschaft". In: *Jahrbuch der Musikbibliothek Peters für das Jahr 1898.* Leipzig: Peters, 1899, 35.
42. Leo Wilzin, *Logik und Methodik gesellschaftswissenschaftlicher Musikforschung.* Wien: Deuticke, 1937.
43. Über John H. Mueller siehe: Desmond Mark, *Wem gehört der Konzertsaal?* (=*Musik und Gesellschaft* 26). Wien: Guthmann-Peterson, 1998, S. 33ff.
44. Guido Adler, *Methode der Musikgeschichte.* Leipzig: Breitkopf & Härtel, 1919, 10.
45. Richard Wallaschek, *Anfänge der Tonkunst.* Leipzig: Barth, 1903, 111.
46. Richard Wallaschek, *Primitive Music. An inquiry into the origin and development of music, songs, instruments, dances, and pantomimes of savage races.* London: Longman, 1893.
47. Zu den Aufsätzen Wallascheks, die in der *Zeit* erschienen sind, gehören u.a.: „Das Gesetz der specifischen Sinnesenergien". 1. und 8. August 1896; „Neues zur Musiktheorie und Musikgeschichte". 13. August 1898; „Moderne Kunstwissenschaft". 12. Juli 1902.
48. Vgl. Herta Blaukopf, „Positivismus und Ideologie in der Germanistik. Aus den Anfängen der österreichischen Sprach- und Literaturforschung". In: Kurt Blaukopf (Hrsg.), *Philosophie, Literatur und Musik im Orchester der Wissenschaften.* Band 2 der Schriftenreihe „Wissenschaftliche Weltauffassung und Kunst". Wien: Hölder-Pichler-Tempsky, 1996.
49. Richard Heinzel, *Beschreibung des geistlichen Schauspiels im deutschen Mittelalter.* Hamburg-Leipzig: Leopold Voss, 1898, 10.
50. Einführung zu: *Wilhelm Scherer – Erich Schmidt. Briefwechsel.* Hrsg. von Werner Richter und Eberhard Lämmert. Berlin: Erich Schmidt, 1963, 21.
51. Wilhelm Scherer, *Poetik.* Postum hrsg. von Richard M. Meyer. Berlin: Weidmannsche Buchhandlung, 1888. Hier zitiert nach der Edition mit einer Einleitung und Materialien zur Rezeptionsanalyse, hrsg. von Günter Reiss. Tübingen: Max Niemeyer, 1977, 85.
52. Hermann von Helmholtz, *Schriften zur Erkenntnistheorie.* Hrsg. und erläutert von P. Hertz und M. Schlick. Berlin: Julius Springer, 1921 [Darin vor allem die gemeinsam mit P. Hertz verfaßte Vorrede und Schlicks Erläuterungen zu den Kapiteln 1 und 4].
53. Hermann von Helmholtz, *Über das Verhältnis der Naturwissenschaften zur Gesammtheit der Wissenschaften.* Heidelberg: Georg Mohr, 1862.
54. Helmholtz, a.a.O., 11.
55. Helmholtz, a.a.O., 16.
56. Helmholtz, a.a.O., 16.
57. Ernst Brücke, „Über eine neue Methode der phonetischen Transcription". In: *Sitzungsberichte der kaiserlichen Akademie der Wissenschaften (phil.-hist. Klasse),* Bd. XLI. Wien, 1863.
58. Ernst Brücke, *Grundzüge der Physiologie und Systematik der Sprachlaute für Linguisten und Taubstummenlehrer.* Wien: Gerold, 1856.
59. Ernst Brücke, *Die Physiologie der Farben für die Zwecke der Kunstgewerbe.* Leipzig: Hirzel, 1866.

60. Ernst Brücke, *Die physiologischen Grundlagen der neuhochdeutschen Verskunst.* Wien: Gerold, 1871.
61. Ernst Brücke, *Bruchstücke aus der Theorie der bildenden Künste.* 1877.
62. Ernst Theodor Brücke, *Ernst Brücke.* Wien: Julius Springer, 1928, 54.
63. Helmholtz, a.a.O., 30.
64. Hermann von Helmholtz, *Die Lehre von den Tonempfindungen als physiologische Grundlage für die Theorie der Musik.* Braunschweig: Vieweg, 1863.
65. Eduard Hanslick, *Vom Musikalisch-Schönen. Ein Beitrag zur Revision der Ästhetik der Tonkunst.* Leipzig: Rudolph Weigel, 1854.
66. Vgl. hiezu Kurt Blaukopf, *Pioniere empiristischer Musikforschung. Österreich und Böhmen als Wiege der modernen Kunstsoziologie.* (Wissenschaftliche Weltauffassung und Kunst, Bd.1) Wien: Hölder-Pichler-Tempsky, 1995, 91-104.
67. Helmholtz, *Über das Verhältnis der Naturwissenschaften ...,* a.a.O., 24.
68. Ernst Mach, „Vorträge über Psychophysik", in: *Österreichische Zeitschrift für praktische Heilkunde,* 1863. Zitiert nach: Wolfram W. Swoboda, „Physik, Physiologie und Psychophysik", in: Rudolf Haller und Friedrich Stadler (Hrsg.), *Ernst Mach. Werk und Wirkung.* Wien: Hölder-Pichler-Tempsky, 1988, 385.
69. Ernst Mach, *Zwei populäre Vorlesungen über musikalische Akustik.* Graz: Leuschner & Lubensky, 1865. Ders.: *Einleitung in die Helmholtz'sche Musiktheorie.* Graz, 1866.
70. Ernst Mach, „Vorträge über Psychophysik". In: *Österreichische Zeitschrift für praktische Heilkunde,* 1863. Zitiert nach: Wolfram W. Swoboda, „Physik, Physiologie und Psychophysik". In: Rudolf Haller & Friedrich Stadler (Hrsg.): *Ernst Mach. Werk und Wirkung.* Wien: Hölder-Pichler-Tempsky, 1988, 383.
71. Laurenz Müllner, „Gedenkrede auf Robert Zimmermann". Zitiert in: Emil Reich, „Robert von Zimmermann. Ein Nachruf". In: *Jahrbuch der Grillparzer-Gesellschaft,* 9. Wien: Konegen, 1899, 331.
72. Robert Zimmermann, „Die spekulative Ästhetik und die Kritik". In: *Österreichische Blätter für Literatur und Kunst* [Beilage zur *Wiener Zeitung*], Nr. 6, Montag, 6. Februar 1854, 57.
73. Robert Zimmermann, „Zur Reform der Ästhetik als exacter Wissenschaft". In: *Zeitschrift für exacte Philosophie,* Bd. 2, 1862, 309-358.
74. Robert Zimmermann, „Zur Reform der Ästhetik als exacter Wissenschaft". In: Ders., *Studien und Kritiken zur Philosophie und Ästhetik.* 2 Bde. Wien: Braumüller, 1870, Bd. 1, 224f.
75. Robert Zimmermann, *Ästhetik. Erster, historisch-kritischer Teil. Geschichte der Ästhetik als philosophische Wissenschaft.* Wien: Braumüller, 1858.
76. Robert Zimmermann, *Ästhetik. Zweiter, systematischer Teil. Allgemeine Ästhetik als Formwissenschaft.* Wien: Braumüller, 1865.
77. Zimmermann, ebda., 1865, V.
78. Richard von Mises, *Kleines Lehrbuch des Positivismus. Einführung in die empiristische Wissenschaftsauffassung.* [Erstveröffentlichung 1939] Herausgegeben und eingeleitet von Friedrich Stadler. Frankfurt am Main: Suhrkamp, 1990, 438.
79. Derartige Werke sind als Anweisungen zu sozialem Handeln zu verstehen und gehören schon deshalb zu den Gegenständen der Soziologie: „Many art works exist in the form of directions to others telling them what to do to actualize the work on a particular occasion. The directions may consist of a musical score, the script of a play, a manuscript to be printed, or plans for a building." (Howard S. Becker, *Art Worlds.* Berkeley: University of California Press, 1982, 210f.).
80. Mises, a.a.O., 1990, 116.

81. Max Weber, „Die protestantische Ethik und der Geist des Kapitalismus" [1904–1905]. Zitiert nach: Ders.: *Gesammelte Aufsätze zur Religionssoziologie*, 6. Aufl. Tübingen: J.C.B. Mohr, 1972, Bd. 1, 133, Anm.
82. Otto Neurath, *Gesammelte philosophische und methodologische Schriften*, a.a.O., II, 721.
83. Mises, a.a.O., 145.
84. Mises, a.a.O., 148.
85. Otto Neurath, „Die Einheitswissenschaft und ihre Enzyklopädie". [1936] In: Kurt Rudolf Fischer (Hrsg.), *Das goldene Zeitalter der Österreichischen Philosophie*. Wien: WUV, 1995, 207.
86. Albert Einstein; „Physik und Wirklichkeit" [1936]. In: Ders.; *Aus meinen späten Jahren*. Stuttgart: Deutsche Verlagsanstalt, 1952, 63f.
87. Dem Team, das über Initiative des Schwedischen Rates für Forschung und Planung mehrere Jahre lang tätig war, gehörten an: Michael Gibbons (Universität Sussex), Camille Limoges (Québec), Helga Nowotny (Wien), Simon Schwartzman (Sao Paulo), Peter Scott (Leeds) und Martin Trow (Berkeley).
88. Michael Gibbons (Hrsg.), *New Production of Knowledge: Dynamics of Science and Research in Contemporary Societies*. London: Sage Publications, 1994.
89. Helga Nowotny: „Mechanismen und Bedingungen der Wissensproduktion. Zur gegenwärtigen Umstrukturierung des Wissenschaftssystems". In: *Neue Zürcher Zeitung*, 6./7. Januar 1996.
90. „New knowledge produced in this way may not fit easily into any one of the disciplines that contributed to the solution. Nor may it be easily referred to particular disciplinary institutions or recorded as disciplinary contributions." (Gibbons, a.a.O., 5).
91. Gibbons, a.a.O., 101.
92. Walter J. Ong, *Oralität und Literalität. Die Technologisierung des Wortes*. Opladen: Westdeutscher Verlag, 1987.
93. Desmond Mark (Hrsg.), *Paul Lazarsfelds Wiener RAVAG-Studie 1932*. (Musik und Gesellschaft 24) Wien-Mühlheim a. d. Ruhr: Guthmann & Peterson, 1996.
94. „Knowledge which emerges from a particular context of application with its own theoretical structures, research methods and modes of practice but which may not be locatable on the prevailing disciplinary map." (Gibbons, a.a.O., 168).
95. Hans Hahn, „Logik, Mathematik und Naturerkennen". [1933] In: Ders., *Empirismus, Logik, Mathematik*. Frankfurt am Main: Suhrkamp, 1988, 169.
96. „Quand le musicien saura son art, les parties d'accompagnement concourront, ou [...] fortifier l'expression de la partie chantante, ou [...] ajouter de nouvelles idées que le sujet demandait, et que la partie chantante n'aura pu rendre." (Jean-Michel Bardez, *Diderot et la Musique*. Paris: Honoré Champion, 1975, 127f. Als Quelle ist hier genannt: Denis Diderot, *Oeuvres complètes*. 15 Bde. Paris: Club Français du Livre, 1972–73, Bd. 2).
97. „Wenn der Musiker seine Kunst versteht, wirken die begleitenden Stimmen zusammen, um den Ausdruck der Singstimme zu verstärken oder neue Ideen beizutragen, die das Thema verlangt, die Singstimme aber nicht wiedergeben kann." (Denis Diderot, *Ästhetische Schriften*. Aus dem Französischen übersetzt von Friedrich Bassenge und Theodor Lücke. 2 Bde. Frankfurt am Main: Europäische Verlagsanstalt, 1968, Bd.1, 64).
98. Guido Adler, „Die Wiener klassische Schule". In: Guido Adler (Hrsg.), *Handbuch der Musikgeschichte*. 2. Aufl. Berlin, 1930, Bd. 2, 790.
99. *Mémoires sur différents sujets de Mathématiques*. Paris: Durand [und] Paris: Pissot, 1748.

100. Denis Diderot, „Aus den ‚Allgemeinen Prinzipien der Akustik'" [1748]. Zitiert nach: Ders., *Ästhetische Schriften*. Aus dem Französischen übersetzt von Friedrich Bassenge und Theodor Lücke. 2 Bde. Frankfurt am Main: Europäische Verlagsanstalt, 1968, Bd. 1, 17.
101. Ebda.
102. Ebda.
103. Ebda., 18.
104. Johann Wolfgang Goethe, Brief an Samuel Thomas Soemmering vom 28. August 1796. Zitiert nach: *Goethe und Soemmering. Briefwechsel 1784-1828*. Bearb. u. hrsg. von Manfred Wenzel. (*Soemmering-Forschungen. Beiträge zur Naturwissenschaft und Medizin der Neuzeit*. Akademie der Wissenschaften und der Literatur, Mainz, Band V) Stuttgart-New York: Gustav Fischer, 1988, 107.

DIE AUTOREN

Gerhard Benetka
Geb. 1962; Studium der Psychologie, Geschichte und Soziologie an der Universität Wien; Mag. phil. (Psychologie) 1989, Dr. phil. 1994; Habilitation für Psychologie 1998; Lehrbeauftragter am Institut für Psychologie und am Institut für Geschichte der Universität Wien. Forschungen zur Wisenschaftsgeschichte und Wissenschaftstheorie der Psychologie; zahlreiche Publikationen zur Geschichte der Psychologie; u.a. *Psychologie in Wien. Sozial- und Theoriegeschichte des Wiener Psychologischen Instituts 1922-1938.* Wien: WUV, 1995.

Kurt Blaukopf
Geb. 1914 in Czernowitz (Bukowina). Gest. am 14. Juni 1999. War bis zu seiner Emeritierung (1984) Inhaber der Lehrkanzel für Musiksoziologie an der Wiener Hochschule für Musik und darstellende Kunst. Seit 1974 Honorarprofessor an der Universität Wien, 1994 Verleihung des Ehrendoktorats. Kurt Blaukopfs Studien über den Einfluß neuer Technologien auf die Kommunikation von Musik und Kunst wurden 1988 mit dem Österreichischen Staatspreis für Kulturpublizistik gewürdigt. Sein aktuelles Hauptinteresse galt den empiristischen Traditionen der Kunst- und Musiksoziologie im Rahmen des von ihm am Institut Wiener Kreis geleiteten Forschungsprojekts "Wissenschaftliche Weltauffassung und Kunst".
Publikationen u.a.: *Musiksoziologie,* 2. Aufl. Heiden, Schweiz 1972; *Musik im Wandel der Gesellschaft,* München 1982; *Beethovens Erben in der Mediamorphose. Kultur- und Medienpolitik für die elektronische Ära,* Heiden, Schweiz 1989; *Musical Life in a Changing Society. Aspects of Music Sociology,* Portland, Oregon 1992; *Pioniere empiristischer Musikforschung. Österreich und Böhmen als Wiege der modernen Kunstsoziologie,* Wien 1995 (= Schriftenreihe "Wissenschaftliche Weltauffassung und Kunst" des Instituts Wiener Kreis, Band 1).

Martin Carrier
1975-1981 Studium der Physik und Philosophie in Münster; 1984 Promotion in Philosophie (über Chemiegeschichte im 18. Jahrhundert und Lakatos' Methodologie) in Münster. 1984-1994 Wissenschaftlicher Angestellter und Akad. Rat in Konstanz. 1989 Habilitation in Konstanz (über das Verhältnis von Theorie und Erfahrung in Raum-Zeit-Theorien); die Habilitationsschrift war die Grundlage des Completeness-Buches. Seit 1994 Professor für Wissenschaftsphilosophie in Heidelberg. Publikationen: (mit Jürgen Mittelstrass) *Geist,*

Die Autoren

Gehirn, Verhalten. Das Leib-Seele-Problem und die Philosophie der Psychologie, Berlin: de Gruyter, 1989 (engl. 1991). *Completeness of Scientific Theories* (1994). (Hg. mit Peter Machamer) *Mindscapes. Philosophy, Science, and the Mind* (1997).

Giselher Guttmann
Geboren 1934 in Wien. Studium der Psychologie, Zoologie und Philosophie in Wien. 1963 Promotion zum Dr. phil. 1968 Habilitation und Berufung auf das Extraordinariat für „Experimentelle und Angewandte Psychologie". Mehrere Jahre Tätigkeit in klinischer Psychologie an der Universitätsklinik für Psychiatrie und am Psychiatrischen Krankenhaus „Am Steinhof" in Wien. 1973 Ordinarius für „Allgemeine und Experimentelle Psychologie". Wirkliches Mitglied der Österreichischen Akademie der Wissenschaften. Forschungsschwerpunkte: Hirnforschung, Informationsverarbeitung, Lernforschung, Wissenschaftstheorie, Erkenntnistheorie. Publikationen u.a.: (gem. mit F. Bestenreiner), *Ich: fühle, denke, träume, sterbe,* München 1991; (Hrsg. gem. mit G. Langer), *Das Bewußtsein,* Wien–New York 1992; *Lernen – Die wunderbare Fähigkeit, geistige und körperliche Funktionen verändern zu können,* Wien 1990.

Michael Heidelberger
Nach seiner Lehrtätigkeit an den Universitäten München, Bielefeld, Berlin (FU), Göttingen und Freiburg seit 1995 Professor für Philosophie der Naturwissenschaften und Naturphilosophie an der Humboldt-Universität zu Berlin. Vertritt eine historisch-aufgeklärte Wissenschaftsphilosophie, die viel der post-positivistischen Einstellung des Logischen Positivismus aus der Vorkriegszeit verdankt. Arbeitsgebiete: Wissenschaftstheorie und ihre Geschichte, Geschichte der Naturwissenschaften (vor allem des 19. Jahrhunderts), Leib-Seele-Theorie, Theorie der Kausalität und Wahrscheinlichkeit, Meßtheorie. Einschlägige Publikationen: *Die innere Seite der Natur. Gustav Theodor Fechners Wissenschaftlich-Philosophische Weltauffassung* (1993).

John Michael Krois
Lehrtätigkeit in Philosophie an der Emory University (Atlanta), in Marburg, Düsseldorf und Berlin. Zur Zeit Privatdozent am philosophischen Seminar der Humboldt-Universität zu Berlin. Wissenschaftlicher Leiter der Ausgabe *Ernst Cassirer – Nachgelassene Manuskripte und Texte.* Arbeitsgebiete: Erforschung und Herausgabe des Werks von Ernst Cassirer. Philosophie des Pragmatismus und dessen Geschichte.

Einschlägige Publikation: *Cassirer – Symbolic Forms and History.* New Haven: Yale University Press, 1987.

Peter Schuster
Studium der Physik und Chemie an der Universität Wien; 1968–69 Post-Doc bei Manfred Eigen am Max-Planck-institut für Physikalische Chemie Göttingen; seit 1973 Ordinarius für Theoretishce Chemie an der Universität Wien; 1973–92 (und seit 1996 wieder) Vorstand des Instituts für Theoretische Chemie der Universität Wien; 1992–95 Gründungsdirektor des Instituts für Molekulare Biotechnologie in Jena, dort seit 1995 externes Mitglied der Biologisch-Pharmazeutischen Fakultät der Universität. Wirkliches Mitglied des ÖAW. Zahlreiche Auszeichnungen, u.a.: 1993 Schrödinger-Preis der Akademie der Wissenschaften, 1995 Philipp-Morris-Preis, 1997 Preis der Stadt Wien für Natur- und Technische Wissenschaften. Publikationen: „Molekulare Evolution an der Schwelle zwischen Chemie und Biologie", in: *Die Evolution der Evolutionstheorie* (Hrsg. W. Wieser), 1994. „How does complexity arise in evolution?", *Complexity* 2, 1996. „Landscapes and molecular evolution", *Physica D* 107, 1996. „Biologists put on mathematical glasses", *Science* 274, 1996. „Genotypes with phenotypes: Acventures in an RNA toy world", *Biophys. chem.* 66, 1997.

Friedrich Stadler
Geboren 1951 in Zeltweg, Österreich. Studium der Geschichte, Philosophie und Psychologie in Graz und Salzburg. 1977 Mag. phil., 1982 Dr. phil. 1994 Habilitation für „Wissenschaftsgeschichte und Wissenschaftstheorie" an der Universität Wien. 1997 Ao. Prof. am Zentrum für Überfakultäre Forschung (ZÜF) der Universität Wien. Gründer und Leiter des *Instituts Wiener Kreis.* Publikationen u.a.: *Vom Positivismus zur „Wissenschaftlichen Weltauffassung.* Wien–München 1982. *Studien zum Wiener Kreis. Ursprung, Entwicklung und Wirkung des Logischen Empirismus im Kontext.* Frankfurt am Main 1997 (Englisch: *The Vienna Circle. Studies in the Origins, Development, and Influence of Logical Empiricism.* Wien–New York 2000).

Christian Thiel
Studien der Psychologie, Kunsterziehung, Philosophie und Mathematik in Erlangen und München, 1965 Promotion; 1966 Postdoctoral Fellow an der University of Texas, Austin; 1967 Assistant Professor

ebd.; 1970 Habilitation für Philosophie am Philosophischen Seminar der Universität Erlangen; 1972 o. Prof. für Philosophie und Wissenschaftstheorie an der RWTH Aachen; 1982 o. Prof. für Philosophie an der Friedrich-Alexander-Universität Erlangen-Nürnberg. Arbeitsgebiete: Wissenschaftsgeschichte, Formale Logik, Geschichte der Logik und der mathematischen Grundlagenforschung, Philosophie der Mathematik, Leibniz, Philosophie und Wissenschaften. Publikationen: *Sinn und Bedeutung in der Logik Gottlob Freges* (1965), *Grundlagenkrise und Grundlagenstreit* (1972), *Philosophie und Mathematik* (1995); Aufsätze und Sammelbandbeiträge: „Zur Inkonsistenz der Fregeschen Mengenlehre" (1975), „Gottlob Frege: Die Abstraktion" (1985), „Kurt Gödel: Die Grenzen der Kalküle" (1992); Herausgeberschaft: *Erkenntnistheoretische Grundlagen der Mathematik* (1982), G. Frege, *Die Grundlagen der Arithmetik* (1986); Mitherausgeberschaft: G. Frege, *Wissenschaftlicher Briefwechsel* (1976).

Walter Thirring
Geboren 29. April 1927 in Wien. Promotion 1949 an der Universität Wien. 1949 Scholar am Dublin Institute of Advanced Studies; 1949–50 Fellow an der Universität Glasgow; 1950 Assistent am Max Planck Institut in Göttingen; 1950–51 UNESCO Fellow an der ETH Zürich; 1951–52 Assistent an der Universität Bern; 1952–53 Mitglied am Institute for Acvanced Study in Princeton; 1953–54 Dozent an der Universität Bern; 1954–56 Gastprofessor am Massachusetts Institute of Technology; 1956–57 Gastprofessor an der University of Washington, Seattle; 1957–58 Professor an der Universität Bern; 1958 Ordinarius an der Universität Wien; seit 1959 Direktor des Department for Theoretical Physics am CERN. Mitgliedschaften in wissenschaftlichen Akademien: 1968 Österreichische Akademie der Wissenschaften; 1974 Ehrenmitglied der Ungarischen Eötvös Gesellschaft; 1975 Akademie „Naturforscher Leopoldina"; 1986 Pontificia Academie Scientiarum; 1988 Foreign Associate, National Academy of Sciences, Washington; 1989 Academia Europaea; 1990 Academia Scientiarum et Artium Europaea; 1997 Ehrenmitglied der Österreichischen Gesellschaft für Physik. Auszeichnungen u.a.: 1969 Erwin Schrödinger Preis; 1977 Max Planck Medaille; 1993 Großes Ehrenzeichen für Wissenschaft und Kunst der Republik Österreich; 1993 Goldenes Ehrenzeichen der Stadt Wien; 1994 Ehrendoktorat der Comenius Universität Bratislava, 2000 Henri-Poincaré-Preis für mathematische Physik.

NAMENREGISTER

Nicht erfaßt wurden Anmerkungen und Literaturverzeichnisse, Tabellen und Graphiken.

Ackermann, Wilhelm 66
Adler, Guido xxii, 185, 186, 203
Allesch, Johannes von 142
Baldwin, J.M. 86
Baudrillard, Jean ix
Bauer, Günter J. 23
Bauer, Herbert 80
Beethoven, Ludwig van 203
Benesch, Otto 185
Benetka, Gerhard xxi, xxv, 73, 125
Berger, Hans 77, 78
Berlinger, Rudolf 148
Bernays, Paul 66
Bicchierai, Pier Antonio 178
Bieri, Peter 91
Blaukopf, Kurt xxii, xxiii, xxvi
Böhme, Hartmut vii
Boltzmann, Ludwig 2
Bolzano, Bernard xxii, 65, 180, 182, 183, 191, 192
Born, Ignaz von 181
Braunitzer, Gerhard 10
Brentano, Franz 83, 128, 135
Bricmont, Jean xii, xiii
Bridgman, Percy W. xii
Broad, C.D. 102
Brockmann, John viii
Brouwer, Jan xvii, 58, 59, 61, 62, 66
Brücke, Ernst xxiii, 188
Brunswik, Egon xiv, 142
Bühler, Charlotte 117
Bühler, Karl xvii, 73
Cantor, Georg 59-61, 69
Carnap, Rudolf xvii-xxi, 88, 106, 107, 111-114
Carrier, Martin xvi, 47, 49
Cartwright, Nancy xii
Cassirer, Ernst xix-xxi, 105-119
Cassirer, Toni 105
Casti, John L. viii
Cecatto, Silvio 87
Christian, Curt 162-164
Coffa, Alberto 107
Coreth, Emerich 152
Crick, Francis 4, 7, 9
Czikann, Johann J.H. 182
d'Alembert, Jean Le Rond xxii, 177
Dahms, Hans-Joachim 177

Dalen, Dirk van 57
Dalton, John xvi, 47, 49-53
Darwin, Charles xiv, 1-4, 15, 17, 26, 28, 30, 31
Däumling, Adolf 132
Davidson, Donald xix, 99-102
De Beer, Gavin 1
Delaroche, Paul 201
Deleuze, Gilles ix
Dempf, Alois 155, 159
DePauli-Schimanovich, Werner xvi
Descartes, René 85, 91, 92, 96, 117
Diderot, Denis xxii, xxiii, 177, 180, 182, 200, 202-205
Dilthey, Wilhelm 190
Dobzhansky, Theodosius 4
Drimmel, Heinrich 128, 133, 137, 138, 140, 143-145, 147, 151, 156, 160
Du Bois Reymond, Emil 83, 188
Duhem, Pierre xii, xvi, 44
Düker, Heinrich 142, 146
Durkheim, Emile 194
Ebner-Eschenbach, Marie 191
Eddington, Arthur 107
Eigen, Manfred 16, 17, 19, 21
Einstein, Albert xii, 106, 107, 110, 128, 197
Eitelberger, Rudolf von 184, 188
Erismann, Theodor 124, 128-133, 135-150, 158, 159
Exner, Sigmund 188
Fechner, Gustav Th. xviii, xix, 74-77, 96, 98-100
Feigl, Herbert xvi, 54
Feyerabend, Paul x, 164
Fischer, Heinz 128
Fischer, Kurt Rudolf xiv
Fisher, Ronald 3
Foerster, Heinz von 84
Fontana, Walter 23, 25, 30
Fraenkel, Adolf 61, 65, 67
Frank, Philipp xii, xv, xix, xxi, 109
Franz II. (I.) 181
Frege, Gottlob xii, 61
Freud, Sigmund 85, 86
Freundlich, Rudolf 148, 164
Friedman, Michael xx

Fries, Jakob xvi
Gabriel, Leo 127, 140, 144, 146-149, 153, 155-158, 160, 161, 163
Galison, Peter viii
Gibson, James J. 142
Glymour, Clark 44
Gödel, Kurt xvii, 66
Goethe, Johann Wolfgang xv, xxiii, 37, 42, 205
Gombrich, Ernst xxii, 185
Gräffer, Franz 182, 183
Grillparzer, Franz 190
Guattari, Félix ix
Guttmann, Giselher xvii, xviii
Häberlin, Paul 135
Hacking, Ian 99
Haeckel, Ernst 2
Hahn, Hans 200
Haldane, John B.S. 3
Haller, Rudolf 126, 128, 134, 135
Hanslick, Eduard 189, 190
Hartmann, Nicolai 134, 135
Haydn, Joseph 203
Hayek, Friedrich A. von xi
Hebenstreit, Wilhelm 183
Hegel, Georg Wilhelm Friedrich 113, 116
Heidegger, Martin 135, 149
Heidelberger, Michael xviii, xix
Heintel, Erich 127, 163
Heinzel, Richard 186
Helmholtz, Hermann von xxiii, 187-190
Hempel, Carl G. 44
Herbart, Johann Friedrich xxii, 180, 184, 191
Hilbert, David xvii, 58, 65-66, 69, 107, 110
Hillebrand, Franz 128, 129
Hitler, Adolf 110
Hofstätter, Peter 132, 141-145
Hölder, Otto 58, 59
Holt, Jim xiii
Holton, Gerald x, xii
Horgan, John xiii
Humboldt, Wilhelm von 113
Hume, David 87, 100
Hurdes, Felix 128
Husserl, Edmund 113, 135
Huxley, Julian 4
Huynen, Martijn A. 23
Ibsen, Henrik 190

Innitzer, Theodor 154-156
Irigaray, Luce ix
Jacob, Francois 11, 32
Jaspers, Karl 67, 135
Jeitteles, Ignaz 182, 183
Jodl, Friedrich 83
Joseph (Josef) II. xxii, 178, 181
Judson, Horace F. 4
Juhos, Béla 126-128, 164
Jukes 17
K. (= Kohler) 131
Kaila, Eino 117
Kainz, Friedrich 125, 128, 163
Kaller, Robert xxvi
Kant, Immanuel xx, 105, 107-109, 112, 113
Keil, Geert vii
Kendrew, John 4, 5, 10
Kimura, Motoo 17
King, 17
Kisser, Josef 155
Kitcher, Philipp vii
Klein, Etienne xiv
Koertge, Noretta xii, xiii
Kohler, Ivo 129, 130, 132, 138, 141-146, 151, 158, 159
Köhler, Wolfgang 113
Kolb, Ernst 128, 143, 145
Kopernikus 85
Körner, Theodor 146
Kosso, P. 45
Kraft, Viktor xxvi, 127, 139, 149
Kraus, Karl x
Krenek, Ernst 198
Krings, Hermann 148
Kristeva, Julia ix
Krohn, Wolfgang 123
Krois, John Michael xix, xx
Kronecker, L. 59
Krones, Ferdinand 154, 155
Kuhn, Thomas S. x, xiii, 73
Kulenkampff, Arend vii
Küppers, Günter 123
Lacan, Jacques ix
Lachieze-Rey, Marc xiv
Lamarck, Jean-Baptiste 8
Lannoy, Eduard von 182
Latour, Bruno ix
Lazarsfeld, Paul F. 198
Leibniz, Gottfried Wilhelm 91
Lenin, Wladimir I. xi
Leopold, Großherzog von Toscana 177

Namenregister

Lersch, Philipp 132
Levin, Benjamin 8
Locke, John 85
Lorenzen, Paul xvii, 68, 69
Löwenheim, L. 66
Lukács, Georg 185
Lwow, André 11
Mach, Ernst xi, xii, xv, xvii-xix, xxii, xxiii, 98-101, 113, 185-187, 189, 190, 192
Maddox, John 5
March, Arthur 148, 150
Matussek, Peter vii
Maynard Smith, John 6, 7, 15, 16
Mayr, Ernst 2-5
McCaskill, John S. 30
Medawar, Peter 19
Meinong, Alexius 185
Mendel, Gregor xiv, 1-4, 6, 30, 31
Menger, Carl xi
Metzger, Wolfgang 142
Mises, Richard von xxiii, 192, 194, 195, 201
Mittenecker, Erich 132, 141, 142
Mitterer, Josef 87
Moers, Martha 129
Molden, Otto 134
Monod, Jacques 11
Mosel, Franz von 181
Moser, Simon 148, 150, 152
Mueller, John H. 186
Müller, Albert xviii
Müller, Lothar vii
Müllner, Laurenz 190
Muth, Robert 130, 131, 143, 147, 148, 150, 153
Neider, Heinrich 127, 128
Nelson, Leonard xx, 66
Neubauer, Vinzenz 141-143, 146
Neurath, Otto xi, xvi, xx-xxiii, 111, 177, 187, 195, 196
Newton, Isaac xv, 37, 38, 123
Nowotny, Helga viii, 197
Occam (William of Ockham) xix
Ong, Walter J. 198
Peichl, Hermann 155
Perpect, Wilhelm 148
Perutz, Max 4, 5, 10, 12
Petzäll, Ake 117
Piaget, Jean 86
Planck, Max 37
Plato 198

Poincaré, Henri xii, 59, 61
Popper, Karl x, xi, xiii, xx, 106, 113, 134, 185
Pooper-Lynkeus, Josef xv
Pratt, Carroll C. 142
Ptolemäus 84
Quine, Willard Van Orman xii, xvi, 113
Radakovic, Theodor 128, 149
Ramsey, Frank P. xvii, 58, 59
Rausch, Edwin 145, 146
Reich, Emil 190
Reich, Klaus 148, 150, 152
Reichenbach, Hans xix, 47, 49-53, 110, 111, 117, 119, 134
Reininger, Robert 135
Rensch, Bernhard 4
Riedel, Manfred 57
Riegl, Alois xxii, 185, 186, 190
Rilke, Rainer Maria xxiii, 147
Rohracher, Andreas 126
Rohracher, Hubert 74, 77-79, 124-126, 129-133, 136-147, 150, 151, 153, 154, 156-165
Rousseau, Jean-Jacques 181
Ruegg, Walter 148
Ruse, Michael 2
Russell, Bertrand xii, 61-65
Saar, Ferdinand von 191
Sachs, Curt 185
Scheler, Max 135
Scherer, Wilhelm 186-188
Schlick, Moritz xix, xx, 106-109, 117, 127, 187
Schlosser, Julius von 185
Schmoller, Gustav xi
Schnädelbach, Herbert vii
Schöndorfer, Ulrich 1 155, 157, 161, 164
Schottky, Walter 109
Schrödinger, Erwin 149
Schuster, Peter xiv, 16, 21-23, 25, 30
Simmel, Georg 109
Simpson, George 4
Skolem, Thoralf 66
Skrbensky, Otto 133, 156
Smith, Adam 2
Sneed, Joseph 46-49, 51-53
Snow, C.P. x
Sokal, Alan ix, xii, xiii
Spiegelman, Sol 17
Stadler, Friedrich xiv, xxv, 127
Staudinger, Anton 144

Stebbins, Ledyard 4
Stegmüller, Wolfgang xxi, 124, 133-135, 137-141, 143-165
Stevens, S.S. 75, 76
Störring, Gustav 128
Stratton, G.M. 142
Strohal, Richard 130, 131, 133, 139, 140, 142, 143, 145, 147, 148, 150, 153, 160
Stump, David J. viii
Sturminger, Walter 151, 156
Szathmáry, Eörs 16
Szilasi, W. 149
Taine, Hippolyte 115
Tarouca, Amadeo-Silva 127
Tausch, Reinhard 145, 146
Taylor, James G. 142
Thausing, Moriz 184, 185
Thiel, Christian xvi
Thirring, Walter xv, xxiii
Tietze, Hans 185, 186
Toman, Walter 132
Topitsch, Ernst xxvi, 148, 164
Valen, L. van 33
Verdroß-Droßberg, Alfred 155
Vietoris, Leopold 148, 150, 151
Virilio, Paul ix
Vogt, Carl 92

Voltaire 31
W. (= Windischer) 131
Wähner, Friedrich 182
Waismann, Friedrich 149
Wallaschek, Richard 186
Watson, James 4, 7, 9
Weber, Max viii, 185, 194
Weierstraß, Karl 65
Weinberg, xi, xiii
Weinhandel, Ferdinand 127
Weizsäcker 151
Weizsäcker, Carl Friedrich von 109
Werner, Heinz 142
Wertheimer, Max 113
Weyl, Hermann xvii, 57-59, 65, 66, 69
Windischer, Hans 127, 130-133, 143, 147-150, 152-154, 157, 158, 164, 177, 186
Wittgenstein, Ludwig 87, 106
Wolff, Christian von 105
Wright, Sewall 3, 19
Wundt, Wilhelm 109, 128
Zeißl, Hermann 156
Zermelo, Ernst 61-65
Zimmermann, Robert xxii, 180, 183, 190-192, 202

SpringerPhilosophie

Veröffentlichungen des Instituts Wiener Kreis

Friedrich Stadler
The Vienna Circle – Studies in the Origins, Development, and Influence of Logical Empiricism
Übersetzung der deutschen Ausgabe ins Englische von Camilla Nielsen et al.
2000. Ca. 900 Seiten. Ca. 47 Abbildungen.
Text: englisch
Gebunden ca. DM 140,–, öS 980,–
(unverbindliche Preisempfehlung)
ISBN 3-211-83243-2. Sonderband
Erscheint voraussichtlich Oktober 2000

Thomas E. Uebel
Vernunftkritik und Wissenschaft – Otto Neurath und der Erste Wiener Kreis im Diskurs der Moderne
2000. Ca. 300 Seiten.
Broschiert ca. DM 98,–, öS 686,–
ISBN 3-211-83255-6. Band 9
Erscheint voraussichtlich September 2000

Friedrich Stadler
Phänomenologie und logischer Empirismus
Zentenarium Felix Kaufmann (1895–1949)
1997. 163 Seiten. 1 Frontispiz.
Broschiert DM 52,–, öS 360,–, sFr 47,50
ISBN 3-211-82937-7. Band 7

Friedrich Stadler (Hrsg.)
Bausteine wissenschaftlicher Weltauffassung
Lecture Series/Vorträge des Instituts Wiener Kreis 1992–1995
1997. 231 Seiten.
Broschiert DM 60,–, öS 420,–
Text: deutsch/englisch
ISBN 3-211-82865-6. Band 5

Kurt R. Fischer,
Friedrich Stadler (Hrsg.)
„Wahrnehmung und Gegenstandswelt"
Zum Lebenswerk von Egon Brunswik (1903–1955)
1997. 187 Seiten. 15 Abb. 1 Frontispiz.
Broschiert DM 54,–, öS 380,–
ISBN 3-211-82864-8. Band 4

nicht in der Reihe erschienen:
Friedrich Stadler,
Peter Weibel (Hrsg.)
The Cultural Exodus from Austria
Vertreibung der Vernunft
2., überarbeitete und erweiterte Auflage.
1995. 540 Seiten. 431 Abbildungen.
Text: englisch/deutsch
Gebunden DM 78,–, öS 546,–
ISBN 3-211-82693-9

SpringerWienNewYork

A-1201 Wien, Sachsenplatz 4–6, P.O. Box 89, Fax +43.1.330 24 26, e-mail: books@springer.at, Internet: **www.springer.at**
Birkhäuser, D-69126 Heidelberg, Haberstraße 7, Fax: +49.6221.345-229, e-mail: orders@springer.de
Birkhäuser, CH-4010 Basel, P.O. Box 133, Fax +41.61.2050-155, e-mail: orders@birkhauser.ch
Chronicle Books, USA, San Francisco, CA 94105, 85 Second Street, Fax +1.800.858-7787, e-mail: sales@papress.com

SpringerPhilosophie

Ludwig Wittgenstein

Wiener Ausgabe Studien Texte

Hrsg. von Michael Nedo

„Die wesentlichste Buchedition des Jahrhunderts" lobte Sir Karl Popper die Publikation der nachgelassenen Schriften Ludwig Wittgensteins in der „Wiener Ausgabe". Mit all seinen ursprünglichen Verknüpfungen, Varianten und Wiederholungen wird hier Wittgensteins mäandernder Gedankenfluß zum ersten mal vollständig dargestellt und offengelegt: Ein netzwerkartiges Gedankengeflecht, in dem der Leser, kreuz und quer wandernd, eigene Pfade der Erkenntnis erkunden kann.

Die „Studien Texte" zur „Wiener Ausgabe" erscheinen broschiert, im verkleinerten Format von 16,5 x 24,2 cm. Inhalt und Struktur sind seitengleich mit jeweiligen Texten der Gesamtausgabe und damit vollständig in die „Wiener Ausgabe" mitsamt ihren Apparaten und zukünftigen Kommentaren integriert.

Die „Studien Texte" werden mit dem Wachsen der „Wiener Ausgabe" fortgesetzt.

Erstmals erscheinen Schlüsseltexte der auf absolute Werktreue bedachten Gesamtausgabe der Schriften Ludwig Wittgensteins in preiswerter, bibliophiler Edition.

Bände 1–5

Philosophische Bemerkungen
Band 1. 1999. XIX, 196 Seiten.
ISBN 3-211-83266-1

Philosophische Betrachtungen
Philosophische Bemerkungen
Band 2. 1999. XIII, 333 Seiten.
ISBN 3-211-83267-X

Bemerkungen
Philosophische Bemerkungen
Band 3. 1999. XV, 334 Seiten.
ISBN 3-211-83268-8

Bemerkungen zur Philosophie
Bemerkungen zur
Philosophischen Grammatik
Band 4. 1999. XIII, 240 Seiten.
ISBN 3-211-83269-6

Philosophische Grammatik
Band 5. 1999. XXVII, 195 Seiten.
ISBN 3-211-83270-X

Setpreis bei Abnahme
der Bände 1–5:
DM 228,–, öS 1596,–
Set-ISBN 3-211-83271-8
Beim Kauf von Einzelbänden
pro Band DM 58,–, öS 406,–

SpringerWienNewYork

A-1201 Wien, Sachsenplatz 4–6, P.O. Box 89, Fax +43.1.330 24 26, e-mail: books@springer.at, Internet: www.springer.at
Birkhäuser, D-69126 Heidelberg, Haberstraße 7, Fax: +49.6221.345-229, e-mail: orders@springer.de
Birkhäuser, CH-4010 Basel, P.O. Box 133, Fax +41.61.2050-155, e-mail: orders@birkhauser.ch
Chronicle Books, USA, San Francisco, CA 94105, 85 Second Street, Fax +1.800.858-7787, e-mail: sales@papress.com

Springer-Verlag und Umwelt

ALS INTERNATIONALER WISSENSCHAFTLICHER VERLAG sind wir uns unserer besonderen Verpflichtung der Umwelt gegenüber bewußt und beziehen umweltorientierte Grundsätze in Unternehmensentscheidungen mit ein.

VON UNSEREN GESCHÄFTSPARTNERN (DRUCKEREIEN, Papierfabriken, Verpackungsherstellern usw.) verlangen wir, daß sie sowohl beim Herstellungsprozeß selbst als auch beim Einsatz der zur Verwendung kommenden Materialien ökologische Gesichtspunkte berücksichtigen.

DAS FÜR DIESES BUCH VERWENDETE PAPIER IST AUS chlorfrei hergestelltem Zellstoff gefertigt und im pH-Wert neutral.

Lang Kurt